LES
CLASSIQUES FRANÇOIS

PUBLIÉS

PAR M. LEFÈVRE.

VINGT-DEUXIÈME VOLUME.

PARIS. — TYPOGRAPHIE DE FIRMIN DIDOT FRÈRES,
Imprimeurs de l'Institut de France,
RUE JACOB, 56.

ŒUVRES
DE
P. CORNEILLE

AVEC LES NOTES
DE TOUS LES COMMENTATEURS.

TOME HUITIÈME.

A PARIS,

CHEZ FIRMIN DIDOT FRÈRES, LIBRAIRES,

RUE JACOB, 56;

ET CHEZ L'ÉDITEUR, RUE HAUTEFEUILLE, 18.

M DCCC LV.

LA CONQUÊTE

DE LA

TOISON D'OR,

TRAGÉDIE.

1661.

ARGUMENT

DE LA

CONQUÊTE DE LA TOISON D'OR,

TRAGÉDIE,

Représentée par la troupe royale du Marais, chez M. le marquis de Sourdéac [1], en son château de Neubourg, pour réjouissance publique du mariage du roi [2], et de la paix avec l'Espagne, et ensuite sur le théâtre royal du Marais.

L'antiquité n'a rien fait passer jusqu'à nous qui soit si généralement connu que le voyage des Argonautes ; mais, comme les historiens qui en ont voulu démêler la vérité d'avec la fable qui l'enveloppe ne s'accordent pas en tout, et que les poëtes qui l'ont embelli de leurs fictions n'ont pas pris la même route, j'ai cru que, pour en faciliter l'intelligence entière, il étoit à propos d'avertir le lecteur de quelques particularités où je me suis attaché, qui peut-être ne sont pas connues de tout le monde.

---

[1] On se souviendra long-temps de la magnificence avec laquelle ce marquis donna une grande fête dans son château du Neubourg, en réjouissance de l'heureux mariage de sa majesté, et de la paix qu'il lui avait plu donner à ses peuples. La tragédie de *la Toison d'Or*, mêlée de musique et de superbes spectacles, fut faite exprès pour cela. Il fit venir au Neubourg les comédiens du Marais, qui l'y représentèrent plusieurs fois en présence de plus de soixante des plus considérables personnes de la province, qui furent logées dans le château, et régalées pendant plus de huit jours, avec toute la propreté et l'abondance imaginables. Cela se fit au commencement de l'hiver de l'année 1660 ; et ensuite M. le marquis de Sourdéac donna aux comédiens toutes les machines et toutes les décorations qui avaient servi à ce grand spectacle, qui attira tout Paris, chacun y ayant couru long-temps en foule. (De Visé.)

[2] Louis XIV épousa, le 9 juin 1661, à Saint-Jean-de-Luz, Marie-Thérèse, fille aînée de Philippe IV. (Par.)

ARGUMENT.

Elles sont pour la plupart tirées de Valérius Flaccus, qui en a fait un poëme épique en latin, et de qui, entre autres choses, j'ai emprunté la métamorphose de Junon en Chalciope.

Phryxus étoit fils d'Athamas, roi de Thèbes, et de Néphélé, qu'il répudia pour épouser Ino. Cette seconde femme persécuta si bien ce jeune prince, qu'il fut obligé de s'enfuir sur un mouton dont la laine étoit d'or, que sa mère lui donna après l'avoir reçu de Mercure : il le sacrifia à Mars, sitôt qu'il fut abordé à Colchos, et lui en appendit la dépouille dans une forêt qui lui étoit consacrée. Aætes, fils du Soleil, et roi de cette province, lui donna pour femme Chalciope, sa fille aînée, dont il eut quatre fils, et mourut quelque temps après. Son ombre apparut ensuite à ce monarque, et lui révéla que le destin de son état dépendoit de cette toison; qu'en même temps qu'il la perdroit, il perdroit aussi son royaume; et qu'il étoit résolu dans le ciel que Médée, son autre fille, auroit un époux étranger. Cette prédiction fit deux effets. D'un côté, Aætes, pour conserver cette toison, qu'il voyoit si nécessaire à sa propre conservation, voulut en rendre la conquête impossible par le moyen des charmes de Circé sa sœur, et de Médée sa fille. Ces deux savantes magiciennes firent en sorte qu'on ne pouvoit s'en rendre maître qu'après avoir dompté deux taureaux dont l'haleine étoit toute de feu, et leur avoir fait labourer le champ de Mars, où ensuite il falloit semer des dents de serpents, dont naissoient aussitôt autant de gens d'armes, qui tous ensemble attaquoient le téméraire qui se hasardoit à une si dangereuse entreprise; et, pour dernier péril, il falloit combattre un dragon qui ne dormoit jamais, et qui étoit le plus fidèle et le plus redoutable gardien de ce trésor. D'autre côté, les rois voisins, jaloux de la grandeur d'Aætes, s'armèrent pour cette conquête, et, entre autres, Persès, son frère, roi de la Chersonèse Taurique, et fils du Soleil, comme lui. Comme il s'appuya du secours des Scythes, Aætes emprunta celui de Styrus, roi d'Albanie, à qui il promit Médée, pour satisfaire à l'ordre qu'il croyoit en avoir reçu du ciel par cette ombre de Phryxus : ils donnoient bataille, et la victoire penchoit du côté de Persès, lorsque Jason arriva suivi de ses Argonautes, dont la valeur la fit tourner du parti contraire ; et en moins d'un mois ces héros firent emporter [1] tant d'avantages au roi de Colchos sur ses ennemis, qu'ils furent contraints de prendre la fuite et d'abandonner leur camp. C'est ici que commence la pièce ; mais, avant que d'en venir au détail, il faut dire un mot de Jason, et du dessein qui l'amenoit à Colchos.

Il étoit fils d'Æson, roi de Thessalie, sur qui Pélias, son frère, avoit usurpé le royaume. Ce tyran étoit fils de Neptune et de Tyro, fille de Salmonée, qui épousa ensuite Chrétéus, père d'Æson, que je viens de nommer. Cette usurpation, lui donnant la défiance ordinaire à ceux de sa sorte, lui rendit suspect le courage de Jason, son neveu, et légitime héritier de ce royaume. Un oracle qu'il reçut le confirma dans ses soupçons, si bien que, pour l'éloigner, ou plutôt pour le perdre, il lui commanda d'aller conquérir la toison d'or, dans la croyance que ce prince y périroit, et le laisseroit, par sa mort, paisible possesseur de l'état dont il s'étoit emparé. Jason, par le conseil de Pallas, fit bâtir pour ce fameux voyage le navire Argo, où s'embarquèrent avec lui quarante des plus vaillants de toute la Grèce. Orphée fut du nombre, avec Zéthès et Calaïs, fils du vent Borée et d'Orithye, princesse de Thrace, qui étoient nés avec des ailes, comme leur père, et qui, par ce moyen, délivrèrent Phinée, en passant, des harpies qui fondoient sur ses viandes sitôt que sa table étoit servie, et leur donnèrent la chasse par le milieu de l'air. Ces héros, durant leur voyage, reçurent beaucoup de faveurs de Junon et de Pallas, et prirent terre à Lemnos, dont étoit reine Hypsipile, et où ils tardèrent deux ans, pendant lesquels Jason fit l'amour à cette reine, et lui donna parole de l'épouser à son retour ; ce qui ne l'empêcha pas de s'attacher auprès de Médée, et de lui faire les mêmes protestations sitôt qu'il fut arrivé à Colchos, et qu'il eut vu le

---

[1] *Remporter* seroit aujourd'hui le mot propre. (PAR.)

besoin qu'il en avoit. Ce nouvel amour lui réussit si heureusement, qu'il eut d'elle des charmes pour surmonter tous les périls, et enlever la toison d'or malgré le dragon qui la gardoit, et qu'elle assoupit. Un auteur que cite le mythologiste Noël Le Comte, et qu'il appelle Denys le Mylésien, dit qu'elle lui porta la toison jusque dans son navire; et c'est sur son rapport que je me suis autorisé à changer la fin ordinaire de cette fable, pour la rendre plus surprenante et plus merveilleuse. Je l'aurois été assez par la liberté qu'en donne la poésie en de pareilles rencontres; mais j'ai cru en avoir encore plus de droit en marchant sur les pas d'un autre, que si j'avois inventé ce changement.

ACTEURS DU PROLOGUE.

LA FRANCE.	L'HYMÉNÉE.
LA VICTOIRE.	LA DISCORDE.
MARS.	L'ENVIE.
LA PAIX.	Quatre Amours.

ACTEURS DE LA TRAGÉDIE.

JUPITER.
JUNON.
PALLAS.
IRIS.
L'AMOUR.
LE SOLEIL.
AÆTES, roi de Colchos, fils du Soleil.
ABSYRTE, fils d'Aætes.
CHALCIOPE, fille d'Aætes, veuve de Phryxus.
MÉDÉE, fille d'Aætes, amante de Jason.
HYPSIPILE, reine de Lemnos.
JASON, prince de Thessalie, chef des Argonautes.
PÉLÉE,
IPHITE, Argonautes.
ORPHÉE,
ZÉTHÈS,
CALAÏS, Argonautes ailés, fils de Borée et d'Orithye.
GLAUQUE, dieu marin.
Deux Tritons.
Deux Sirènes.
Quatre Vents.

La scène est à Colchos.

LA CONQUÊTE

DE LA

TOISON D'OR.

PROLOGUE[1].

L'heureux mariage de Sa Majesté, et la paix qu'il lui a plu donner à ses peuples, ayant été les motifs de la réjouissance publique pour laquelle cette tragédie a été préparée,

[1] Les prologues d'*Andromède* et de *la Toison d'Or*, où Louis XIV était loué, servirent ensuite de modèle à tous les prologues de Quinault, et ce fut une coutume indispensable de faire l'éloge du roi à la tête de tous les opéra, comme dans les discours à l'Académie française. Il y a de grandes beautés dans le prologue de *la Toison d'Or*; ces vers sur-tout, que dit la France personnifiée, plurent à tout le monde :

    A vaincre tant de fois mes forces s'affoiblissent :
    L'état est florissant, mais les peuples gémissent ;
    Leurs membres décharnés courbent sous mes hauts faits,
    Et la gloire du trône accable les sujets.

Long-temps après, il arriva, sur la fin du règne de Louis XIV, que cette pièce ayant disparu du théâtre, et n'étant lue tout au plus que par un petit nombre de gens de lettres, un de nos poëtes [*], dans une tragédie nouvelle, mit ces quatre vers dans la bouche d'un de ses personnages : ils furent défendus par la police. C'est une chose singulière qu'ayant été bien reçus en 1660, ils déplurent trente ans après, et qu'après avoir été regardés

[*] Campistron, dans *Andronic*.

non seulement il étoit juste qu'ils servissent de sujet au prologue qui la précède, mais il étoit même absolument impossible d'en choisir une plus illustre matière.

L'ouverture du théâtre fait voir un pays ruiné par les guerres, et terminé dans son enfoncement par une ville qui n'en est pas mieux traitée; ce qui marque le pitoyable état où la France étoit réduite avant cette faveur du ciel, qu'elle a si long-temps souhaitée, et dont la bonté de son généreux [1] monarque la fait jouir à présent.

SCÈNE I.

LA FRANCE, LA VICTOIRE.

LA FRANCE.

Doux charme des héros, immortelle Victoire,
Ame de leur vaillance, et source de leur gloire,
Vous qu'on fait si volage, et qu'on voit toutefois
Si constante à me suivre, et si ferme en ce choix,
Ne vous offensez pas si j'arrose de larmes
Cette illustre union qu'ont avec vous mes armes,
Et si vos faveurs même obstinent mes soupirs
A pousser vers la Paix mes plus ardents desirs.
Vous faites qu'on m'estime aux deux bouts de la terre,
Vous faites qu'on m'y craint: mais il vous faut la guerre;
Et quand je vois quel prix me coûtent vos lauriers,
J'en vois avec chagrin couronner mes guerriers.

LA VICTOIRE.

Je ne me repens point, incomparable France,

comme la noble expression d'une vérité importante, ils furent pris dans un autre auteur pour un trait de satire : ils ne devaient être regardés que comme un plagiat. (V.)

[1] Var. Illustre. (1661.)

De vous avoir suivie avec tant de constance;
Je vous prépare encor mêmes attachements :
Mais j'attendois de vous d'autres remercîments.
Vous lassez-vous de moi qui vous comble de gloire,
De moi qui de vos fils assure la mémoire,
Qui fais marcher par-tout l'effroi devant leurs pas?

LA FRANCE.

Ah! Victoire, pour fils n'ai-je que des soldats?
La gloire qui les couvre, à moi-même funeste,
Sous mes plus beaux succès fait trembler tout le reste;
Ils ne vont aux combats que pour me protéger,
Et n'en sortent vainqueurs que pour me ravager.
S'ils renversent des murs, s'ils gagnent des batailles,
Ils prennent droit par-là de ronger mes entrailles;
Leur retour me punit de mon trop de bonheur,
Et mes bras triomphants me déchirent le cœur.
A vaincre tant de fois, mes forces s'affoiblissent :
L'état est florissant, mais les peuples gémissent :
Leurs membres décharnés courbent sous mes hauts faits,
Et la gloire du trône accable les sujets.
　Voyez autour de moi que de tristes spectacles!
Voilà ce qu'en mon sein enfantent vos miracles.
　Quelque encens que je doive à cette fermeté
Qui vous fait en tous lieux marcher à mon côté,
Je me lasse de voir mes villes désolées,
Mes habitants pillés, mes campagnes brûlées :
Mon roi, que vous rendez le plus puissant des rois,
En goûte moins le fruit de ses propres exploits;
Du même œil dont il voit ses plus nobles conquêtes,
Il voit ce qu'il leur faut sacrifier de têtes;
De ce glorieux trône où brille sa vertu,
Il tend sa main auguste à son peuple abattu;

Et, comme à tous moments la commune misère
Rappelle en son grand cœur les tendresses de père,
Ce cœur se laisse vaincre aux vœux que j'ai formés
Pour faire respirer ce que vous opprimez.

LA VICTOIRE.

France, j'opprime donc ce que je favorise !
A ce nouveau reproche excusez ma surprise :
J'avois cru jusqu'ici qu'à vos seuls ennemis
Ces termes odieux pouvoient être permis,
Qu'eux seuls de ma conduite avoient droit de se plaindre.

LA FRANCE.

Vos dons sont à chérir, mais leur suite est à craindre.
Pour faire deux héros ils font cent malheureux :
Et ce dehors brillant que mon nom reçoit d'eux
M'éclaire à voir les maux qu'à ma gloire il attache,
Le sang dont il m'épuise, et les nerfs qu'il m'arrache.

LA VICTOIRE.

Je n'ose condamner de si justes ennuis,
Quand je vois quels malheurs malgré moi je produis ;
Mais ce dieu dont la main m'a chez vous affermie,
Vous pardonnera-t-il d'aimer son ennemie ?
Le voilà qui paroît, c'est lui-même, c'est Mars,
Qui vous lance du ciel de farouches regards ;
Il menace, il descend : apaisez sa colère
Par le prompt désaveu d'un souhait téméraire.

(Le ciel s'ouvre, et fait voir Mars en posture menaçante, un pied en l'air, et l'autre porté sur son étoile. Il descend ainsi à un des côtés du théâtre, qu'il traverse en parlant ; et, sitôt qu'il a parlé, il remonte au même lieu dont il est parti.)

SCÈNE II.

MARS[1], LA FRANCE, LA VICTOIRE.

MARS.

France ingrate, tu veux la paix!
　Et, pour toute reconnoissance
D'avoir en tant de lieux étendu ta puissance,
　Tu murmures de mes bienfaits!
Encore un lustre ou deux, et sous tes destinées
J'aurois rangé le sort des têtes couronnées;
Ton état n'auroit eu pour bornes que ton choix,
Et tu devois tenir pour assuré présage,
Voyant toute l'Europe apprendre ton langage,
Que toute cette Europe alloit prendre tes lois.

　Tu renonces à cette gloire,
　La Paix a pour toi plus d'appas!
　Et tu dédaignes la Victoire,
Que j'ai de ma main propre attachée à tes pas!
Vois dans quels fers sous moi la Discorde et l'Envie
　Tiennent cette Paix asservie.
La Victoire t'a dit comme on peut m'apaiser;
J'en veux bien faire encor ta compagne éternelle;
　Mais sache que je la rappelle,
　Si tu manques d'en bien user.

(Avant que de disparoître, ce dieu, en colère contre la France, lui fait voir la Paix, qu'elle demande avec tant d'ardeur, prisonnière dans son palais, entre les mains de la Discorde et de l'Envie, qu'il lui a données pour gardes. Ce palais a pour colonnes des canons, qui ont

[1] VAR.　　MARS, en l'air. (1661.)

pour bases des mortiers, et des boulets pour chapiteaux ; le tout accompagné, pour ornement, de trompettes, de tambours, et autres instruments de guerre entrelacés ensemble, et découpés à jour, qui font comme un second rang de colonnes. Le lambris est composé de trophées d'armes, et de tout ce qui peut désigner et embellir la demeure de ce dieu des batailles.)

SCÈNE III.

LA PAIX [1], LA DISCORDE, L'ENVIE, LA FRANCE, LA VICTOIRE.

LA PAIX.

En vain à tes soupirs il est inexorable :
Un dieu plus fort que lui me va rejoindre à toi ;
Et tu devras bientôt ce succès adorable
  A cette reine incomparable [2]
Dont les soins et l'exemple ont formé ton grand roi.
Ses tendresses de sœur, ses tendresses de mère,
Peuvent tout sur un fils, peuvent tout sur un frère.
Bénis, France, bénis ce pouvoir fortuné ;
Bénis le choix qu'il fait d'une reine comme elle :
Cent rois en sortiront, dont la gloire immortelle
Fera trembler sous toi l'univers étonné,
Et dans tout l'avenir sur leur front couronné
  Portera l'image fidèle
  De celui qu'elle t'a donné.

Ce dieu dont le pouvoir suprême

---

[1] Var. LA PAIX, prisonnière dans le ciel ; LA DISCORDE, L'ENVIE, aussi dans le ciel ; LA FRANCE et LA VICTOIRE, en terre.

LA PAIX, prisonnière. (1661.)

[2] Anne d'Autriche, mère de Louis XIV. (Par.)

Étouffe d'un coup d'œil les plus vieux différends,
Ce dieu par qui l'amour plaît à la vertu même,
Et qui borne souvent l'espoir des conquérants,
    Le blond et pompeux Hyménée
Prépare en ta faveur l'éclatante journée
    Où sa main doit briser mes fers.
Ces monstres insolents dont je suis prisonnière,
Prisonniers à leur tour au fond de leurs enfers,
Ne pourront mêler d'ombre à sa vive lumière.
    A tes cantons les plus déserts
    Je rendrai leur beauté première;
Et dans les doux torrents d'une allégresse entière
Tu verras s'abymer tes maux les plus amers.

Tu vois comme déja ces deux autres puissances.
Que Mars sembloit plonger en d'immortels discords,
Ont malgré ses fureurs assemblé sur tes bords
    Les sublimes intelligences
Qui de leurs grands états meuvent les vastes corps.
    Les surprenantes harmonies
    De ces miraculeux génies
Savent tout balancer, savent tout soutenir :
Leur prudence étoit due à cet illustre ouvrage;
    Et jamais on n'eût pu fournir,
Aux intérêts divers de la Seine et du Tage,
Ni zèle plus savant en l'art de réunir,
Ni savoir mieux instruit du commun avantage.

Par ces organes seuls ces dignes potentats
    Se font eux-mêmes leurs arbitres;
Aux conquêtes par eux ils donnent d'autres titres,
    Et des bornes à leurs états.

Ce dieu même qu'attend ma longue impatience
N'a droit de m'affranchir que par leur conférence;
Sans elle son pouvoir seroit mal reconnu.
Mais enfin je le vois, leur accord me l'envoie.
 France, ouvre ton cœur à la joie;
Et vous, monstres, fuyez; ce grand jour est venu.

(L'Hyménée paroît couronné de fleurs, portant en sa main droite un dard semé de lis et de roses, et en la gauche le portrait de la reine, peint sur son bouclier.)

SCÈNE IV.

L'HYMÉNÉE, LA PAIX, LA DISCORDE, L'ENVIE, LA FRANCE, LA VICTOIRE[1].

LA DISCORDE.

En vain tu le veux croire, orgueilleuse captive :
 Pourrions-nous fuir le secours qui t'arrive?

L'ENVIE.

Pourrions-nous craindre un dieu qui contre nos fureurs
 Ne prend pour armes que des fleurs?

L'HYMÉNÉE.

Oui, monstres, oui, craignez cette main vengeresse :
Mais craignez encor plus cette grande princesse
 Pour qui je viens allumer mon flambeau :
Pourriez-vous soutenir les traits de son visage?
 Fuyez, monstres, à son image;
Fuyez; et que l'enfer, qui fut votre berceau,
 Vous serve à jamais de tombeau.
Et vous, noirs instruments d'un indigne esclavage,

---

[1] Var. ..... L'ENVIE, dans le ciel, ... LA VICTOIRE, en terre. (1661.)

PROLOGUE.

Tombez, fers odieux, à ce divin aspect,
    Et, pour lui rendre un prompt hommage,
Anéantissez-vous de honte ou de respect.

(Il présente ce portrait aux yeux de la Discorde et de l'Envie, qui trébuchent aussitôt aux enfers; et ensuite il le présente aux chaînes qui tiennent la Paix prisonnière, lesquelles tombent et se brisent tout à l'heure.)

LA PAIX [1].

Dieu des sacrés plaisirs, vous venez de me rendre
Un bien dont les dieux même ont lieu d'être jaloux;
Mais ce n'est pas assez, il est temps de descendre,
Et de remplir les vœux qu'en terre on fait pour nous.

L'HYMÉNÉE.

Il en est temps, déesse, et c'est trop faire attendre
    Les effets d'un espoir si doux.
    Vous donc, mes ministres fidèles,
  Venez, Amours, et prêtez-nous vos ailes.

(Quatre Amours descendent du ciel, deux de chaque côté, et s'attachent à l'Hyménée et à la Paix pour les apporter en terre.)

LA FRANCE.

Peuple, fais voir ta joie à ces divinités
Qui vont tarir le cours de tes calamités.

CHOEUR DE MUSIQUE.

(L'Hyménée, la Paix, et les quatre Amours, descendent cependant qu'il chante.)

  Descends, Hymen, et ramène sur terre
    Les délices avec la paix;
Descends, objet divin de nos plus doux souhaits,
    Et par tes feux éteins ceux de la guerre.

(Après que l'Hyménée et la Paix sont descendus, les quatre Amours re-

---

[1] VAR.   LA PAIX, libre. (1661.)

montent au ciel, premièrement de droit fil tous quatre ensemble, et puis se séparant deux à deux et croisant leur vol ; en sorte que ceux qui sont au côté droit se retirent à gauche dans les nues, et ceux qui sont à gauche se perdent dans celles du côté droit.)

SCÈNE V.

L'HYMÉNÉE, LA PAIX, LA FRANCE, LA VICTOIRE.

LA FRANCE, à la Paix.

Adorable souhait des peuples gémissants,
Féconde sûreté des travaux innocents,
Infatigable appui du pouvoir légitime,
Qui dissipez le trouble et détruisez le crime,
Protectrice des arts, mère des beaux loisirs,
Est-ce une illusion qui flatte mes desirs?
Puis-je en croire mes yeux, et dans chaque province
De votre heureux retour faire bénir mon prince?

LA PAIX.

France, apprends que lui-même il aime à le devoir
A ces yeux dont tu vois le souverain pouvoir.
Par un effort d'amour réponds à leurs miracles;
Fais éclater ta joie en de pompeux spectacles.
Ton théâtre a souvent d'assez riches couleurs
Pour n'avoir pas besoin d'emprunter rien ailleurs.
Ose donc, et fais voir que ta reconnoissance...

LA FRANCE.

De grace, voyez mieux quelle est mon impuissance.
Est-il effort humain qui jamais ait tiré
Des spectacles pompeux d'un sein si déchiré?
Il faudroit que vos soins par le cours des années...

PROLOGUE.

L'HYMÉNÉE.

Ces traits divins n'ont pas des forces si bornées.
Mes roses et mes lis par eux en un moment
A ces lieux désolés vont servir d'ornement.
Promets, et tu verras l'effet de ma parole.

LA FRANCE.

J'entreprendrai beaucoup; mais ce qui m'en console,
C'est que sous votre aveu...

L'HYMÉNÉE.

Va, n'appréhende rien;
Nous serons à l'envi nous-mêmes ton soutien.
Porte sur ton théâtre une chaleur si belle,
Que des plus heureux temps l'éclat s'y renouvelle :
Nous en partagerons la gloire et le souci.

LA VICTOIRE.

Cependant la Victoire est inutile ici;
Puisque la Paix y règne, il faut qu'elle s'exile.

LA PAIX.

Non, Victoire; avec moi tu n'es pas inutile.
Si la France en repos n'a plus où t'employer,
Du moins à ses amis elle peut t'envoyer.
D'ailleurs mon plus grand calme aime l'inquiétude
Des combats de prudence, et des combats d'étude;
Il ouvre un champ plus large à ces guerres d'esprits :
Tous les peuples sans cesse en disputent le prix;
Et, comme il fait monter à la plus haute gloire,
Il est bon que la France ait toujours la Victoire.
Fais-lui donc cette grace, et prends part comme nous
A ce qu'auront d'heureux des spectacles si doux.

LA VICTOIRE.

J'y consens, et m'arrête aux rives de la Seine,
Pour rendre un long hommage à l'une et l'autre reine,

Pour y prendre à jamais les ordres de son roi.
Puissé-je en obtenir, pour mon premier emploi,
Ceux d'aller jusqu'aux bouts de ce vaste hémisphère
Arborer les drapeaux de son généreux frère,
D'aller d'un si grand prince, en mille et mille lieux,
Égaler le grand nom au nom de ses aïeux,
Le conduire au-delà de leurs fameuses traces,
Faire un appui de Mars du favori des Graces,
Et sous d'autres climats couronner ses hauts faits
Des lauriers qu'en ceux-ci lui dérobe la Paix!

L'HYMÉNÉE.

Tu vas voir davantage; et les dieux, qui m'ordonnent
Qu'attendant tes lauriers mes myrtes le couronnent,
Lui vont donner un prix de toute autre valeur
Que ceux que tu promets avec tant de chaleur.
Cette illustre conquête a pour lui plus de charmes
Que celles que tu veux assurer à ses armes;
Et son œil, éclairé par mon sacré flambeau,
Ne voit point de trophée ou si noble ou si beau.
Ainsi, France, à l'envi l'Espagne et l'Angleterre
Aiment à t'enrichir quand tu finis la guerre;
Et la Paix, qui succède à ses tristes efforts,
Te livre par ma main leurs plus rares trésors.

LA PAIX.

Allons sans plus tarder mettre ordre à tes spectacles;
Et, pour les commencer par de nouveaux miracles,
Toi que rend tout-puissant ce chef-d'œuvre des cieux,
Hymen, fais-lui changer la face de ces lieux.

L'HYMÉNÉE, seul.

Naissez à cet aspect, fontaines, fleurs, bocages;
Chassez de ces débris les funestes images,
Et formez des jardins tels qu'avec quatre mots

PROLOGUE.

Le grand art de Médée en fit naître à Colchos [1].

(Tout le théâtre se change en un jardin magnifique, à la vue du portrait
de la reine, que l'Hyménée lui présente.)

[1] De même que les opéra de Quinault faisaient oublier *Andromède* et *la Toison d'Or*, ses prologues faisaient oublier aussi ceux de Corneille. Les uns et les autres sont composés de personnages ou allégoriques ou tirés de l'ancienne fable ; c'est Mars et Vénus, c'est la Victoire et la Paix. Le seul moyen de faire supporter ces êtres fantastiques est de les faire peu parler, et de soutenir leurs vains discours par une belle musique et par l'appareil du spectacle. La France et la Victoire, qui raisonnent ensemble, qui s'appellent toutes deux par leurs noms, qui récitent de longues tirades, et qui poussent des arguments, sont de vraies amplifications de collége.

Le prologue d'*Amadis* est un modèle en ce genre : ce sont les personnages mêmes de la pièce qui paraissent dans ce prologue, et qui se réveillent à la lueur des éclairs et au bruit du tonnerre ; et, dans tous les prologues de Quinault, les couplets sont courts et harmonieux. (V.)

FIN DU PROLOGUE.

ACTE PREMIER.

Ce grand jardin, qui en fait la scène, est composé de trois rangs de cyprès, à côté desquels on voit alternativement en chaque châssis des statues de marbre blanc à l'antique, qui versent de gros jets d'eau dans de grands bassins, soutenus par des tritons qui leur servent de piédestal, ou trois vases qui portent, l'un des orangers, et les deux autres diverses fleurs en confusion, chantournées et découpées à jour. Les ornements de ces vases et de ces bassins sont rehaussés d'or, et ces statues portent sur leurs têtes des corbeilles d'or treillissées, et remplies de pareilles fleurs. Le théâtre est fermé par une grande arcade de verdure, ornée de festons de fleurs, avec une grande corbeille d'or sur le milieu, qui en est remplie comme les autres. Quatre autres arcades qui la suivent composent avec elle un berceau qui laisse voir plus loin un autre jardin de cyprès entremêlés avec quantité[1] d'autres statues à l'antique; et la perspective du fond borne la vue par un parterre encore plus éloigné, au milieu duquel s'élève une fontaine avec divers autres jets d'eau, qui ne font pas le moindre agrément de ce spectacle.

SCÈNE I.

CHALCIOPE, MÉDÉE.

MÉDÉE.
Parmi ces grands sujets d'allégresse publique,

---

[1] VAR. . . . . . . mêlés de quantité. . . . . . . (1661.)

[2] L'histoire de la toison d'or est bien moins fabuleuse et moins frivole qu'on ne pense : c'est de toutes les époques de l'ancienne Grèce la plus brillante et la plus constatée. Il s'agissait d'ouvrir un commerce de la Grèce aux extrémités de la mer Noire : ce commerce consistait principalement en fourrures; et c'est de là

ACTE I, SCÈNE I.

Vous portez sur le front un air mélancolique;
Votre humeur paroît sombre; et vous semblez, ma sœur,
Murmurer en secret contre notre bonheur.

qu'est venue la fable de la toison. Le voyage des Argonautes servit à faire connaître aux Grecs le ciel et la terre. Chiron, qui était de cette expédition, observa que l'équinoxe du printemps était au milieu de la constellation du Belier; et cette observation, faite il y a environ quatre mille trois cents années, fut la base sur laquelle on s'est fondé depuis pour constater l'étonnante révolution de vingt-cinq mille neuf cents années que l'axe de la terre fait autour du pôle.

Les habitants de Colchos, voisins d'une peuplade de Huns, étaient des barbares, comme ils le sont encore aujourd'hui. Leurs femmes ont toujours eu de la beauté : il est très vraisemblable que les Argonautes enlevèrent quelques Mingréliennes, puisque nous avons vu de nos jours un homme envoyé à Tornéo pour mesurer un degré du méridien * enlever une fille de ce pays-là. L'enlèvement de Médée fut la source de toutes les aventures attribuées à cette femme, qui probablement ne méritait pas d'être connue. Elle passa pour une magicienne. Cette prétendue magie était l'usage de quelques poisons qu'on prétend être assez communs dans la Mingrélie. Il est à croire que ces malheureux secrets furent une des sources de cette croyance à la magie qui a inondé la terre dans tous les temps. L'autre source fut la fourberie; les hommes ayant été toujours divisés en deux classes, celle des charlatans et celle des sots. Le premier qui employa des herbes au hasard, pour guérir une maladie que la nature guérit toute seule, voulut faire croire qu'il en savait plus que les autres; et on le crut : bientôt tout fut prestige et miracle.

C'était la coutume de tous les Grecs et de tous les peuples, excepté peut-être des Chinois, de tourner toute l'histoire en fable; la poésie seule célébrait les grands événements : on voulait les orner, et on les défigurait. L'expédition des Argonautes fut chantée en vers; et quoiqu'elle méritât d'être célèbre par le

* Maupertuis.

La veuve de Phryxus et la fille d'Aæte
Plaint-elle de Persès la honte et la défaite?

fond, qui était très vrai et très utile, elle ne fut connue que par des mensonges poétiques.

La partie fabuleuse de cette histoire semble beaucoup plus convenable à l'opéra qu'à la tragédie : une toison d'or gardée par des taureaux qui jettent des flammes, et par un grand dragon; ces taureaux attachés à une charrue de diamant; les dents du dragon qui font naître des hommes armés; toutes ces imaginations ne ressemblent guère à la vraie tragédie, qui, après tout, doit être la peinture fidèle des mœurs. Aussi Corneille voulut en faire une espèce d'opéra, ou du moins une pièce à machines, avec un peu de musique. C'était ainsi qu'il en avait usé en traitant le sujet d'*Andromède*. Les opéra français ne parurent qu'en 1671, et *la Toison d'Or* est de 1660 : cependant un an avant la représentation de la pièce de Corneille, c'est-à-dire en 1659, on avait exécuté à Issy, chez le cardinal Mazarin, une pastorale en musique; mais il n'y avait que peu de scènes, nulles machines, point de danses, et l'opéra s'établit ensuite en réunissant tous ces avantages.

Il y a plus de machines et de changements de décoration dans *la Toison d'Or* que de musique; on y fait seulement chanter les Sirènes dans un endroit, et Orphée dans un autre : mais il n'y avait point dans ce temps-là de musicien capable de faire des airs qui répondissent à l'idée qu'on s'est faite du chant d'Orphée et des Sirènes. La mélodie, jusqu'à Lulli, ne consista que dans un chant froid, traînant, et lugubre, ou dans quelques vaudevilles, tels que les airs de nos noëls, et l'harmonie n'était qu'un contre-point assez grossier.

En général, les tragédies dans lesquelles la musique interrompt la déclamation font rarement un grand effet, parce que l'une étouffe l'autre. Si la pièce est intéressante, on est fâché de voir cet intérêt détruit par des instruments qui détournent toute l'attention; si la musique est belle, l'oreille du spectateur retombe avec peine et avec dégoût de cette harmonie au récit simple.

Il n'en était pas de même chez les anciens, dont la déclama-

Vous faut-il consoler de ces illustres coups
Qui partent d'un héros parent de votre époux?
Et le vaillant Jason pourroit-il vous déplaire,
Alors que dans son trône il rétablit mon père?

CHALCIOPE.

Vous m'offensez, ma sœur : celles de notre rang
Ne savent point trahir leur pays ni leur sang;
Et j'ai vu les combats de Persès et d'Aæte
Toujours avec des yeux de fille et de sujette.
Si mon front porte empreints quelques troubles secrets,
Sachez que je n'en ai que pour vos intérêts.
J'aime autant que je dois cette haute victoire;
Je veux bien que Jason en ait toute la gloire :
Mais, à tout dire enfin, je crains que ce vainqueur
N'en étende les droits jusque sur votre cœur.
  Je sais que sa brigade, à peine descendue,
Rétablit à nos yeux la bataille perdue,
Que Persès triomphoit, que Styrus étoit mort,
Styrus que pour époux vous envoyoit le sort.
Jason de tant de maux borna soudain la course;
Il en dompta la force, il en tarit la source :

---

tion, appelée *mélopée*, était une espèce de chant; le passage de cette mélopée à la symphonie des chœurs n'étonnait point l'oreille, et ne la rebutait pas.

Ce qui surprit le plus dans la représentation de *la Toison d'Or,* ce fut la nouveauté des machines et des décorations, auxquelles on n'était point accoutumé. Un marquis de Sourdéac, grand mécanicien, et passionné pour les spectacles, fit représenter la pièce, en 1660, dans le château de Neubourg en Normandie, avec beaucoup de magnificence. C'est ce même marquis de Sourdéac à qui on dut depuis en France l'établissement de l'opéra : il s'y ruina entièrement, et mourut pauvre et malheureux, pour avoir trop aimé les arts. (V.)

Mais avouez aussi qu'un héros si charmant
Vous console bientôt de la mort d'un amant.
L'éclat qu'a répandu le bonheur de ses armes
A vos yeux éblouis ne permet plus de larmes :
Il sait les détourner des horreurs d'un cercueil;
Et la peur d'être ingrate étouffe votre deuil.
 Non que je blâme en vous quelques soins de lui plaire,
Tant que la guerre ici l'a rendu nécessaire;
Mais je ne voudrois pas que cet empressement
D'un soin étudié fît un attachement.
Car enfin, aujourd'hui que la guerre est finie,
Votre facilité se trouveroit punie;
Et son départ subit ne vous laisseroit plus
Qu'un cœur embarrassé de soucis superflus.

MÉDÉE.

La remontrance est douce, obligeante, civile;
Mais, à parler sans feinte, elle est fort inutile :
Si je n'ai point d'amour, je n'y prends point de part;
Et si j'aime Jason, l'avis vient un peu tard.
 Quoi qu'il en soit, ma sœur, nommeriez-vous un crime
Un vertueux amour qui suivroit tant d'estime?
Alors que ses hauts faits lui gagnent tous les cœurs,
Faut-il que ses soupirs excitent mes rigueurs,
Que contre ses exploits moi seule je m'irrite,
Et fonde mes dédains sur son trop de mérite?
Mais, s'il m'en doit bientôt coûter un repentir,
D'où pouvez-vous savoir qu'il soit prêt à partir?

CHALCIOPE.

Je le sais de mes fils, qu'une ardeur de jeunesse
Emporte malgré moi jusqu'à le suivre en Grèce,
Pour voir en ces beaux lieux la source de leur sang,
Et de Phryxus leur père y reprendre le rang.

Déja tous ces héros au départ se disposent ;
Ils ont peine à souffrir que leurs bras se reposent ;
Comme la gloire à tous fait leur plus cher souci,
N'ayant plus à combattre, ils n'en ont plus ici ;
Ils brûlent d'en chercher dessus quelque autre rive,
Tant leur valeur rougit sitôt qu'elle est oisive.
Jason veut seulement une grace du roi....

MÉDÉE.

Cette grace, ma sœur, n'est sans doute que moi.
Ce n'est plus avec vous qu'il faut que je déguise.
Du chef de ces héros j'asservis la franchise ;
De tout ce qu'il a fait de grand, de glorieux,
Il rend un plein hommage au pouvoir de mes yeux :
Il a vaincu Persès, il a servi mon père,
Il a sauvé l'état, sans chercher qu'à me plaire.
Vous l'avez vu peut-être, et vos yeux sont témoins
De combien chaque jour il y donne de soins,
Avec combien d'ardeur....

CHALCIOPE.

Oui, je l'ai vu moi-même
Que pour plaire à vos yeux il prend un soin extrême :
Mais je n'ai pas moins vu combien il vous est doux
De vous montrer sensible aux soins qu'il prend pour vous.
Je vous vois chaque jour avec inquiétude
Chercher ou sa présence ou quelque solitude,
Et dans ces grands jardins sans cesse repasser
Le souvenir des traits qui vous ont su blesser.
En un mot, vous l'aimez, et ce que j'appréhende....

MÉDÉE.

Je suis prête à l'aimer, si le roi le commande ;
Mais jusque-là, ma sœur, je ne fais que souffrir
Les soupirs et les vœux qu'il prend soin de m'offrir.

CHALCIOPE.

Quittez ce faux devoir dont l'ombre vous amuse.
Vous irez plus avant si le roi le refuse ;
Et, quoi que votre erreur vous fasse présumer,
Vous obéirez mal s'il vous défend d'aimer.
Je sais.... Mais le voici que le prince accompagne.

SCÈNE II.

AÆTES, ABSYRTE, CHALCIOPE, MÉDÉE.

AÆTES.

Enfin nos ennemis nous cèdent la campagne,
Et des Scythes défaits le camp abandonné
Nous est de leur déroute un gage fortuné,
Un fidèle témoin d'une victoire entière :
Mais, comme la fortune est souvent journalière,
Il en faut redouter de funestes retours,
Ou se mettre en état de triompher toujours.
   Vous savez de quel poids et de quelle importance
De ce peu d'étrangers s'est fait voir l'assistance.
Quarante, qui l'eût cru ? quarante à leur abord
D'une armée abattue ont relevé le sort,
Du côté des vaincus rappelé la victoire,
Et fait d'un jour fatal un jour brillant de gloire.
   Depuis cet heureux jour que n'ont point fait leurs bras ?
Leur chef nous a paru le démon des combats ;
Et trois fois sa valeur d'un noble effet suivie
Au péril de son sang a dégagé ma vie.
Que ne lui dois-je point ? et que ne dois-je à tous ?
Ah ! si nous les pouvions arrêter parmi nous,
Que ma couronne alors se verroit assurée !

Qu'il faudroit craindre peu pour la toison dorée,
Ce trésor où les dieux attachent nos destins,
Et que veulent ravir tant de jaloux voisins!
   N'y peux-tu rien, Médée, et n'as-tu point de charmes
Qui fixent en ces lieux le bonheur de leurs armes?
N'est-il herbes, parfums, ni chants mystérieux,
Qui puissent nous unir ces bras victorieux?

ABSYRTE.

Seigneur, il est en vous d'avoir cet avantage :
Le charme qu'il y faut est tout sur son visage.
Jason l'aime, et je crois que l'offre de son cœur
N'en seroit pas reçue avec trop de rigueur.
Un favorable aveu pour ce digne hyménée
Rendroit ici sa course heureusement bornée;
Son exemple auroit force, et feroit qu'à l'envi
Tous voudroient imiter le chef qu'ils ont suivi.
Tous sauroient comme lui, pour faire une maîtresse,
Perdre le souvenir des beautés de leur Grèce;
Et tous ainsi que lui permettroient à l'amour
D'obstiner des héros à grossir votre cour.

AÆTES.

Le refus d'un tel heur auroit trop d'injustice.
Puis-je d'un moindre prix payer un tel service?
Le ciel, qui veut pour elle un époux étranger,
Sous un plus digne joug ne sauroit l'engager.
Oui, j'y consens, Absyrte, et tiendrai même à grace
Que du roi d'Albanie il remplisse la place,
Que la mort de Styrus permette à votre sœur
L'incomparable choix d'un si grand successeur.
Ma fille, si jamais les droits de la naissance....

CHALCIOPE.

Seigneur, je vous réponds de son obéissance;

Mais je ne réponds pas que vous trouviez les Grecs
Dans la même pensée et les mêmes respects.
 Je les connois un peu, veuve d'un de leurs princes :
Ils ont aversion pour toutes nos provinces ;
Et leur pays natal leur imprime un amour
Qui par-tout les rappelle et presse leur retour.
Ainsi n'espérez pas qu'il soit des hyménées
Qui puissent à la vôtre unir leurs destinées.
Ils les accepteront, si leur sort rigoureux
A fait de leur patrie un lieu mal sûr pour eux ;
Mais, le péril passé, leur soudaine retraite
Vous fera bientôt voir que rien ne les arrête,
Et qu'il n'est point de nœud qui les puisse obliger
A vivre sous les lois d'un monarque étranger.
 Bien que Phryxus m'aimât avec quelque tendresse,
Je l'ai vu mille fois soupirer pour sa Grèce ;
Et, quelque illustre rang qu'il tînt dans vos états,
S'il eût eu l'accès libre en ces heureux climats,
Malgré ces beaux dehors d'une ardeur empressée,
Il m'eût fallu l'y suivre, ou m'en voir délaissée.
Il semble après sa mort qu'il revive en ses fils ;
Comme ils ont même sang, ils ont mêmes esprits :
La Grèce en leur idée est un séjour céleste,
Un lieu seul digne d'eux. Par-là jugez du reste.

A ÆTES.

Faites-les-moi venir, que de leur propre voix
J'apprenne les raisons de cet injuste choix.
Et quant à ces guerriers que nos dieux tutélaires
Au salut de l'état rendent si nécessaires,
Si pour les obliger à vivre mes sujets
Il n'est point dans ma cour d'assez dignes objets,
Si ce nom sur leur front jette tant d'infamie

ACTE I, SCÈNE II.

Que leur gloire en devienne implacable ennemie,
Subornons cette gloire, et voyons dès demain
Ce que pourra sur eux le nom de souverain.
Le trône a ses liens ainsi que l'hyménée ;
Et, quand ce double nœud tient une ame enchaînée,
Quand l'ambition marche au secours de l'amour,
Elle étouffe aisément tous ces soins du retour.
Elle triomphera de cette idolâtrie
Que tous ces grands guerriers gardent pour leur patrie.
Leur Grèce a des climats et plus doux et meilleurs ;
Mais commander ici vaut bien servir ailleurs.
Partageons avec eux l'éclat d'une couronne
Que la bonté du ciel par leurs mains nous redonne :
D'un bien qu'ils ont sauvé je leur dois quelque part ;
Je le perdois sans eux, sans eux il court hasard ;
Et c'est toujours prudence, en un péril funeste,
D'offrir une moitié pour conserver le reste.

ABSYRTE.

Vous les connoissez mal ; ils sont trop généreux
Pour vous vendre à ce prix le besoin qu'on a d'eux.
Après ce grand secours, ce seroit pour salaire
Prendre une part du vol qu'on tâchoit à vous faire,
Vous piller un peu moins sous couleur d'amitié,
Et vous laisser enfin ce reste par pitié.
C'est là, seigneur, c'est là cette haute infamie
Dont vous verriez leur gloire implacable ennemie.
Le trône a des splendeurs dont les yeux éblouis
Peuvent réduire une ame à l'oubli du pays ;
Mais aussi la Scythie ouverte à nos conquêtes
Offre assez de matière à couronner leurs têtes.
Qu'ils règnent, mais par nous, et sur nos ennemis ;
C'est là qu'il faut trouver un sceptre à nos amis ;

Et lors d'un sacré nœud l'inviolable étreinte
Tirera notre appui d'où partoit notre crainte;
Et l'hymen unira par des liens plus doux
Des rois sauvés par eux à des rois faits par nous.

AÆTES.

Vous regardez trop tôt comme votre héritage
Un trône dont en vain vous craignez le partage.
J'ai d'autres yeux, Absyrte, et vois un peu plus loin.
Je veux bien réserver ce remède au besoin,
Ne faire point cette offre à moins que nécessaire;
Mais, s'il y faut venir, rien ne m'en peut distraire.
Les voici, parlons-leur; et, pour les arrêter,
Ne leur refusons rien qu'ils daignent souhaiter.

SCÈNE III.

AÆTES, ABSYRTE, MÉDÉE, JASON, PÉLÉE, IPHITE, ORPHÉE; ARGONAUTES.

AÆTES.

Guerriers par qui mon sort devient digne d'envie,
Héros à qui je dois et le sceptre et la vie,
Après tant de bienfaits et d'un si haut éclat,
Voulez-vous me laisser la honte d'être ingrat?
Je ne vous fais point d'offre, et dans ces lieux sauvages
Je ne découvre rien digne de vos courages :
Mais si dans mes états, mais si dans mon palais,
Quelque chose avoit pu mériter vos souhaits,
Le choix qu'en auroit fait cette valeur extrême
Lui donneroit un prix qu'il n'a pas de lui-même;
Et je croirois devoir à ce précieux choix
L'heur de vous rendre un peu de ce que je vous dois.

ACTE I, SCÈNE III.

JASON.

Si nos bras, animés par vos destins propices,
Vous ont rendu, seigneur, quelques foibles services,
Et s'il en est encore, après un sort si doux,
Que vos commandements puissent vouloir de nous,
Vous avez en vos mains un trop digne salaire,
Et pour ce qu'on a fait, et pour ce qu'on peut faire;
Et s'il nous est permis de vous le demander....

AÆTES.

Attendez tout d'un roi qui veut tout accorder.
J'en jure le dieu Mars, et le Soleil mon père;
Et me puisse à vos yeux accabler leur colère,
Si mes serments pour vous n'ont de si prompts effets,
Que vos vœux dès ce jour se verront satisfaits!

JASON.

Seigneur, j'ose vous dire, après cette promesse,
Que vous voyez la fleur des princes de la Grèce,
Qui vous demandent tous d'une commune voix
Un trésor qui jadis fut celui de ces rois,
La toison d'or, seigneur, que Phryxus, votre gendre,
Phryxus, notre parent...

AÆTES.

    Ah! que viens-je d'entendre!

MÉDÉE.

Ah! perfide!

JASON.

    A ce mot vous paroissez surpris!
Notre peu de secours se met à trop haut prix :
Mais enfin, je l'avoue, un si précieux gage
Est l'unique motif de tout notre voyage.
Telle est la dure loi que nous font nos tyrans,
Que lui seul nous peut rendre au sein de nos parents;

Et telle est leur rigueur, que, sans cette conquête,
Le retour au pays nous coûteroit la tête.
AÆTES.
Ah! si vous ne pouvez y rentrer autrement,
Dure, dure à jamais votre bannissement!
  Prince, tel est mon sort, que la toison ravie
Me doit coûter le sceptre, et peut-être la vie.
De sa perte dépend celle de tout l'état ;
En former un desir, c'est faire un attentat ;
Et, si jusqu'à l'effet vous pouvez le réduire,
Vous ne m'avez sauvé que pour mieux me détruire.
JASON.
Qui vous l'a dit, seigneur? quel tyrannique effroi
Fait cette illusion aux destins d'un grand roi?
AÆTES.
Votre Phryxus lui-même a servi d'interprète
A ces ordres des dieux dont l'effet m'inquiète.
Son ombre en mots exprès nous les a fait savoir.
JASON.
A des fantômes vains donnez moins de pouvoir.
Une ombre est toujours ombre, et des nuits éternelles
Il ne sort point de jours qui ne soient infidèles.
Ce n'est point à l'enfer à disposer des rois ;
Et les ordres du ciel n'empruntent point sa voix.
Mais vos bontés par-là cherchent à faire grace
Au trop d'ambition dont vous voyez l'audace ;
Et c'est pour colorer un trop juste refus
Que vous faites parler cette ombre de Phryxus.
AÆTES.
Quoi! de mon noir destin la triste certitude
Ne seroit qu'un prétexte à mon ingratitude?
Et quand je vous dois tout, je voudrois essayer

ACTE I, SCÈNE III.

Un mauvais artifice à ne vous rien payer?
Quoi que vous en croyiez, quoi que vous puissiez dire,
Pour vous désabuser partageons mon empire.
Cette offre peut-elle être un refus coloré?
Et répond-elle mal à ce que j'ai juré?

JASON.

D'autres l'accepteroient avec pleine allégresse;
Mais elle n'ouvre pas les chemins de la Grèce;
Et ces héros, sortis ou des dieux ou des rois,
Ne sont pas mes sujets, pour vivre sous mes lois.
C'est à l'heur du retour que leur courage aspire,
Et non pas à l'honneur de me faire un empire.

AÆTES.

Rien ne peut donc changer ce rigoureux desir?

JASON.

Seigneur, nous n'avons pas le pouvoir de choisir.
Ce n'est que perdre temps qu'en parler davantage;
Et vous savez à quoi le serment vous engage.

AÆTES.

Téméraire serment qui me fait une loi
Dangereuse pour vous, ou funeste pour moi!
   La toison est à vous, si vous pouvez la prendre;
Car ce n'est pas de moi qu'il vous la faut attendre.
Comme votre Phryxus l'a consacrée à Mars,
Ce dieu même lui fait d'effroyables remparts,
Contre qui tout l'effort de la valeur humaine
Ne peut être suivi que d'une mort certaine;
Il faut pour l'emporter quelque chose au-dessus.
J'ouvrirai la carrière, et ne puis rien de plus;
Il y va de ma vie ou de mon diadème.
Mais je tremble pour vous autant que pour moi-même.
Je croirois faire un crime à vous le déguiser;

Il est en votre choix d'en bien ou mal user.
Ma parole est donnée, il faut que je la tienne ;
Mais votre perte est sûre à moins que de la mienne.
Adieu : pensez-y bien. Toi, ma fille, dis-lui
A quels affreux périls il se livre aujourd'hui.

SCÈNE IV.

MÉDÉE, JASON ; ARGONAUTES.

MÉDÉE.

Ces périls sont légers.

JASON.

Ah ! divine princesse !

MÉDÉE.

Il n'y faut que du cœur, des forces, de l'adresse :
Vous en avez, Jason ; mais peut-être, après tout,
Ce que vous en avez n'en viendra pas à bout.

JASON.

Madame, si jamais....

MÉDÉE.

Ne dis rien, téméraire.
Tu ne savois que trop quel choix pouvoit me plaire.
Celui de la toison m'a fait voir tes mépris :
Tu la veux, tu l'auras ; mais apprends à quel prix.

Pour voir cette dépouille au dieu Mars consacrée,
A tous dans sa forêt il permet libre entrée ;
Mais pour la conquérir qui s'ose hasarder
Trouve un affreux dragon commis à la garder ;
Rien n'échappe à sa vue, et le sommeil sans force
Fait avec sa paupière un éternel divorce :
Le combat contre lui ne te sera permis

Qu'après deux fiers taureaux par ta valeur soumis :
Leurs yeux sont tout de flamme, et leur brûlante haleine
D'un long embrasement couvre toute la plaine.
Va leur faire souffrir le joug et l'aiguillon,
Ouvrir du champ de Mars le funeste sillon ;
C'est ce qu'il te faut faire, et dans ce champ horrible
Jeter une semence encore plus terrible,
Qui soudain produira des escadrons armés
Contre la même main qui les aura semés ;
Tous, sitôt qu'ils naîtront, en voudront à ta vie :
Je vais moi-même à tous redoubler leur furie.
Juge par-là, Jason, de la gloire où tu cours ;
Et cherche où tu pourras des bras et du secours.

SCÈNE V.

JASON, PÉLÉE, IPHITE, ORPHÉE;
ARGONAUTES.

JASON.
Amis, voilà l'effet de votre impatience.
Si j'avois eu sur vous un peu plus de croyance,
L'amour m'auroit livré ce précieux dépôt ;
Et vous l'avez perdu pour le vouloir trop tôt.

PÉLÉE.
L'amour vous est bien doux ; et votre espoir tranquille
Qui vous fit consumer deux ans chez Hypsipile,
En consumeroit quatre avec plus de raison
A cajoler Médée, et gagner la toison.
Après que nos exploits l'ont si bien méritée,
Un mot seul, un souhait dût l'avoir emportée ;
Mais, puisqu'on la refuse au service rendu,

Il faut avoir de force un bien qui nous est dû.
####### JASON.
De Médée en courroux dissipez donc les charmes ;
Combattez ce dragon, ces taureaux, ces gens d'armes.
####### IPHITE.
Les dieux nous ont sauvés de mille autres dangers,
Et sont les mêmes dieux en ces bords étrangers.
Pallas nous a conduits, et Junon de nos têtes
A parmi tant de mers écarté les tempêtes.
Ces grands secours unis auront leur plein effet,
Et ne laisseront point leur ouvrage imparfait.
   Voyez si je m'abuse, amis, quand je l'espère ;
Regardez de Junon briller la messagère :
Iris nous vient du ciel dire ses volontés.
En attendant son ordre, adorons ses bontés.
Prends ton luth, cher Orphée, et montre à la déesse
Combien ce doux espoir charme notre tristesse.

SCÈNE VI.

IRIS, sur l'arc-en-ciel ; JUNON et PALLAS, chacune dans son char ; JASON, ORPHÉE, ARGONAUTES.

####### ORPHÉE chante.
   Femme et sœur du maître des dieux,
De qui le seul regard fait nos destins propices,
Nous as-tu jusqu'ici guidés sous tes auspices,
   Pour nous voir périr en ces lieux ?
Contre des bras mortels tout ce qu'ont pu nos armes,
   Nous l'avons fait dans les combats :
   Contre les monstres et les charmes
C'est à toi maintenant de nous prêter ton bras.

ACTE I, SCÈNE VI.

IRIS.

Princes, ne perdez pas courage;
Les deux mêmes divinités
Qui vous ont garantis sur les flots irrités
Prennent votre défense en ce climat sauvage.
(Ici Junon et Pallas se montrent dans leurs chars.)
Les voici toutes deux, qui de leurs propres voix
Vous apprendront sous quelles lois
Le destin vous promet cette illustre conquête;
Elles sauront vous la faciliter :
Écoutez leurs conseils, et tenez l'ame prête
A les exécuter.

JUNON.

Tous vos bras et toutes vos armes
Ne peuvent rien contre les charmes
Que Médée en fureur verse sur la toison :
L'Amour seul aujourd'hui peut faire ce miracle;
Et dragon ni taureaux ne vous feront obstacle,
Pourvu qu'elle s'apaise en faveur de Jason.
Prête à descendre en terre afin de l'y réduire,
J'ai pris et le visage et l'habit de sa sœur.
Rien ne vous peut servir si vous n'avez son cœur;
Et si vous le gagnez, rien ne vous sauroit nuire.

PALLAS.

Pour vous secourir en ces lieux,
Junon change de forme et va descendre en terre;
Et pour vous protéger Pallas remonte aux cieux,
Où Mars et quelques autres dieux
Vont presser contre vous le maître du tonnerre.
Le Soleil, de son fils embrassant l'intérêt,
Voudra faire changer l'arrêt
Qui vous laisse espérer la toison demandée;

Mais, quoi qu'il puisse faire, assurez-vous qu'enfin
> L'Amour fera votre destin,

Et vous donnera tout s'il vous donne Médée.

(Ici, tout d'un temps, Iris disparoît ; Pallas remonte au ciel, et Junon descend en terre, en traversant toutes deux le théâtre, et faisant croiser leurs chars.)

JASON.

Eh bien ! si mes conseils....

PÉLÉE.

> N'en parlons plus, Jason ;

Cet oracle l'emporte, et vous aviez raison.
Aimez, le ciel l'ordonne, et c'est l'unique voie
Qu'après tant de travaux il ouvre à notre joie.
N'y perdons point de temps, et sans plus de séjour
Allons sacrifier au tout-puissant Amour.

FIN DU PREMIER ACTE.

ACTE SECOND.

La rivière du Phase et le paysage qu'elle traverse succèdent à ce grand jardin, qui disparoît tout d'un coup. On voit tomber de gros torrents des rochers qui servent de rivages à ce fleuve; et l'éloignement qui borne la vue présente aux yeux divers coteaux dont cette campagne est fermée.

SCÈNE I.

JASON, JUNON, sous le visage de Chalciope.

JUNON.

Nous pouvons à l'écart, sur ces rives du Phase,
Parler en sûreté du feu qui vous embrase.
Souvent votre Médée y vient prendre le frais,
Et pour y mieux rêver s'échappe du palais.
Il faut venir à bout de cette humeur altière ;
De sa sœur tout exprès j'ai pris l'image entière ;
Mon visage a même air, ma voix a même ton ;
Vous m'en voyez la taille, et l'habit, et le nom ;
Et je la cache à tous sous un épais nuage,
De peur que son abord ne trouble mon ouvrage.
Sous ces déguisements j'ai déja rétabli
Presque en toute sa force un amour affoibli.
L'horreur de vos périls, que redoublent les charmes,
Dans cette ame inquiète excite mille alarmes :
Elle blâme déja son trop d'emportement.
C'est à vous d'achever un si doux changement :

Un soupir poussé juste, en suite d'une excuse,
Perce un cœur bien avant quand lui-même il s'accuse,
Et qu'un secret retour le force à ressentir
De sa fureur trop prompte un tendre repentir.

JASON.

Déesse, quel encens....

JUNON.

Traitez-moi de princesse,
Jason, et laissez là l'encens et la déesse.
Quand vous serez en Grèce il y faudra penser;
Mais ici vos devoirs s'en doivent dispenser :
Par ce respect suprême ils m'y feroient connoître.
Laissez-y-moi passer pour ce que je feins d'être,
Jusqu'à ce que le cœur de Médée adouci....

JASON.

Madame, puisqu'il faut ne vous nommer qu'ainsi,
Vos ordres me seront des lois inviolables;
J'aurai pour les remplir des soins infatigables;
Et mon amour plus fort....

JUNON.

Je sais que vous aimez,
Que Médée a des traits dont vos sens sont charmés;
Mais cette passion est-elle en vous si forte
Qu'à tous autres objets elle ferme la porte
Ne souffre-t-elle plus l'image du passé?
Le portrait d'Hypsipile est-il tout effacé?

JASON.

Ah !

JUNON.

Vous en soupirez !

JASON.

Un reste de tendresse

ACTE II, SCÈNE I. 43

M'échappe encore au nom d'une belle princesse :
Mais comme assez souvent la distance des lieux
Affoiblit dans le cœur ce qu'elle cache aux yeux,
Les charmes de Médée ont aisément la gloire
D'abattre dans le mien l'effet de sa mémoire.

JUNON.

Peut-être elle n'est pas si loin que vous pensez.
Ses vœux de vous attendre enfin se sont lassés,
Et n'ont pu résister à cette impatience
Dont tous les vrais amants ont trop d'expérience.
L'ardeur de vous revoir l'a hasardée aux flots ;
Elle a pris après vous la route de Colchos :
Et moi, pour empêcher que sa flamme importune
Ne rompît sur ces bords toute votre fortune,
J'ai soulevé les vents, qui, brisant son vaisseau,
Dans les flots mutinés ont ouvert son tombeau.

JASON.

Hélas !

JUNON.

N'en craignez point une funeste issue ;
Dans son propre palais Neptune l'a reçue.
Comme il craint pour Pélie, à qui votre retour
Doit coûter la couronne, et peut-être le jour,
Il va tâcher d'y mettre un obstacle par elle,
Et vous la renvoiera, plus pompeuse et plus belle,
Rattacher votre cœur à des liens si doux,
Ou du moins exciter des sentiments jaloux
Qui vous rendent Médée à tel point inflexible,
Que le pouvoir du charme en demeure invincible,
Et que vous périssiez en le voulant forcer,
Ou qu'à votre conquête il faille renoncer.
Dès son premier abord une soudaine flamme

D'Absyrte à ses beautés livrera toute l'ame ;
L'Amour me l'a promis : vous l'en verrez charmé [1] ;
Mais vous serez sans doute encor le plus aimé.
Il faut donc prévenir ce dieu qui l'a sauvée,
Emporter la toison avant son arrivée.
Votre amante paroît ; agissez en amant
Qui veut en effet vaincre, et vaincre promptement.

SCÈNE II.

JUNON, MÉDÉE, JASON.

MÉDÉE.

Que faites-vous, ma sœur, avec ce téméraire ?
Quand son orgueil m'outrage, a-t-il de quoi vous plaire ?
Et vous a-t-il réduite à lui servir d'appui,
Vous qui parliez tantôt, et si haut, contre lui ?

JUNON.

Je suis toujours sincère ; et dans l'idolâtrie
Qu'en tous ces héros grecs je vois pour leur patrie,
Si votre cœur étoit encore à se donner,
Je ferois mes efforts à vous en détourner ;
Je vous dirois encor ce que j'ai su vous dire.
Mais l'amour sur tous deux a déja trop d'empire ;
Il vous aime, et je vois qu'avec les mêmes traits....

MÉDÉE.

Que dites-vous, ma sœur ? il ne m'aima jamais.
A quelque complaisance il a pu se contraindre ;
Mais s'il feignit d'aimer, il a cessé de feindre,
Et me l'a bien fait voir en demandant au roi,

[1] Var. L'Amour me l'a promis, il en sera charmé. (1661.)

En ma présence même, un autre prix que moi.
JUNON.
Ne condamnons personne avant que de l'entendre.
Savez-vous les raisons dont il se peut défendre?
Il m'en a dit quelqu'une, et je ne puis nier,
Non pas qu'elle suffise à le justifier,
Il est trop criminel, mais que du moins son crime
N'est pas du tout si noir qu'il l'est dans votre estime;
Et si vous la saviez, peut-être à votre tour
Vous trouveriez moins lieu d'accuser son amour.
MÉDÉE.
Quoi! ce lâche tantôt ne m'a pas regardée;
Il n'a montré qu'orgueil, que mépris pour Médée;
Et je pourrois encor l'entendre discourir!
JASON.
Le discours siéroit mal à qui cherche à mourir.
J'ai mérité la mort, si j'ai pu vous déplaire.
Mais cessez contre moi d'armer votre colère :
Vos taureaux, vos dragons, sont ici superflus;
Dites-moi seulement que vous ne m'aimez plus :
Ces deux mots suffiront pour réduire en poussière...
MÉDÉE.
Va, quand il me plaira, j'en sais bien la manière;
Et si ma bouche encor n'en fulmine l'arrêt,
Rends graces à ma sœur, qui prend ton intérêt.
Par quel art, par quel charme, as-tu pu la séduire,
Elle qui ne cherchoit tantôt qu'à te détruire?
D'où vient que mon cœur même à demi révolté
Semble vouloir s'entendre avec ta lâcheté,
Et, de tes actions favorable interprète,
Ne te peint à mes yeux que tel qu'il te souhaite?
Par quelle illusion lui fais-tu cette loi?

Serois-tu dans mon art plus grand maître que moi?
Tu mets dans tous mes sens le trouble et le divorce :
Je veux ne t'aimer plus, et n'en ai pas la force.
Achève d'éblouir un si juste courroux,
Qu'offusquent malgré moi des sentiments trop doux :
Car enfin, et ma sœur l'a bien pu reconnoître,
Tout violent qu'il est, l'amour seul l'a fait naître ;
Il va jusqu'à la haine, et toutefois, hélas !
Je te haïrois peu, si je ne t'aimois pas.
Mais parle, et, si tu peux, montre quelque innocence.

JASON.

Je renonce, madame, à toute autre défense.
Si vous m'aimez encore, et si l'amour en vous
Fait naître cette haine, anime ce courroux,
Puisque de tous les deux sa flamme est triomphante,
Le courroux est propice et la haine obligeante.
Oui, puisque cet amour vous parle encor pour moi,
Il ne vous permet pas de douter de ma foi ;
Et, pour vous faire voir mon innocence entière,
Il éclaire vos yeux de toute sa lumière ;
De ses rayons divins le vif discernement
Du chef de ces héros sépare votre amant.

 Ces princes, qui pour vous ont exposé leur vie,
Sans qui votre province alloit être asservie,
Eux qui de vos destins rompant le cours fatal,
Tout mes égaux qu'ils sont, m'ont fait leur général ;
Eux qui de leurs exploits, eux qui de leur victoire,
Ont répandu sur moi la plus brillante gloire ;
Eux tous ont par ma voix demandé la toison :
C'étoient eux qui parloient, ce n'étoit pas Jason.
Il ne vouloit que vous : mais pouvoit-il dédire
Ces guerriers dont le bras a sauvé votre empire,

Et, par une bassesse indigne de son rang,
Demander pour lui seul tout le prix de leur sang?
Pouvois-je les trahir, moi, qui de leurs suffrages
De ce rang où je suis tiens tous les avantages?
Pouvois-je avec honneur à ce qu'il a d'éclat
Joindre le nom de lâche et le titre d'ingrat?
Auriez-vous pu m'aimer couvert de cette honte?

JUNON.

Ma sœur, dites le vrai, n'étiez-vous point trop prompte?
Qu'a-t-il fait qu'un cœur noble et vraiment généreux....

MÉDÉE.

Ma sœur, je le voulois seulement amoureux.
En qui sauroit aimer seroit-ce donc un crime,
Pour montrer plus d'amour, de perdre un peu d'estime?
Et, malgré les douceurs d'un espoir si charmant,
Faut-il que le héros fasse taire l'amant?
Quel que soit ce devoir, ou ce noble caprice,
Tu me devois, Jason, en faire un sacrifice.
Peut-être j'aurois pu t'en entendre blâmer,
Mais non pas t'en haïr, non pas t'en moins aimer.
Tout oblige en amour, quand l'amour en est cause.

JUNON.

Voyez à quoi pour vous cet amour la dispose.
N'abusez point, Jason, des bontés de ma sœur,
Qui semble se résoudre à vous rendre son cœur;
Et laissez à vos Grecs, au péril de leur vie,
Chercher cette toison si chère à leur envie.

JASON.

Quoi! les abandonner en ce pas dangereux?

MÉDÉE.

N'as-tu point assez fait d'avoir parlé pour eux?

JASON.

Je suis leur chef, madame; et pour cette conquête
Mon honneur me condamne à marcher à leur tête :
J'y dois périr comme eux, s'il leur faut y périr;
Et bientôt à leur tête on m'y verroit courir,
Si j'aimois assez mal pour essayer mes armes
A forcer des périls qu'ont préparés vos charmes,
Et si le moindre espoir de vaincre malgré vous
N'étoit un attentat contre votre courroux.
Oui, ce que nos destins m'ordonnent que j'obtienne,
Je le veux de vos mains, et non pas de la mienne.
Si ce trésor par vous ne m'est point accordé,
Mon bras me punira d'avoir trop demandé;
Et mon sang à vos yeux, sur ce triste rivage,
De vos justes refus étalera l'ouvrage.
Vous m'en verrez, madame, accepter la rigueur,
Votre nom en la bouche et votre image au cœur,
Et mon dernier soupir, par un pur sacrifice,
Sauver toute ma gloire, et vous rendre justice.
Quel heur de pouvoir dire, en terminant mon sort :
« Un respect amoureux a seul causé ma mort! »
Quel heur de voir ma mort charger la renommée
De tout ce digne excès dont vous êtes aimée,
Et dans tout l'avenir....

MÉDÉE.

        Va, ne me dis plus rien;
Je ferai mon devoir comme tu fais le tien.
L'honneur doit m'être cher, si la gloire t'est chère :
Je ne trahirai point mon pays et mon père;
Le destin de l'état dépend de la toison,
Et je commence enfin à connoître Jason.
    Ces paniques terreurs pour ta gloire flétrie

ACTE II, SCÈNE II.

Nous déguisent en vain l'amour de ta patrie;
L'impatiente ardeur d'en voir le doux climat
Sous ces fausses couleurs ne fait que trop d'éclat.
Mais, s'il faut la toison pour t'en ouvrir l'entrée,
Va traîner ton exil de contrée en contrée;
Et ne présume pas, pour te voir trop aimé,
Abuser en tyran de mon cœur enflammé.
Puisque le tien s'obstine à braver ma colère,
Que tu me fais des lois, à moi qui t'en dois faire,
Je reprends cette foi que tu crains d'accepter,
Et préviens un ingrat qui cherche à me quitter.

JASON.

Moi, vous quitter, madame! ah! que c'est mal connoître
Le pouvoir du beau feu que vos yeux ont fait naître!
Que nos héros en Grèce emportent leur butin,
Jason auprès de vous attache son destin.
Donnez-leur la toison qu'ils ont presque achetée;
Ou si leur sang versé l'a trop peu méritée,
Joignez-y tout le mien, et laissez-moi l'honneur
De leur voir de ma main tenir tout leur bonheur.
Que si le souvenir de vous avoir servie
Me réserve pour vous quelque reste de vie,
Soit qu'il faille à Colchos borner notre séjour,
Soit qu'il vous plaise ailleurs éprouver mon amour,
Sous les climats brûlants, sous les zones glacées,
Les routes me plairont que vous m'aurez tracées;
J'y baiserai par-tout les marques de vos pas.
Point pour moi de patrie où vous ne serez pas;
Point pour moi....

MÉDÉE.

Quoi! Jason, tu pourrois pour Médée
Étouffer de ta Grèce et l'amour et l'idée?

JASON.

Je le pourrai, madame, et de plus....

SCÈNE III.

ABSYRTE, JUNON, JASON, MÉDÉE.

ABSYRTE.

Ah! mes sœurs,
Quel miracle nouveau va ravir tous nos cœurs!
Sur ce fleuve mes yeux ont vu de cette roche
Comme un trône flottant qui de nos bords s'approche.
Quatre monstres marins courbent sous ce fardeau :
Quatre nains emplumés le soutiennent sur l'eau ;
Et, découpant les airs par un battement d'ailes,
Lui servent de rameurs et de guides fidèles.
Sur cet amas brillant de nacre et de coral [1],
Qui sillonne les flots de ce mouvant cristal,
L'opale étincelante à la perle mêlée
Renvoie un jour pompeux vers la voûte étoilée.
Les nymphes de la mer, les tritons, tout autour,
Semblent au dieu caché faire à l'envi leur cour ;
Et sur ces flots heureux, qui tressaillent de joie,
Par mille bonds divers ils lui tracent la voie.
Voyez du fond des eaux s'élever à nos yeux,
Par un commun accord, ces moites demi-dieux.
Puissent-ils sur ces bords arrêter ce miracle!
Admirez avec moi ce merveilleux spectacle.
Le voilà qui les suit, voyez-le s'avancer.

[1] C'est ainsi qu'on écrivit d'abord le mot *corail,* formé de κοράλ-λιον, *corallium.* (PAR.)

JASON, à Junon.

Ah! madame.

JUNON.

Voyez sans vous embarrasser.

(Ici l'on voit sortir du milieu du Phase le dieu Glauque avec deux Tritons et deux Sirènes qui chantent, cependant qu'une grande conque de nacre, semée de branches de coral et de pierres précieuses, portée par quatre dauphins, et soutenue par quatre Vents en l'air, vient insensiblement s'arrêter au milieu de ce même fleuve. Tandis qu'elles chantent, le devant de cette conque merveilleuse fond dans l'eau, et laisse voir la reine Hypsipile assise comme dans un trône; et soudain Glauque commande aux Vents de s'envoler, aux Tritons et aux Sirènes de disparoître, et au fleuve de retirer une partie de ses eaux pour laisser prendre terre à Hypsipile. Les Tritons, les fleuves, les Vents et les Sirènes obéissent, et Glauque se perd lui-même au fond de l'eau sitôt qu'il a parlé; ensuite de quoi Absyrte donne la main à Hypsipile pour sortir de cette conque, qui s'abyme aussitôt dans le fleuve.)

SCÈNE IV.

ABSYRTE, JUNON, MÉDÉE, JASON, GLAUQUE,
SIRÈNES, TRITONS, HYPSIPILE.

CHANT DES SIRÈNES.

Telle Vénus sortit du sein de l'onde
　Pour faire régner dans le monde
Les Jeux et les Plaisirs, les Graces et l'Amour;
　Telle tous les matins l'Aurore
　Sur le sein émaillé de Flore
　Verse la rosée et le jour.

　Objet divin, qui vas de ce rivage
　　Bannir ce qu'il a de sauvage,
Pour y faire régner les Graces et l'Amour;
　Telle et plus adorable encore

Que n'est Vénus, que n'est l'Aurore.
Tu vas y faire un nouveau jour.

ABSYRTE.
Quelle beauté, mes sœurs, dans ce trône enfermée,
De son premier coup d'œil a mon ame charmée?
Quel cœur pourroit tenir contre de tels appas?
HYPSIPILE.
Juste ciel, il me voit, et ne s'avance pas!
GLAUQUE.
Allez, Tritons, allez, Sirènes;
Allez, Vents, et rompez vos chaînes;
Neptune est satisfait,
Et l'ordre qu'il vous donne a son entier effet.
Jason, vois les bontés de ce même Neptune,
Qui, pour achever ta fortune,
A sauvé du naufrage, et renvoie à tes vœux
La princesse qui seule est digne de ta flamme :
A son aspect rallume tous tes feux;
Et, pour répondre aux siens, rends-lui toute ton ame.
Et toi, qui jusques à Colchos
Dois à tant de beautés un assuré passage,
Fleuve, pour un moment retire un peu tes flots,
Et laisse approcher ton rivage.
ABSYRTE, à Hypsipile.
Princesse, en qui du ciel les merveilleux efforts
Se sont plu d'animer ses plus rares trésors,
Souffrez qu'au nom du roi dont je tiens la naissance
Je vous offre en ces lieux une entière puissance :
Régnez dans ses états, régnez dans son palais;
Et pour premier hommage à vos divins attraits...

ACTE II, SCÈNE IV.

HYPSIPILE.

Faites moins d'honneur, prince, à mon peu de mérite :
Je ne cherche en ces lieux qu'un ingrat qui m'évite.
Au lieu de m'aborder, Jason, vous pâlissez !
Dites-moi pour le moins si vous me connoissez.

JASON.

Je sais bien qu'à Lemnos vous étiez Hypsipile ;
Mais ici....

HYPSIPILE.

Qui vous rend de la sorte immobile ?
Ne suis-je plus la même arrivant à Colchos ?

JASON.

Oui ; mais je n'y suis pas le même qu'à Lemnos.

HYPSIPILE.

Dieux ! que viens-je d'ouïr ?

JASON.

J'ai d'autres yeux, madame :
Voyez cette princesse, elle a toute mon ame ;
Et, pour vous épargner les discours superflus,
Ici je ne connois et ne vois rien de plus.

HYPSIPILE.

O faveurs de Neptune, où m'avez-vous conduite ?
Et s'il commence ainsi, quelle sera la suite ?

MÉDÉE.

Non, non, madame, non, je ne veux rien d'autrui.
Reprenez votre amant ; je vous laisse avec lui.

(à Jason.)

Ne m'offre plus un cœur dont une autre est maîtresse,
Volage ; et reçois mieux cette grande princesse.
Adieu. Des yeux si beaux valent bien la toison.

JASON, à Junon.

Ah ! madame, voyez qu'avec peu de raison...

JUNON.

Suivez sans perdre temps, je saurai vous rejoindre.
Madame, on vous trahit; mais votre heur n'est pas moindre.
Mon frère, qui s'apprête à vous conduire au roi,
N'a pas moins de mérite, et tiendra mieux sa foi.
Si je le connois bien, vous avez qui vous venge;
Et si vous m'en croyez, vous gagnerez au change.
Je vous laisse en résoudre, et prends quelques moments
Pour rétablir le calme entre ces deux amants.

SCÈNE V.

ABSYRTE, HYPSIPILE

ABSYRTE.

Madame, si j'osois, dans le trouble où vous êtes,
Montrer à vos beaux yeux des peines plus secrètes,
Si j'osois faire voir à ces divins tyrans
Ce qu'ont déjà soumis de si doux conquérants,
Je mettrois à vos pieds le trône et la couronne
Où le ciel me destine, et que le sang me donne.
Mais, puisque vos douleurs font taire mes desirs,
Ne vous offensez pas du moins de mes soupirs;
Et tant que le respect m'imposera silence,
Expliquez-vous pour eux toute leur violence.

HYPSIPILE.

Prince, que voulez-vous d'un cœur préoccupé,
Sur qui domine encor l'ingrat qui l'a trompé?
Si c'est à mon amour une peine cruelle
Où je cherche un amant de voir un infidèle,
C'est un nouveau supplice à mes tristes appas
De faire une conquête où je n'en cherche pas.

Non que je vous méprise, et que votre personne
N'eût de quoi me toucher plus que votre couronne;
Le ciel me donne un sceptre en des climats plus doux,
Et de tous vos états je ne voudrois que vous.
Mais ne vous flattez point sur ces marques d'estime
Qu'en mon cœur, tel qu'il est, votre présence imprime;
Quand l'univers entier vous connoîtroit pour roi,
Que pourrois-je pour vous, si je ne suis à moi?

ABSYRTE.

Vous y serez, madame, et pourrez toute chose :
Le change de Jason déja vous y dispose;
Et, pour peu qu'il soutienne encor cette rigueur,
Le dépit, malgré vous, vous rendra votre cœur.
D'un si volage amant que pourriez-vous attendre?

HYPSIPILE.

L'inconstance me l'ôte, elle peut me le rendre.

ABSYRTE.

Quoi! vous pourriez l'aimer, s'il rentroit sous vos lois
En devenant perfide une seconde fois?

HYPSIPILE.

Prince, vous savez mal combien charme un courage
Le plus frivole espoir de reprendre un volage,
De le voir, malgré lui dans nos fers retombé,
Échapper à l'objet qui nous l'a dérobé,
Et sur une rivale et confuse et trompée
Ressaisir avec gloire une place usurpée.
Si le ciel en courroux m'en refuse l'honneur,
Du moins je servirai d'obstacle à son bonheur.
Cependant éteignez une flamme inutile :
Aimez en d'autres lieux, et plaignez Hypsipile;
Et, s'il vous reste encor quelque bonté pour moi,
Aidez contre un ingrat ma plainte auprès du roi.

ABSYRTE.

Votre plainte, madame, auroit pour toute issue
Un nouveau déplaisir de la voir mal reçue.
Le roi le veut pour gendre, et ma sœur pour époux.

HYPSIPILE.

Il me rendra justice, un roi la doit à tous;
Et qui la sacrifie aux tendresses de père
Est d'un pouvoir si saint mauvais dépositaire.

ABSYRTE.

A quelle rude épreuve engagez-vous ma foi,
De me forcer d'agir contre ma sœur et moi?
Mais n'importe, le temps et quelque heureux service
Pourront à mon amour vous rendre plus propice.
Tandis, souvenez-vous que, jusqu'à se trahir,
Ce prince malheureux cherche à vous obéir.

FIN DU SECOND ACTE.

ACTE TROISIÈME.

Nos théâtres n'ont encore rien fait paroître de si brillant que le palais du roi Aætes, qui sert de décoration à cet acte. On y voit de chaque côté deux rangs de colonnes de jaspe torses, et environnées de pampres d'or à grands feuillages, chantournées, et découpées à jour, au milieu desquelles sont des statues d'or à l'antique, de grandeur naturelle. Les frises, les festons, les corniches et les chapiteaux sont pareillement d'or, et portent pour finissement des vases de porcelaine, d'où sortent de gros bouquets de fleurs aussi au naturel. Les bases et les piédestaux sont enrichis de basses-tailles, où sont peintes diverses fables de l'antiquité. Un grand portique doré, soutenu par quatre autres colonnes dans le même ordre, fait la face du théâtre, et est suivi de cinq ou six autres de même manière, qui forment, par le moyen de ces colonnes, comme cinq galeries, où la vue s'enfonçant découvre ce même jardin de cyprès qui a paru au premier acte.

SCÈNE I.

AÆTES, JASON.

AÆTES.

Je vous devois assez pour vous donner Médée,
Jason; et si tantôt vous l'aviez demandée,
Si vous m'aviez parlé comme vous me parlez,
Vous auriez obtenu le bien que vous voulez.
Mais en est-il saison au jour d'une conquête
Qui doit faire tomber mon trône ou votre tête?
Et vous puis-je accepter pour gendre, et vous chérir,
S'il vous faut, dans une heure, ou me perdre, ou périr?
Prétendre à la toison par l'hymen de ma fille,
C'est pour m'assassiner s'unir à ma famille;

Et si vous abusez de ce que j'ai promis,
Vous êtes le plus grand de tous mes ennemis.
Je ne m'en puis dédire, et le serment me lie.
Mais si tant de périls vous laissent quelque vie,
Après avoir perdu ce roi que vous bravez,
Allez porter vos vœux à qui vous les devez :
Hypsipile vous aime, elle est reine, elle est belle ;
Fuyez notre vengeance, et régnez avec elle.

JASON.

Quoi ! parler de vengeance, et d'un œil de courroux
Voir l'immuable ardeur de m'attacher à vous !
Vous présumer perdu sur la foi d'un scrupule
Qu'embrasse aveuglément votre ame trop crédule ;
Comme si sur la peau d'un chétif animal
Le ciel avoit écrit tout votre sort fatal !
Ce que l'ombre a prédit, si vous daignez l'entendre,
Ne met aucun obstacle aux prières d'un gendre.
Me donner la princesse, et pour dot la toison,
Ce n'est que l'assurer dedans votre maison,
Puisque par les doux nœuds de ce bonheur suprême
Je deviendrai soudain une part de vous-même,
Et que ce même bras qui vous a pu sauver
Sera toujours armé pour vous la conserver.

AÆTES.

Vous prenez un peu tard une mauvaise adresse.
Nos esprits sont plus lourds que ceux de votre Grèce ;
Mais j'ai d'assez bons yeux, dans un si juste effroi,
Pour démêler sans peine un gendre d'avec moi.
Je sais que l'union d'un époux à ma fille
De mon sang et du sien forme une autre famille ;
Et que si de moi-même elle fait quelque part,
Cette part de moi-même a ses destins à part.

Ce que l'ombre a prédit se fait assez entendre.
Cessez de vous forcer à devenir mon gendre;
Ce seroit un honneur qui ne vous plairoit pas,
Puisque la toison seule a pour vous des appas,
Et que si mon malheur vous l'avoit accordée,
Vous n'auriez jamais fait aucuns vœux pour Médée.

JASON.

C'est faire trop d'outrage à mon cœur enflammé.
Dès l'abord je la vis, dès l'abord je l'aimai;
Et mon amour n'est pas un amour politique
Que le besoin colore, et que la crainte explique.
Mais n'ayant que moi-même à vous parler pour moi,
Je n'osois espérer d'être écouté d'un roi,
Ni que sur ma parole il me crût de naissance
A porter mes desirs jusqu'à son alliance.
Maintenant qu'une reine a fait voir que mon sang
N'est pas fort au-dessous de cet illustre rang,
Qu'un refus de son sceptre après votre victoire
Montre qu'on peut m'aimer sans hasarder sa gloire,
J'ose, un peu moins timide, offrir, avec ma foi,
Ce que veut une reine, à la fille d'un roi.

AÆTES.

Et cette même reine est un exemple illustre
Qui met tous vos hauts faits en leur plus digne lustre.
L'état où la réduit votre fidélité
Nous instruit hautement de cette vérité,
Que ma fille avec vous seroit fort assurée
Sur les gages douteux d'une foi parjurée.
Ce trône refusé dont vous faites le vain
Nous doit donner à tous horreur de votre main.
Il ne faut pas ainsi se jouer des couronnes;
On doit toujours respect au sceptre, à nos personnes.

Mépriser cette reine en présence d'un roi,
C'est manquer de prudence aussi bien que de foi.
Le ciel nous unit tous en ce grand caractère :
Je ne puis être roi sans être aussi son frère ;
Et si vous étiez né mon sujet ou mon fils,
J'aurois déja puni l'orgueil d'un tel mépris :
Mais l'unique pouvoir que sur vous je puis prendre,
C'est de vous ordonner de la voir, de l'entendre.
La voilà : pensez bien que tel est votre sort,
Que vous n'avez qu'un choix, Hypsipile, ou la mort.
Car, à vous en parler avec pleine franchise,
Ma perte dépend bien de la toison conquise ;
Mais je ne dois pas craindre, en ces périls nouveaux,
Que votre vie échappe aux feux de nos taureaux.

SCÈNE II.

AÆTES, HYPSIPILE, JASON.

AÆTES.

Madame, j'ai parlé ; mais toutes mes paroles
Ne sont auprès de lui que des discours frivoles.
C'est à vous d'essayer ce que pourront vos yeux ;
Comme ils ont plus de force, ils réussiront mieux.
Arrachez-lui du sein cette funeste envie
Qui dans ce même jour lui va coûter la vie :
Je vous devrai beaucoup, si vous touchez son cœur
Jusques à le sauver de sa propre fureur :
Devant ce que je dois au secours de ses armes,
Rompre son mauvais sort, c'est épargner nos larmes.

SCÈNE III.

HYPSIPILE, JASON.

HYPSIPILE.

Eh bien ! Jason, la mort a-t-elle de tels biens
Qu'elle soit plus aimable à vos yeux que les miens ?
Et sa douceur pour vous seroit-elle moins pure,
Si vous n'y joigniez l'heur de mourir en parjure ?
Oui, ce glorieux titre est si doux à porter,
Que de tout votre sang il le faut acheter.
Le mépris qui succède à l'amitié passée
D'une seule douleur m'auroit trop peu blessée :
Pour mieux punir ce cœur d'avoir su vous chérir,
Il faut vous voir ensemble et changer et périr :
Il faut que le tourment d'être trop tôt vengée
Se mêle aux déplaisirs de me voir outragée ;
Que l'amour, au dépit ne cédant qu'à moitié,
Sitôt qu'il est banni, rentre par la pitié ;
Et que ce même feu, que je devrois éteindre,
M'oblige à vous haïr, et me force à vous plaindre.

Je ne t'empêche pas, volage, de changer ;
Mais du moins, en changeant, laisse-moi me venger :
C'est être trop cruel, c'est trop croître l'offense,
Que m'ôter à-la-fois ton cœur et ma vengeance :
Le supplice où tu cours la va trop tôt finir.
Ce n'est pas me venger, ce n'est que te punir ;
Et toute sa rigueur n'a rien qui me soulage,
S'il n'est de mon souhait et le choix et l'ouvrage.

Hélas ! si tu pouvois le laisser à mon choix,
Ton supplice, il seroit de rentrer sous mes lois,

De m'attacher à toi d'une chaîne plus forte,
Et de prendre en ta main le sceptre que je porte.
Tu n'as qu'à dire un mot, ton crime est effacé :
J'ai déjà, si tu veux, oublié le passé.
Mais qu'inutilement je me montre si bonne
Quand tu cours à la mort, de peur qu'on te pardonne !
Quoi ! tu ne réponds rien, et mes plaintes en l'air
N'ont rien d'assez puissant pour te faire parler ?

JASON.

Que voulez-vous, madame, ici que je vous die ?
Je ne connois que trop quelle est ma perfidie ;
Et l'état où je suis ne sauroit consentir
Que j'en fasse une excuse, ou montre un repentir :
Après ce que j'ai fait, après ce qui se passe,
Tout ce que je dirois auroit mauvaise grace.
Laissez dans le silence un coupable obstiné,
Qui se plaît dans son crime, et n'en est point gêné.

HYPSIPILE.

Parle toutefois, parle, et non plus pour me plaire,
Mais pour rendre la force à ma juste colère ;
Parle, pour m'arracher ces tendres sentiments
Que l'amour enracine au cœur des vrais amants ;
Repasse mes bontés et tes ingratitudes ;
Joins-y, si tu le peux, des coups encor plus rudes :
Ce sera m'obliger, ce sera m'obéir.
Je te devrai beaucoup, si je te puis haïr,
Et si de tes forfaits la peinture étendue
Ne laisse plus flotter ma haine suspendue.

JASON.

Que dirai-je, après tout, que ce que vous savez ?
Madame, rendez-vous ce que vous vous devez.
Il n'est pas glorieux pour une grande reine

De montrer de l'amour, et de voir de la haine;
Et le sexe et le rang se doivent souvenir
Qu'il leur sied bien d'attendre, et non de prévenir;
Et que c'est profaner la dignité suprême,
Que de lui laisser dire : On me trahit, et j'aime.

HYPSIPILE.

Je le puis dire, ingrat, sans blesser mon devoir;
C'est mon époux en toi que le ciel me fait voir,
Du moins si la parole et reçue et donnée
A des nœuds assez forts pour faire un hyménée.
  Ressouviens-t'en, volage, et des chastes douceurs
Qu'un mutuel amour répandit dans nos cœurs.
Je te laissai partir, afin que ta conquête
Remît sous mon empire une plus digne tête,
Et qu'une reine eût droit d'honorer de son choix
Un héros que son bras eût fait égal aux rois.
J'attendois ton retour pour pouvoir avec gloire
Récompenser ta flamme, et payer ta victoire;
Et quand jusques ici je t'apporte ma foi,
Je trouve en arrivant que tu n'es plus à moi!
Hélas! je ne craignois que tes beautés de Grèce;
Et je vois qu'une Scythe a rompu ta promesse,
Et qu'un climat barbare a des traits assez doux
Pour m'avoir de mes bras enlevé mon époux!
Mais, dis-moi, ta Médée est-elle si parfaite?
Ce que cherche Jason vaut-il ce qu'il rejette?
Malgré ton cœur changé, j'en fais juges tes yeux.
Tu soupires en vain, il faut t'expliquer mieux :
Ce soupir échappé me dit bien quelque chose;
Toute autre l'entendroit; mais sans toi je ne l'ose.
Parle donc, et sans feinte : où porte-t-il ta foi?
Va-t-il vers ma rivale, ou revient-il vers moi?

JASON.

Osez autant qu'une autre; entendez-le, madame,
Ce soupir qui vers vous pousse toute mon ame;
Et concevez par là jusqu'où vont mes malheurs,
De soupirer pour vous, et de prétendre ailleurs.
Il me faut la toison, il y va de la vie
De tous ces demi-dieux que brûle même envie;
Il y va de ma gloire; et j'ai beau soupirer,
Sous cette tyrannie il me faut expirer.
J'en perds tout mon bonheur, j'en perds toute ma joie :
Mais pour sortir d'ici je n'ai que cette voie;
Et le même intérêt qui vous fit consentir,
Malgré tout votre amour, à me laisser partir,
Le même me dérobe ici votre couronne :
Pour faire ma conquête, il faut que je me donne,
Que pour l'objet aimé j'affecte des mépris,
Que je m'offre en esclave, et me vende à ce prix :
Voilà ce que mon cœur vous dit quand il soupire.
Ne me condamnez plus, madame, à le redire.
Si vous m'aimez encor, de pareils entretiens
Peuvent aigrir vos maux, et redoublent les miens;
Et cet aveu d'un crime où le destin m'attache
Grossit l'indignité des remords que je cache.
Pour me les épargner, vous voyez qu'en ces lieux
Je fuis votre présence, et j'évite vos yeux.
L'amour vous montre aux miens toujours charmante et belle,
Chaque moment allume une flamme nouvelle;
Mais ce qui de mon cœur fait les plus chers desirs,
De mon change forcé fait tous les déplaisirs;
Et, dans l'affreux supplice où me tient votre vue,
Chaque coup d'œil me perce, et chaque instant me tue.
Vos bontés n'ont pour moi que des traits rigoureux :

Plus je me vois aimé, plus je suis malheureux ;
Plus vous me faites voir d'amour et de mérite,
Plus vous haussez le prix des trésors que je quitte ;
Et l'excès de ma perte allume une fureur
Qui me donne moi-même à moi-même en horreur.
Laissez-moi m'affranchir de la secrète rage
D'être en dépit de moi déloyal et volage ;
Et puisqu'ici le ciel vous offre un autre époux
D'un rang pareil au vôtre, et plus digne de vous,
Ne vous obstinez point à gêner une vie
Que de tant de malheurs vous voyez poursuivie ;
Oubliez un ingrat qui jusques au trépas,
Tout ingrat qu'il paroît, ne vous oubliera pas.
Apprenez à quitter un lâche qui vous quitte.

HYPSIPILE.

Tu te confesses lâche, et veux que je t'imite ;
Et quand tu fais effort pour te justifier,
Tu veux que je t'oublie, et ne peux m'oublier !
Je vois ton artifice et ce que tu médites ;
Tu veux me conserver alors que tu me quittes,
Et par les attentats d'un flatteur entretien
Me dérober ton cœur, et retenir le mien :
Tu veux que je te perde, et que je te regrette,
Que j'approuve en pleurant la perte que j'ai faite,
Que je t'estime et t'aime avec ta lâcheté,
Et me prenne de tout à la fatalité.
   Le ciel l'ordonne ainsi ; ton change est légitime ;
Ton innocence est sûre au milieu de ton crime ;
Et quand tes trahisons pressent leur noir effet,
Ta gloire, ton devoir, ton destin a tout fait.
   Reprends, reprends, Jason, tes premières rudesses ;
Leur coup m'est bien plus doux que tes fausses tendresses ;

Tes remords impuissants aigrissent mes douleurs :
Ne me rends point ton cœur, quand tu te vends ailleurs.
D'un cœur qu'on ne voit pas l'offre est lâche et barbare,
Quand de tout ce qu'on voit un autre objet s'empare ;
Et c'est faire un hommage et ridicule et vain,
De présenter le cœur et retirer la main.

JASON.

L'un et l'autre est à vous, si....

HYPSIPILE.

N'achève pas, traître ;
Ce que tu veux cacher se feroit trop parottre :
Un véritable amour ne parle point ainsi.

JASON.

Trouvez donc les moyens de nous tirer d'ici.
La toison emportée, il agira, madame,
Ce véritable amour qui vous donne mon ame ;
Sinon.... Mais, dieux ! que vois-je ? O ciel ! je suis perdu,
Si j'ai tant de malheur qu'elle m'aye entendu.

SCÈNE IV.

MÉDÉE, HYPSIPILE.

MÉDÉE.

Vous l'avez vu, madame ? êtes-vous satisfaite ?

HYPSIPILE.

Vous en pouvez juger par sa prompte retraite.

MÉDÉE.

Elle marque le trouble où son cœur est réduit ;
Mais j'ignore, après tout, s'il vous quitte, ou me fuit.

HYPSIPILE.

Vous pouvez donc, madame, ignorer quelque chose ?

MÉDÉE.
Je sais que s'il me fuit, vous en êtes la cause.
HYPSIPILE.
Moi, je n'en sais pas tant; mais j'avoue entre nous
Que, s'il faut qu'il me quitte, il a besoin de vous.
MÉDÉE.
Ce que vous en pensez me donne peu d'alarmes.
HYPSIPILE.
Je n'ai que des attraits, et vous avez des charmes.
MÉDÉE.
C'est beaucoup en amour que de savoir charmer.
HYPSIPILE.
Et c'est beaucoup aussi que de se faire aimer.
MÉDÉE.
Si vous en avez l'art, j'ai celui d'y contraindre.
HYPSIPILE.
A faute d'être aimée, on peut se faire craindre.
MÉDÉE.
Il vous aima jadis?
HYPSIPILE.
Peut-être il m'aime encor,
Moins que vous toutefois, ou que la toison d'or.
MÉDÉE.
Du moins, quand je voudrai flatter son espérance,
Il saura de nous deux faire la différence.
HYPSIPILE.
J'en vois la différence assez grande à Colchos;
Mais elle seroit autre et plus grande à Lemnos.
Les lieux aident au choix; et peut-être qu'en Grèce
Quelque troisième objet surprendroit sa tendresse.
MÉDÉE.
J'appréhende assez peu qu'il me manque de foi.

HYPSIPILE.
Vous êtes plus adroite et plus belle que moi.
Tant qu'il aura des yeux, vous n'avez rien à craindre.
MÉDÉE.
J'allume peu de feux qu'une autre puisse éteindre;
Et puisqu'il me promet un cœur ferme et constant....
HYPSIPILE.
Autrefois à Lemnos il m'en promit autant.
MÉDÉE.
D'un amant qui s'en va de quoi sert la parole?
HYPSIPILE.
A montrer qu'on vous peut voler ce qu'on me vole.
Ces beaux feux qu'en mon île il n'osoit démentir....
MÉDÉE.
Eurent un peu de tort de le laisser partir.
HYPSIPILE.
Comme vous en aurez, si jamais ce volage
Porte à quelque autre objet ce qu'il vous rend d'hommage.
MÉDÉE.
Les captifs mal gardés ont droit de nous quitter.
HYPSIPILE.
J'avois quelque mérite, et n'ai pu l'arrêter.
MÉDÉE.
J'en ai peu : mais enfin s'il fait plus que le vôtre?
HYPSIPILE.
Vous aurez lieu de croire en valoir bien une autre :
Mais prenez moins d'appui sur un cœur usurpé;
Il peut vous échapper, puisqu'il m'est échappé.
MÉDÉE.
Votre esprit n'est rempli que de mauvais augures.
HYPSIPILE.
On peut sur le passé former ses conjectures.

ACTE III, SCÈNE IV.

MÉDÉE.

Le passé mal conduit n'est qu'un miroir trompeur,
Où l'œil bien éclairé ne fonde espoir ni peur.

HYPSIPILE.

Si j'ai conçu pour vous des craintes mal fondées....

MÉDÉE.

Laissons faire Jason, et gardons nos idées.

HYPSIPILE.

Avec sincérité je dois vous avouer
Que j'ai quelque sujet encor de m'en louer.

MÉDÉE.

Avec sincérité je dois aussi vous dire
Qu'assez malaisément on sort de mon empire;
Et que, quand jusqu'à moi j'ai permis d'aspirer,
On ne s'abaisse plus à vous considérer.
Profitez des avis que ma pitié vous donne.

HYPSIPILE.

A vous dire le vrai, cette hauteur m'étonne.
Je suis reine, madame, et les fronts couronnés....

MÉDÉE.

Et moi je suis Médée, et vous m'importunez.

HYPSIPILE.

Cet indigne mépris que de mon rang vous faites....

MÉDÉE.

Connoissez-moi, madame, et voyez où vous êtes.
Si Jason pour vos yeux ose encor soupirer,
Il peut chercher des bras à vous en retirer.
Adieu. Souvenez-vous, au lieu de vous en plaindre,
Qu'à faute d'être aimée on peut se faire craindre.

(Ce palais doré se change en un palais d'horreur sitôt que Médée a dit
le premier de ces cinq derniers vers, et qu'elle a donné un coup de
baguette. Tout ce qu'il y a d'épouvantable en la nature y sert de ter-

mes. L'éléphant, le rhinocéros, le lion, l'once, les tigres, les léopards, les panthères, les dragons, les serpents, tous avec leurs antipathies à leurs pieds, y lancent des regards menaçants. Une grotte obscure borne la vue, au travers de laquelle l'œil ne laisse pas de découvrir un éloignement merveilleux que fait la perspective. Quatre monstres ailés et quatre rampants enferment Hypsipile, et semblent prêts à la dévorer.)

SCÈNE V.

HYPSIPILE.

Que vois-je? où suis-je? ô dieux! quels abymes ouverts
Exhalent jusqu'à moi les vapeurs des enfers!
Que d'yeux étincelants sous d'horribles paupières
Mêlent au jour qui fuit d'effroyables lumières!
O toi, qui crois par-là te faire redouter,
Si tu l'as espéré, cesse de t'en flatter.
Tu perds de ton grand art la force ou l'imposture,
A t'armer contre moi de toute la nature.
L'amour au désespoir ne peut craindre la mort :
Dans un pareil naufrage elle ouvre un heureux port.
Hâtez, monstres, hâtez votre approche fatale.
Mais immoler ainsi ma vie à ma rivale!
Cette honte est pour moi pire que le trépas.
Je ne veux plus mourir, monstres, n'avancez pas!

UNE VOIX, derrière le théâtre.

Monstres, n'avancez pas! une reine l'ordonne;
 Respectez ses appas;
 Suivez les lois qu'elle vous donne :
 Monstres, n'avancez pas!

(Les monstres s'arrêtent sitôt que cette voix chante.)

HYPSIPILE.

Quel favorable écho, pendant que je soupire,

Répète mes frayeurs avec un tel empire?
Et d'où vient que, frappés par ces divins accents,
Ces monstres tout-à-coup deviennent impuissants?
LA VOIX.
C'est l'Amour qui fait ce miracle,
Et veut plus faire en ta faveur;
N'y mets donc point d'obstacle;
Aime qui t'aime, et donne cœur pour cœur.
HYPSIPILE.
Quel prodige nouveau! cet amas de nuages
Vient-il dessus ma tête éclater en orages?
Vous qui nous gouvernez, dieux, quel est votre but?
M'annoncez-vous par-là ma perte ou mon salut?
Le nuage descend, il s'arrête, il s'entr'ouvre;
Et je vois.... Mais, ô dieux, qu'est-ce que j'y découvre?
Seroit-ce bien le prince?

(Un nuage descend jusqu'à terre, et, s'y séparant en deux moitiés qui se perdent chacune de son côté, il laisse sur le théâtre le prince Absyrte.)

SCÈNE VI.

ABSYRTE, HYPSIPILE.

ABSYRTE.
Oui, madame, c'est lui
Dont l'amour vous apporte un ferme et sûr appui;
Le même qui, pour vous courant à son supplice,
Contre un ingrat trop cher a demandé justice;
Le même vient encor dissiper votre peur.
J'ai parlé contre moi, j'agis contre ma sœur;
Et, sitôt que je vois quelque espoir de vous plaire,
Je ne me connois plus, je cesse d'être frère.

Monstres, disparoissez; fuyez de ces beaux yeux
Que vous avez en vain obsédés en ces lieux.

(*Tous les monstres s'envolent ou fondent sous terre, et Absyrte continue.*)

Et vous, divin objet, n'en ayez plus d'alarmes;
Pour détruire le reste il faudroit d'autres charmes :
Contre ceux qu'on pressoit de vous faire périr,
Je n'avois que les airs par où vous secourir;
Et d'un art tout-puissant les forces inconnues
Ne me laissoient ouvert que le milieu des nues :
Mais le mien, quoique moindre, a pleine autorité
De nous faire sortir d'un séjour enchanté.
Allons, madame.

HYPSIPILE.

Allons, prince trop magnanime,
Prince digne en effet de toute mon estime.

ABSYRTE.

N'aurez-vous rien de plus pour des vœux si constants?
Et ne pourrai-je....

HYPSIPILE.

Allons, et laissez faire au temps.

FIN DU TROISIÈME ACTE.

ACTE QUATRIÈME.

Ce théâtre horrible fait place à un plus agréable : c'est le désert où Médée a de coutume [1] de se retirer pour faire ses enchantements. Il est tout de rochers, qui laissent sortir de leurs fentes quelques filaments d'herbes rampantes, et quelques arbres moitié verts et moitié secs : ces rochers sont d'une pierre blanche et luisante ; de sorte que, comme l'autre théâtre étoit fort chargé d'ombres, le changement subit de l'un à l'autre fait qu'il semble qu'on passe de la nuit au jour.

SCÈNE I.

ABSYRTE, MÉDÉE.

MÉDÉE.
Qui donne cette audace à votre inquiétude,
Prince, de me troubler jusqu'en ma solitude ?
Avez-vous oublié que dans ces tristes lieux
Je ne souffre que moi, les ombres, et les dieux,
Et qu'étant par mon art consacrés au silence,
Aucun ne peut sans crime y mêler sa présence ?
ABSYRTE.
De vos bontés, ma sœur, c'est sans doute abuser ;
Mais l'ardeur d'un amant a droit de tout oser.
C'est elle qui m'amène en ces lieux solitaires,
Où votre art fait agir ses plus secrets mystères,

---

[1] On disait alors *avoir de coutume*, avec la préposition. (Voyez Nicot, *Thresor de la langue françoise*, au mot *Coutume*.) (Par.)

Vous demander un charme à détacher un cœur,
A dérober une ame à son premier vainqueur.

MÉDÉE.

Hélas! cet art, mon frère, impuissant sur les ames,
Ne sait que c'est d'éteindre ou d'allumer des flammes;
Et s'il a sur le reste un absolu pouvoir,
Loin de charmer les cœurs, il n'y sauroit rien voir.
Mais n'avancez-vous rien sur celui d'Hypsipile?
Son péril, son effroi vous est-il inutile?
Après ce stratagème entre nous concerté,
Elle vous croit devoir et vie et liberté;
Et son ingratitude au dernier point éclate,
Si d'une ombre d'espoir cet effroi ne vous flatte.

ABSYRTE.

Elle croit qu'en votre art, aussi savant que vous,
Je prends plaisir pour elle à rabattre vos coups;
Et, sans rien soupçonner de tout notre artifice,
Elle doit tout, dit-elle, à ce rare service :
Mais, à moins toutefois que de perdre l'espoir,
Du côté de l'amour rien ne peut l'émouvoir.

MÉDÉE.

L'espoir qu'elle conserve aura peu de durée,
Puisque Jason en veut à la toison dorée,
Et qu'à la conquérir faire le moindre effort
C'est se livrer soi-même, et courir à la mort.
Oui, mon frère, prenez un esprit plus tranquille.
Si la mort d'un rival vous assure Hypsipile,
Et croyez....

ABSYRTE.

Ah! ma sœur, ce seroit me trahir
Que de perdre Jason sans le faire haïr.
L'ame de cette reine, à la douleur ouverte,

A toute la famille imputeroit sa perte,
Et m'envelopperoit dans le juste courroux
Qu'elle auroit pour le roi, qu'elle prendroit pour vous.
Faites donc qu'il vous aime, afin qu'on le haïsse,
Qu'on regarde sa mort comme un digne supplice.
Non que je la souhaite ; il s'est vu trop aimé
Pour n'en présumer pas votre esprit alarmé ;
Je ne veux pas non plus chercher jusqu'en votre ame
Les sentiments qu'y laisse une si belle flamme :
Arrêtez seulement ce héros sous vos lois,
Et disposez sans moi du reste à votre choix.
S'il doit mourir, qu'il meure en amant infidèle ;
S'il doit vivre, qu'il vive en esclave rebelle ;
Et qu'on n'aye aucun lieu, dans l'un ni l'autre sort,
Ni de l'aimer vivant, ni de le plaindre mort.
C'est ce que je demande à cette amitié pure
Qu'avec le jour pour moi vous donna la nature.

MÉDÉE.

Puis-je m'en faire aimer sans l'aimer à mon tour,
Et pour un cœur sans foi me souffrir de l'amour ?
Puis-je l'aimer, mon frère, au moment qu'il n'aspire
Qu'à ce trésor fatal dont dépend votre empire ?
Ou si par nos taureaux il se fait déchirer,
Voulez-vous que je l'aime, afin de le pleurer ?

ABSYRTE.

Aimez, ou n'aimez pas, il suffit qu'il vous aime ;
Et quant à ces périls pour notre diadème,
Je ne suis pas de ceux dont le crédule esprit
S'attache avec scrupule à ce qu'on leur prédit.
Je sais qu'on n'entend point de telles prophéties
Qu'après que par l'effet elles sont éclaircies ;
Et que, quoi qu'il en soit, le sceptre de Lemnos

A de quoi réparer la perte de Colchos.
Ces climats désolés où même la nature
Ne tient que de votre art ce qu'elle a de verdure,
Où nos plus beaux jardins n'ont ni roses ni lis
Dont par votre savoir ils ne soient embellis,
Sont-ils à comparer à ces charmantes îles
Où nos maux trouveroient de glorieux asiles?
Tomber à bas d'un trône est un sort rigoureux;
Mais quitter l'un pour l'autre est un échange heureux.

MÉDÉE.

Un amant tel que vous, pour gagner ce qu'il aime,
Changeroit sans remords d'air et de diadème....
Comme j'ai d'autres yeux, j'ai d'autres sentiments,
Et ne me règle pas sur vos attachements.
 Envoyez-moi ma sœur, que je puisse avec elle
Pourvoir au doux succès d'une flamme si belle.
Ménagez cependant un si cher intérêt :
Faites effort à plaire autant comme on vous plaît.
Pour Jason, je saurai de sorte m'y conduire,
Que, soit qu'il vive ou meure, il ne pourra vous nuire.
Allez sans perdre temps, et laissez-moi rêver
Aux beaux commencements que je veux achever.

SCÈNE II.

MÉDÉE.

Tranquille et vaste solitude,
Qu'à votre calme heureux j'ose en vain recourir!
Et que la rêverie est mal propre à guérir
D'une peine qui plait la flatteuse habitude!
J'en viens soupirer seule au pied de vos rochers;

ACTE IV, SCÈNE II.

Et j'y porte avec moi dans mes vœux les plus chers
  Mes ennemis les plus à craindre :
Plus je crois les dompter, plus je leur obéis;
Ma flamme s'en redouble; et plus je veux l'éteindre,
  Plus moi-même je m'y trahis.

  C'est en vain que tout alarmée
J'envisage à quels maux s'expose un inconstant :
L'amour tremble à regret dans mon esprit flottant;
Et, timide à l'aimer, je meurs d'en être aimée.
Ainsi j'adore et crains son manquement de foi;
Je m'offre et me refuse à ce que je prévoi :
  Son change me plaît et m'étonne.
Dans l'espoir le plus doux j'ai tout à soupçonner;
Et, bien que tout mon cœur obstinément se donne,
  Ma raison n'ose me donner.

  Silence, raison importune!
Est-il temps de parler quand mon cœur s'est donné?
Du bien que tu lui veux ce lâche est si gêné,
Que ton meilleur avis lui tient lieu d'infortune.
Ce que tu mets d'obstacle à ses desirs mutins
Anime leur révolte, et le livre aux destins,
  Contre qui tu prends sa défense :
Ton effort odieux ne sert qu'à les hâter;
Et ton cruel secours lui porte par avance
  Tous les maux qu'il doit redouter.

  Parle toutefois pour sa gloire;
Donne encor quelques lois à qui te fait la loi;
Tyrannise un tyran qui triomphe de toi;
Et par un faux trophée usurpe sa victoire.

S'il est vrai que l'amour te vole tout mon cœur,
Exile de mes yeux cet insolent vainqueur,
    Dérobe-lui tout mon visage :
Et, si mon ame cède à mes feux trop ardents [1],
Sauve tout le dehors du honteux esclavage
    Qui t'enlève tout le dedans.

SCÈNE III.

JUNON, MÉDÉE.

MÉDÉE.

L'avez-vous vu, ma sœur, cet amant infidèle?
Que répond-il aux pleurs d'une reine si belle?
Souffre-t-il par pitié qu'ils en fassent un roi?
A-t-il encor le front de vous parler de moi?
Croit-il qu'un tel exemple ait su si peu m'instruire,
Qu'il lui laisse encor lieu de me pouvoir séduire?

JUNON.

Modérez ces chaleurs de votre esprit jaloux;
Prenez des sentiments plus justes et plus doux;
Et sans vous emporter souffrez que je vous die....

MÉDÉE.

Qu'il pense m'acquérir par cette perfidie?
Et que ce qu'il fait voir de tendresse et d'amour,
Si j'ose l'accepter, m'en garde une à mon tour?
Un volage, ma sœur, a beau faire et beau dire,
On peut toujours douter pour qui son cœur soupire;
Sa flamme à tous moments peut prendre un autre cours.
Et qui change une fois peut changer tous les jours.

---

[1] Var. Et, si mon ame cède à des feux trop ardents. (1661.)

Vous, qui vous préparez à prendre sa défense,
Savez-vous, après tout, s'il m'aime ou s'il m'offense?
Lisez-vous dans son cœur pour voir ce qui s'y fait,
Et si j'ai de ses feux l'apparence ou l'effet?
JUNON.
Quoi! vous vous offensez d'Hypsipile quittée!
D'Hypsipile pour vous à vos yeux maltraitée!
Vous, son plus cher objet! vous de qui hautement
En sa présence même il s'est nommé l'amant!
C'est mal vous acquitter de la reconnoissance
Qu'une autre croiroit due à cette préférence.
Voyez mieux qu'un héros si grand, si renommé,
Auroit peu fait pour vous, s'il n'avoit rien aimé.

En ces tristes climats, qui n'ont que vous d'aimable,
Où rien ne s'offre aux yeux qui vous soit comparable,
Un cœur qu'un autre objet ne peut vous disputer
Vous porte peu de gloire à se laisser dompter.
Mais Hypsipile est belle, et joint au diadème
Un amour assez fort pour mériter qu'on l'aime [1];
Et quand, malgré son trône, et malgré sa beauté,
Et malgré son amour, vous l'avez emporté,
Que ne devez-vous point à l'illustre victoire
Dont ce choix obligeant vous assure la gloire?
Peut-il de vos attraits faire mieux voir le prix,
Que par le don d'un cœur qu'Hypsipile avoit pris?
Pouvez-vous sans chagrin refuser un hommage
Qu'une autre lui demande avec tant d'avantage?
Pouvez-vous d'un tel don faire si peu d'état,
Sans vouloir être ingrate, et l'être avec éclat?
Si c'est votre dessein, en faisant la cruelle,

---

[1] Var. Un amour assez fort pour mériter qu'il l'aime. (1661.)

D'obliger ce héros à retourner vers elle,
Vous en pourrez avoir un succès assez prompt;
Sinon....

MÉDÉE.

Plutôt la mort qu'un si honteux affront!
Je ne souffrirai point qu'Hypsipile me brave,
Et m'enlève ce cœur que j'ai vu mon esclave.
Je voudrois avec vous en vain le déguiser :
Quand je l'ai vu pour moi tantôt la mépriser,
Qu'à ses yeux, sans nous mettre un moment en balance,
Il m'a si hautement donné la préférence,
J'ai senti des transports que mon esprit discret
Par un soudain adieu n'a cachés qu'à regret.
Je ne croirai jamais qu'il soit douceur égale
A celle de se voir immoler sa rivale,
Qu'il soit pareille joie; et je mourrois, ma sœur,
S'il falloit qu'à son tour elle eût même douceur.

JUNON.

Quoi! pour vous cette honte est un malheur extrême?
Ah! vous l'aimez encor!

MÉDÉE.

Non; mais je veux qu'il m'aime.
Je veux, pour éviter un si mortel ennui,
Le conserver à moi, sans me donner à lui,
L'arrêter sous mes lois, jusqu'à ce qu'Hypsipile
Lui rende de son cœur la conquête inutile,
Et que le prince Absyrte, ayant reçu sa foi,
L'ait mise hors d'état de triompher de moi.
Lors, par un juste exil punissant l'infidèle,
Je n'aurai plus de peur qu'il me traite comme elle;
Et je saurai sur lui nous venger toutes deux,
Sitôt qu'il n'aura plus à qui porter ses vœux.

JUNON.

Vous vous promettez plus que vous ne voudrez faire,
Et vous n'en croirez pas toute cette colère [1].

MÉDÉE.

Je ferai plus encor que je ne me promets,
Si vous pouvez, ma sœur, quitter ses intérêts.

JUNON.

Quelque chers qu'ils me soient, je veux bien m'y contraindre;
Et, pour mieux vous ôter tout sujet de me craindre,
Le voilà qui paroît; je vous laisse avec lui.
Vous me rappellerez, s'il a besoin d'appui.

SCÈNE IV.

JASON, MÉDÉE.

MÉDÉE.

Êtes-vous prêt, Jason, d'entrer dans la carrière?
Faut-il du champ de Mars vous ouvrir la barrière,
Vous donner nos taureaux pour tracer des sillons
D'où naîtront contre vous de soudains bataillons?
Pour dompter ces taureaux et vaincre ces gens d'armes,
Avez-vous d'Hypsipile emprunté quelques charmes?
Je ne demande point quel est votre souci :
Mais, si vous la cherchez, elle n'est pas ici;
Et, tandis qu'en ces lieux vous perdez votre peine,
Mon frère vous pourroit enlever cette reine.
Jason, prenez-y garde; il faut moins s'éloigner
D'un objet qu'un rival s'efforce de gagner.

---

[1] Var. Et vous ne croirez pas toute cette colère. (1661.)

Et prêter un peu moins les faveurs de l'absence
A ce qui peut entre eux naître d'intelligence.
Mais j'ai tort, je l'avoue, et je raisonne mal;
Vous êtes trop aimé pour craindre un tel rival;
Vous n'avez qu'à paroître, et, sans autre artifice,
Un coup d'œil détruira ce qu'il rend de service.

JASON.

Qu'un si cruel reproche à mon cœur seroit doux
S'il avoit pu partir d'un sentiment jaloux,
Et si par cette injuste et douteuse colère
Je pouvois m'assurer de ne vous pas déplaire!
Sans raison toutefois j'ose m'en défier;
Il ne me faut que vous pour me justifier.
Vous avez trop bien vu l'effet de vos mérites
Pour garder un soupçon de ce que vous me dites;
Et du change nouveau que vous me supposez
Vous me défendez mieux que vous ne m'accusez.

Si vous avez pour moi vu l'amour d'Hypsipile,
Vous n'avez pas moins vu sa constance inutile;
Que ses plus doux attraits, pour qui j'avois brûlé,
N'ont rien que mon amour ne vous aye immolé;
Que toute sa beauté rehausse votre gloire,
Et que son sceptre même enfle votre victoire :
Ce sont des vérités que vous vous dites mieux,
Et j'ai tort de parler où vous avez des yeux.

MÉDÉE.

Oui, j'ai des yeux, ingrat, meilleurs que tu ne penses,
Et vois jusqu'en ton cœur tes fausses préférences.

Hypsipile à ma vue a reçu des mépris;
Mais, quand je n'y suis plus, qu'est-ce que tu lui dis?
Explique, explique encor ce soupir tout de flamme
Qui vers ce cher objet poussoit toute ton ame,

Et fais-moi concevoir jusqu'où vont tes malheurs,
De soupirer pour elle et de prétendre ailleurs.
Redis-moi les raisons dont tu l'as apaisée,
Dont jusqu'à me braver tu l'as autorisée,
Qu'il te faut la toison pour revoir tes parents,
Qu'à ce prix je te plais, qu'à ce prix tu te vends.
Je tenois cher le don d'une amour si parfaite;
Mais, puisque tu te vends, va chercher qui t'achète,
Perfide, et porte ailleurs cette vénale foi
Qu'obtiendroit ma rivale à même prix que moi.
Il est, il est encor des ames toutes prêtes
A recevoir mes lois et grossir mes conquêtes;
Il est encor des rois dont je fais le desir;
Et, si parmi tes Grecs il me plait de choisir,
Il en est d'attachés à ma seule personne,
Qui n'ont jamais su l'art d'être à qui plus leur donne,
Qui, trop contents d'un cœur dont tu fais peu de cas,
Méritent la toison qu'ils ne demandent pas,
Et que pour toi mon ame, hélas! trop enflammée,
Auroit pu te donner, si tu m'avois aimée.

JASON.

Ah! si le pur amour peut mériter ce don,
A qui peut-il, madame, être dû qu'à Jason?
Ce refus surprenant que vous m'avez vu faire,
D'une vénale ardeur n'est pas le caractère.
Le trône qu'à vos yeux j'ai traité de mépris,
En seroit pour tout autre un assez digne prix;
Et rejeter pour vous l'offre d'un diadème,
Si ce n'est vous aimer, j'ignore comme on aime.
Je ne me défends point d'une civilité
Que du bandeau royal vouloit la majesté.

Abandonnant pour vous une reine si belle,
J'ai poussé par pitié quelques soupirs vers elle :
J'ai voulu qu'elle eût lieu de se dire en secret
Que je change par force et la quitte à regret ;
Que, satisfaite ainsi de son propre mérite,
Elle se consolât de tout ce qui l'irrite ;
Et que l'appât flatteur de cette illusion
La vengeât un moment de sa confusion.
Mais quel crime ont commis ces compliments frivoles ?
Des paroles enfin ne sont que des paroles :
Et quiconque possède un cœur comme le mien
Doit se mettre au-dessus d'un pareil entretien.

Je n'examine point, après votre menace,
Quelle foule d'amants brigue chez vous ma place.
Cent rois, si vous voulez, vous consacrent leurs vœux,
Je le crois ; mais aussi je suis roi si je veux ;
Et je n'avance rien touchant le diadème
Dont il faille chercher de témoins que vous-même.
Si par le choix d'un roi vous pouvez me punir,
Je puis vous imiter, je puis vous prévenir ;
Et si je me bannis par-là de ma patrie,
Un exil couronné peut faire aimer la vie.
Mille autres en ma place, au lieu de s'alarmer....

MÉDÉE.

Eh bien ! je t'aimerai, s'il ne faut que t'aimer :
Malgré tous ces héros, malgré tous ces monarques,
Qui m'ont de leur amour donné d'illustres marques,
Malgré tout ce qu'ils ont et de cœur et de foi,
Je te préfère à tous, si tu ne veux que moi.
Fais voir, en renonçant à ta chère patrie,
Qu'un exil avec moi peut faire aimer la vie ;
Ose prendre à ce prix le nom de mon époux.

JASON.

Oui, madame, à ce prix tout exil m'est trop doux ;
Mais je veux être aimé, je veux pouvoir le croire ;
Et vous ne m'aimez pas, si vous n'aimez ma gloire ;
L'ordre de mon destin l'attache à la toison,
C'est d'elle que dépend tout l'honneur de Jason.
Ah ! si le ciel l'eût mise au pouvoir d'Hypsipile,
Que j'en aurois trouvé la conquête facile !
Ma passion, pour vous, a beau l'abandonner,
Elle m'offre encor tout ce qu'elle peut donner ;
Malgré mon inconstance, elle aime sans réserve.

MÉDÉE.

Et moi, je n'aime point, à moins que je te serve ?
Cherche un autre prétexte à lui rendre ta foi ;
J'aurai soin de ta gloire aussi bien que de toi.
Si ce noble intérêt te donne tant d'alarmes,
Tiens, voilà de quoi vaincre et taureaux et gens d'armes ;
Laisse à tes compagnons combattre le dragon,
Ils veulent comme toi leur part à la toison ;
Et comme ainsi qu'à toi la gloire leur est chère,
Ils ne sont pas ici pour te regarder faire.
Zéthès et Calaïs, ces héros emplumés,
Qu'aux routes des oiseaux leur naissance a formés,
Y préparent déja leurs ailes, enhardies
D'avoir pour coup d'essai triomphé des harpies ;
Orphée avec ses chants se promet le bonheur
D'assoupir....

JASON.

Ah ! madame, ils auront tout l'honneur,
Ou du moins j'aurai part moi-même à leur défaite,
Si je laisse comme eux la conquête imparfaite :
Il me la faut entière ; et je veux vous devoir....

MÉDÉE.

Va, laisse quelque chose, ingrat, en mon pouvoir;
J'en ai déja trop fait pour une ame fidèle.
Adieu. Je vois ma sœur; délibère avec elle :
Et songe qu'après tout ce cœur que je te rends,
S'il accepte un vainqueur, ne veut point de tyrans;
Que s'il aime ses fers, il hait tout esclavage;
Qu'on perd souvent l'acquis à vouloir davantage;
Qu'il faut subir la loi de qui peut obliger;
Et que qui veut un don ne doit pas l'exiger.
Je ne te dis plus rien : va rejoindre Hypsipile,
Va reprendre auprès d'elle un destin plus tranquille;
Ou si tu peux, volage, encor la dédaigner,
Choisis en d'autres lieux qui te fasse régner.
Je n'ai pour t'acheter sceptres ni diadèmes;
Mais, telle que je suis, crains-moi, si tu ne m'aimes.

SCÈNE V.

JUNON, JASON, L'AMOUR[1].

L'Amour est dans le ciel de Vénus.

JUNON.

A bien examiner l'éclat de ce grand bruit,
Hypsipile vous sert plus qu'elle ne vous nuit.
Ce n'est pas qu'après tout ce courroux ne m'étonne;
Médée à sa fureur un peu trop s'abandonne.
L'Amour tient assez mal ce qu'il m'avoit promis,
Et peut-être avez-vous trop de dieux ennemis.

---

[1] VAR.   L'AMOUR dans le ciel. (1661.)

ACTE IV, SCÈNE V.

Tous veulent à l'envi faire la destinée
Dont se doit signaler cette grande journée ;
Tous se sont assemblés exprès chez Jupiter
Pour en résoudre l'ordre, ou pour le contester ;
Et je vous plains, si ceux qui daignoient vous défendre
Au plus nombreux parti sont forcés de se rendre.
Le ciel s'ouvre, et pourra nous donner quelque jour :
C'est celui de Vénus, j'y vois encor l'Amour ;
Et puisqu'il n'en est pas, toute cette assemblée
Par sa rébellion pourra se voir troublée.
Il veut parler à nous ; écoutez quel appui
Le trouble où je vous vois peut espérer de lui.

(Le ciel s'ouvre, et fait voir le palais de Vénus, composé de termes à face humaine et revêtus de gaze d'or, qui lui servent de colonnes : le lambris n'en est pas moins riche. L'Amour y paroît seul ; et sitôt qu'il a parlé il s'élance en l'air, et traverse le théâtre en volant, non pas d'un côté à l'autre, comme se font les vols ordinaires, mais d'un bout à l'autre, en tirant vers les spectateurs ; ce qui n'a point encore été pratiqué en France de cette manière.)

L'AMOUR.

Cessez de m'accuser, soupçonneuse déesse ;
    Je sais tenir promesse :
C'est en vain que les dieux s'assemblent chez leur roi ;
    Je vais bien leur faire connoître
Que je suis quand je veux leur véritable maître,
Et que de ce grand jour le destin est à moi.
Toi, si tu sais aimer, ne crains rien de funeste ;
Obéis à Médée, et j'aurai soin du reste.

JUNON.

Ces favorables mots vous ont rendu le cœur.

JASON.

Mon espoir abattu reprend d'eux sa vigueur.

Allons, déesse, allons; et, sûrs de l'entreprise,
Reportons à Médée une ame plus soumise.

JUNON.

Allons, je veux encor seconder vos projets,
Sans remonter au ciel qu'après leurs pleins effets.

FIN DU QUATRIÈME ACTE.

ACTE CINQUIÈME.

Ce dernier spectacle présente à la vue une forêt épaisse, composée de divers arbres entrelacés ensemble, et si touffus, qu'il est aisé de juger que le respect qu'on porte au dieu Mars, à qui elle est consacrée, fait qu'on n'ose en couper aucunes branches, ni même brosser au travers : les trophées d'armes appendus au haut de la plupart de ces arbres marquent encore plus particulièrement qu'elle appartient à ce dieu. La toison d'or est sur le plus élevé, qu'on voit seul de son rang au milieu de cette forêt ; et la perspective du fond fait paroître en éloignement la rivière du Phase, avec le navire Argo, qui semble n'attendre plus que Jason et sa conquête pour partir.

SCÈNE I.

ABSYRTE, HYPSIPILE.

ABSYRTE.

Voilà ce prix fameux où votre ingrat aspire,
Ce gage où les destins attachent notre empire,
Cette toison enfin, dont Mars est si jaloux :
Chacun impunément la peut voir comme nous ;
Ce monstrueux dragon, dont les fureurs la gardent,
Semble exprès se cacher aux yeux qui la regardent ;
Il laisse agir sans crainte un curieux désir,
Et ne fond que sur ceux qui s'en veulent saisir.
Lors, d'un cri qui suffit à punir tout leur crime,
Sous leur pied téméraire il ouvre un noir abyme,
A moins qu'on n'ait déja mis au joug nos taureaux,
Et fait mordre la terre aux escadrons nouveaux
Que des dents d'un serpent la semence animée

Doit opposer sur l'heure à qui l'aura semée ;
Sa voix perdant alors cet effroyable éclat,
Contre les ravisseurs le réduit au combat.
    Telles furent les lois que Circé par ses charmes
Sut faire à ce dragon, aux taureaux, aux gens d'armes ;
Circé, sœur de mon père, et fille du Soleil,
Circé, de qui ma sœur tient cet art sans pareil
Dont tantôt à vous perdre eût abusé sa rage,
Si ce peu que du ciel j'en eus pour mon partage,
Et que je vous consacre aussi bien que mes jours,
Par le milieu des airs n'eût porté du secours.

HYPSIPILE.

Je n'oublierai jamais que sa jalouse envie
Se fût sans vos bontés sacrifié ma vie ;
Et, pour dire encor plus, ce penser m'est si doux,
Que si j'étois à moi, je voudrois être à vous.
Mais un reste d'amour retient dans l'impuissance
Ces sentiments d'estime et de reconnoissance.
J'ai peine, je l'avoue, à me le pardonner ;
Mais enfin je dois tout, et n'ai rien à donner.
Ce qu'à vos yeux surpris Jason m'a fait d'outrage
N'a pas encor rompu cette foi qui m'engage ;
Et, malgré les mépris qu'il en montre aujourd'hui,
Tant qu'il peut être à moi je suis encore à lui.
Mon espoir chancelant dans mon ame inquiète
Ne veut pas lui prêter l'exemple qu'il souhaite,
Ni que cet infidèle ait de quoi se vanter
Qu'il ne se donne ailleurs qu'afin de m'imiter.
Pour changer avec gloire il faut qu'il me prévienne,
Que sa foi violée ait dégagé la mienne,
Et que l'hymen ait joint aux mépris qu'il en fait
D'un entier changement l'irrévocable effet.

ACTE V, SCÈNE I.

Alors, par son parjure à moi-même rendue,
Mes sentiments d'estime auront plus d'étendue;
Et, dans la liberté de faire un second choix,
Je saurai mieux penser à ce que je vous dois.

ABSYRTE.

Je ne sais si ma sœur voudra prendre assurance
Sur des serments trompeurs que rompt son inconstance;
Mais je suis sûr qu'à moins qu'elle rompe son sort,
Ce que feroit l'hymen vous l'aurez par sa mort.
Il combat nos taureaux; et telle est leur furie,
Qu'il faut qu'il y périsse, ou lui doive la vie.

HYPSIPILE.

Il combat vos taureaux! Ah! que me dites-vous?

ABSYRTE.

Qu'il n'en peut plus sortir que mort, ou son époux.

HYPSIPILE.

Ah! prince, votre sœur peut croire encor qu'il m'aime,
Et sur ce faux soupçon se venger elle-même.
Pour bien rompre le coup d'un malheur si pressant,
Peut-être que son art n'est pas assez puissant :
De grace, en ma faveur joignez-y tout le vôtre;
Et si....

ABSYRTE.

Quoi! vous voulez qu'il vive pour une autre?

HYPSIPILE.

Oui, qu'il vive, et laissons tout le reste au hasard.

ABSYRTE.

Ah! reine, en votre cœur il garde trop de part;
Et, s'il faut vous parler avec une ame ouverte,
Vous montrez trop d'amour pour empêcher sa perte.
Votre rivale et moi nous en sommes d'accord;
A moins que vous m'aimiez, votre Jason est mort.

Ma sœur n'a pas pour vous un sentiment si tendre,
Qu'elle aime à le sauver afin de vous le rendre;
Et je ne suis pas homme à servir mon rival,
Quand vous rendez pour moi mon secours si fatal.
Je ne le vois que trop, pour prix de mes services
Vous destinez mon ame à de nouveaux supplices.
C'est m'immoler à lui que de le secourir;
Et lui sauver le jour, c'est me faire périr.
Puisqu'il faut qu'un des deux cesse aujourd'hui de vivre,
Je vais hâter sa perte, où lui-même il se livre :
Je veux bien qu'on l'impute à mon dépit jaloux;
Mais vous, qui m'y forcez, ne l'imputez qu'à vous.

HYPSIPILE.

Ce reste d'intérêt que je prends en sa vie
Donne trop d'aigreur, prince, à votre jalousie.
Ce qu'on a bien aimé, l'on ne peut le haïr [1]
Jusqu'à le vouloir perdre, ou jusqu'à le trahir.
Ce vif ressentiment qu'excite l'inconstance
N'emporte pas toujours jusques à la vengeance;
Et quand même on la cherche, il arrive souvent
Qu'on plaint mort un ingrat qu'on détestoit vivant.

 Quand je me défendois sur la foi qui m'engage,
Je voulois à vos feux épargner cet ombrage;
Mais puisque le péril a fait parler l'amour,
Je veux bien qu'il éclate et se montre en plein jour
Oui, j'aime encor Jason, et l'aimerai sans doute
Jusqu'à l'hymen fatal que ma flamme redoute.
Je regarde son cœur encor comme mon bien,
Et donnerois encor tout mon sang pour le sien.
Vous m'aimez; et j'en suis assez persuadée

---

[1] Var. Ce qu'on a bien aimé, l'on ne le peut haïr. (1661.)

Pour me donner à vous, s'il se donne à Médée :
Mais si, par jalousie, ou par raison d'état,
Vous le laissez tous deux périr dans ce combat,
N'attendez rien de moi que ce qu'ose la rage
Quand elle est une fois maîtresse d'un courage,
Que les pleines fureurs d'un désespoir d'amour.
Vous me faites trembler, tremblez à votre tour ;
Prenez soin de sa vie, ou perdez cette reine ;
Et si je crains sa mort, craignez aussi ma haine.

SCÈNE II.

AÆTES, ABSYRTE, HYPSIPILE.

AÆTES.

Ah! madame, est-ce là cette fidélité
Que vous gardez aux droits de l'hospitalité ?
Quand pour vous je m'oppose aux destins de ma fille,
A l'espoir de mon fils, aux vœux de ma famille,
Quand je presse un héros de vous rendre sa foi,
Vous prêtez à son bras des charmes contre moi ;
De sa témérité vous vous faites complice
Pour renverser un trône où je vous fais justice ;
Comme si c'étoit peu de posséder Jason,
Si pour don nuptial il n'avoit la toison ;
Et que sa foi vous fût indignement offerte,
A moins que son destin éclatât par ma perte !

HYPSIPILE.

Je ne sais pas, seigneur, à quel point vous réduit
Cette témérité de l'ingrat qui me fuit :
Mais je sais que mon cœur ne joint à son envie
Qu'un timide souhait en faveur de sa vie ;

Et que si je savois ce grand art de charmer,
Je ne m'en servirois que pour m'en faire aimer.

AÆTES.

Ah! je n'ai que trop cru vos plaintes ajustées
A des illusions entre vous concertées;
Et les dehors trompeurs d'un dédain préparé
N'ont que trop ébloui mon œil mal éclairé.
Oui, trop d'ardeur pour vous, et trop peu de lumière,
M'ont conduit en aveugle à ma ruine entière.
Ce pompeux appareil que soutenoient les vents,
Ces tritons tout autour rangés comme suivants,
Montroient bien qu'en ces lieux vous n'étiez abordée
Que par un art plus fort que celui de Médée.
D'un naufrage affecté l'histoire sans raison
Déguisoit le secours amené pour Jason;
Et vos pleurs ne sembloient m'en demander vengeance
Que pour mieux faire place à votre intelligence.

HYPSIPILE.

Que ne sont vos soupçons autant de vérités!
Et que ne puis-je ici ce que vous m'imputez!

ABSYRTE.

Qu'a fait Jason, seigneur, et quel mal vous menace,
Quand nous voyons encor la toison en sa place?

AÆTES.

Nos taureaux sont domptés, nos gens d'armes défaits,
Absyrte; après cela crains les derniers effets.

ABSYRTE.

Quoi! son bras....

AÆTES.

Oui, son bras secondé par ses charmes
A dompté nos taureaux, et défait nos gens d'armes;
Juge si le dragon pourra faire plus qu'eux!

Ils ont poussé d'abord de gros torrents de feux;
Ils l'ont enveloppé d'une épaisse fumée,
Dont sur toute la plaine une nuit s'est formée;
Mais, après ce nuage en l'air évaporé,
On les a vus au joug et le champ labouré :
Lui, sans aucun effroi, comme maître paisible,
Jetoit dans les sillons cette semence horrible
D'où s'élève aussitôt un escadron armé,
Par qui de tous côtés il se trouve enfermé.
Tous n'en veulent qu'à lui; mais son ame plus fière
Ne daigne contre eux tous s'armer que de poussière.
A peine il la répand, qu'une commune erreur
D'eux tous, l'un contre l'autre, anime la fureur;
Ils s'entr'immolent tous au commun adversaire;
Tous pensent le percer quand ils percent leur frère :
Leur sang par-tout regorge, et Jason au milieu
Reçoit ce sacrifice en posture d'un dieu ;
Et la terre, en courroux de n'avoir pu lui nuire,
Rengloutit l'escadron qu'elle vient de produire.
 On va bientôt, madame, achever à vos yeux
Ce qu'ébauche par-là votre abord en ces lieux.
Soit Jason, soit Orphée, ou les fils de Borée,
Ou par eux ou par lui ma perte est assurée;
Et l'on va faire hommage à votre heureux secours
Du destin de mon sceptre et de mes tristes jours.

HYPSIPILE.

Connoissez mieux, seigneur, la main qui vous offense;
Et, lorsque je perds tout, laissez-moi l'innocence.
L'ingrat qui me trahit est secouru d'ailleurs.
Ce n'est que de chez vous que partent vos malheurs,
Chez vous en est la source; et Médée elle-même
Rompt son art par son art, pour plaire à ce qu'elle aime.

ABSYRTE.

Ne l'en accusez point, elle hait trop Jason.
De sa haine, seigneur, vous savez la raison :
La toison préférée aigrit trop son courage
Pour craindre qu'il en tienne un si grand avantage ;
Et, si contre son art ce prince a réussi,
C'est qu'on le sait en Grèce autant ou plus qu'ici.

AÆTES.

Ah! que tu connois mal jusqu'à quelle manie
D'un amour déréglé passe la tyrannie!
Il n'est rang, ni pays, ni père, ni pudeur,
Qu'épargne de ses feux l'impérieuse ardeur.
Jason plut à Médée, et peut encor lui plaire.
Peut-être es-tu toi-même ennemi de ton père,
Et consens que ta sœur, par ce présent fatal,
S'assure d'un amant qui seroit ton rival.
Tout mon sang révolté trahit mon espérance :
Je trouve ma ruine où fut mon assurance;
Le destin ne me perd que par l'ordre des miens;
Et mon trône est brisé par ses propres soutiens.

ABSYRTE.

Quoi! seigneur, vous croiriez qu'une action si noire....

AÆTES.

Je sais ce qu'il faut craindre, et non ce qu'il faut croire.
Dans cette obscurité tout me devient suspect.
L'amour aux droits du sang garde peu de respect :
Ce même amour d'ailleurs peut forcer cette reine
A répondre à nos soins par des effets de haine;
Et Jason peut avoir lui-même en ce grand art
Des secrets dont le ciel ne nous fit point de part.
    Ainsi, dans les rigueurs de mon sort déplorable,
Tout peut être innocent, tout peut être coupable :

Je ne cherche qu'en vain à qui les imputer ;
Et, ne discernant rien, j'ai tout à redouter.
HYPSIPILE.
La vérité, seigneur, se va faire connoître :
A travers ces rameaux je vois venir mon traître.

SCÈNE III.

AÆTES, ABSYRTE, HYPSIPILE, JASON, ORPHÉE, ZÉTHÈS, CALAÏS.

HYPSIPILE.
Parlez, parlez, Jason ; dites sans feinte au roi
Qui vous seconde ici, de Médée ou de moi ;
Dites, est-ce elle, ou moi, qui contre lui conspire ?
Est-ce pour elle, ou moi, que votre cœur soupire ?
JASON.
La demande est, madame, un peu hors de saison ;
Je vous y répondrai quand j'aurai la toison.
   Seigneur, sans différer permettez que j'achève ;
La gloire où je prétends ne souffre point de trève ;
Elle veut que du ciel je presse le secours,
Et ce qu'il m'en promet ne descend pas toujours.
AÆTES.
Hâtez à votre gré ce secours de descendre :
Mais, encore une fois, gardez de vous méprendre.
JASON.
Par ce qu'ont vu vos yeux jugez ce que je puis.
Tout me paroît facile en l'état où je suis ;
Et, si la force enfin répond mal au courage,
Il en est parmi nous qui peuvent davantage.
Souffrez donc que l'ardeur dont je me sens brûler....

SCÈNE IV.

AÆTES, ABSYRTE, HYPSIPILE, MÉDÉE, JASON, ORPHÉE, ZÉTHÈS, CALAÏS.

MÉDÉE, sur le dragon, élevée en l'air à la hauteur d'un homme.
Arrête, déloyal, et laisse-moi parler;
Que je rende un plein lustre à ma gloire ternie
Par l'outrageux éclat que fait la calomnie.
   Qui vous l'a dit, madame, et sur quoi fondez-vous
Ces dignes visions de votre esprit jaloux?
Si Jason entre nous met quelque différence
Qui flatte malgré moi sa crédule espérance,
Faut-il sur votre exemple aussitôt présumer
Qu'on en peut être aimée et ne le pas aimer?
Connoissez mieux Médée, et croyez-la trop vaine
Pour vouloir d'un captif marqué d'une autre chaîne.
Je ne puis empêcher qu'il vous manque de foi,
Mais je vaux bien un cœur qui n'ait aimé que moi;
Et j'aurai soutenu des revers bien funestes
Avant que je me daigne enrichir de vos restes.

HYPSIPILE.
Puissiez-vous conserver ces nobles sentiments!

MÉDÉE.
N'en croyez plus, seigneur, que les événements.
Ce ne sont plus ici ces taureaux, ces gens d'armes
Contre qui son audace a pu trouver des charmes;
Ce n'est point le dragon dont il est menacé;
C'est Médée elle-même, et tout l'art de Circé.
   Fidèle gardien des destins de ton maître,
Arbre, que tout exprès mon charme avoit fait naître,

ACTE V, SCÈNE IV.

Tu nous défendrois mal contre ceux de Jason ;
Retourne en ton néant, et rends-moi la toison.

(Elle prend la toison en sa main, et la met sur le col du dragon. L'arbre où elle étoit suspendue disparoît, et se retire derrière le théâtre ; après quoi Médée continue en parlant à Jason.)

Ce n'est qu'avec le jour qu'elle peut m'être ôtée.
Viens donc, viens, téméraire, elle est à ta portée ;
Viens teindre de mon sang cet or qui t'est si cher,
Qu'à travers tant de mers on te force à chercher.
Approche, il n'est plus temps que l'amour te retienne ;
Viens m'arracher la vie, ou m'apporter la tienne ;
Et, sans perdre un moment en de vains entretiens,
Voyons qui peut le plus de tes dieux, ou des miens.

AÆTES.

A ce digne courroux je reconnois ma fille ;
C'est mon sang : dans ses yeux, c'est son aïeul qui brille ;
C'est le Soleil mon père. Avancez donc, Jason,
Et sur cette ennemie emportez la toison.

JASON.

Seigneur, contre ses yeux qui voudroit se défendre?
Il ne faut point combattre où l'on aime à se rendre.
  Oui, madame, à vos pieds je mets les armes bas,
J'en fais un prompt hommage à vos divins appas,
Et renonce avec joie à ma plus haute gloire,
S'il faut par ce combat acheter la victoire.
Je l'abandonne, Orphée, aux charmes de ta voix,
Qui traîne les rochers, qui fait marcher les bois ;
Assoupis le dragon, enchante la princesse.
Et vous, héros ailés, ménagez votre adresse.
Si pour cette conquête il vous reste du cœur,
Tournez sur le dragon toute votre vigueur.
Je vais dans le navire attendre une défaite,

7.

Qui vous fera bientôt imiter ma retraite.

ZÉTHÈS.

Montrez plus d'espérance, et souvenez-vous mieux
Que nous avons dompté des monstres à vos yeux.

SCÈNE V.

AÆTES, ABSYRTE, HYPSIPILE, MÉDÉE,
ZÉTHÈS, CALAÏS, ORPHÉE.

CALAÏS.

Élevons-nous, mon frère, au-dessus des nuages;
Du sang dont nous sortons prenons les avantages.
Sur-tout obéissons aux ordres de Jason :
Respectons la princesse, et donnons au dragon.
(Ici Zéthès et Calaïs s'élèvent au plus haut des nuages, en croisant
leur vol.)

MÉDÉE, en s'élevant aussi.

Donnez où vous pourrez, ce vain respect m'outrage.
Du sang dont vous sortez prenez tout l'avantage.
Je vais voler moi-même au-devant de vos coups;
Et n'avois que Jason à craindre parmi vous.
  Et toi, de qui la voix inspire l'ame aux arbres,
Enchaîne les lions, et déplace les marbres;
D'un pouvoir si divin fais un meilleur emploi,
N'en détruis point la force à l'essayer sur moi.
Mais je n'en parle ainsi que de peur que ses charmes
Ne prêtent un miracle à l'effort de leurs armes.
Ne m'en crois pas, Orphée, et prends l'occasion
De partager leur gloire ou leur confusion.

ORPHÉE chante.

Hâtez-vous, enfants de Borée,

ACTE V, SCÈNE V.

Demi-dieux, hâtez-vous,
Et faites voir qu'en tous lieux, contre tous,
A vos exploits la victoire assurée
Suit l'effort de vos moindres coups.

MÉDÉE, voyant qu'aucun des deux ne descend pour la combattre.

Vos demi-dieux, Orphée, ont peine à vous entendre :
Ils ont volé si haut qu'ils n'en peuvent descendre;
De ce nuage épais sachez les dégager,
Et pratiquez mieux l'art de les encourager.

ORPHÉE.

(Il chante un second couplet cependant que Zéthès et Calaïs fondent l'un après l'autre sur le dragon, et le combattent au milieu de l'air. Ils se relèvent aussitôt qu'ils ont tâché de lui donner une atteinte, et tournent face en même temps pour revenir à la charge. Médée est au milieu des deux, qui pare leurs coups, et fait tourner le dragon vers l'un et vers l'autre, suivant qu'ils se présentent.)

Combattez, race d'Orithye,
Demi-dieux, combattez,
Et faites voir que vos bras indomptés
Se font par-tout une heureuse sortie
Des périls les plus redoutés.

ZÉTHÈS.

Fuyons, sans plus tarder, la vapeur infernale
Que ce dragon affreux de son gosier exhale;
La valeur ne peut rien contre un air empesté.
Fais comme nous, Orphée, et fuis de ton côté.

(Zéthès, Calaïs et Orphée s'enfuient.)

MÉDÉE.

Allez, vaillants guerriers, envoyez-moi Pélée,
Mopse, Iphite, Échion, Eurydamas, Oilée,

Et tout ce reste enfin pour qui votre Jason
Avec tant de chaleur demandoit la toison.
Aucun d'eux ne paroît ! ces ames intrépides
Règlent sur mes vaincus leurs démarches timides ;
Et, malgré leur ardeur pour un exploit si beau,
Leur effroi les renferme au fond de leur vaisseau.
Ne laissons pas ainsi la victoire imparfaite ;
Par le milieu des airs courons à leur défaite ;
Et nous-mêmes portons à leur témérité,
Jusque dans ce vaisseau, ce qu'elle a mérité.

(Médée s'élève encore plus haut sur le dragon.)

AÆTES.

Que fais-tu ? la toison ainsi que toi s'envole !
Ah, perfide ! est-ce ainsi que tu me tiens parole,
Toi qui me promettois, même aux yeux de Jason,
Qu'on t'ôteroit le jour avant que la toison ?

MÉDÉE, en s'envolant.

Encor tout de nouveau je vous en fais promesse,
Et vais vous la garder au milieu de la Grèce.
Du pays et du sang l'amour rompt les liens,
Et les dieux de Jason sont plus forts que les miens.
Ma sœur avec ses fils m'attend dans le navire ;
Je la suis, et ne fais que ce qu'elle m'inspire ;
De toutes deux madame ici vous tiendra lieu.
Consolez-vous, seigneur ; et pour jamais adieu.

(Elle s'envole avec la toison [1].)

[1] Var. (Elle s'envole avec la toison, et disparoît.) (1661.)

SCÈNE VI.

AÆTES, ABSYRTE, HYPSIPILE, JUNON.

AÆTES.

Ah, madame! ah, mon fils! ah, sort inexorable!
Est-il sur terre un père, un roi plus déplorable?
Mes filles toutes deux contre moi se ranger!
Toutes deux à ma perte à l'envi s'engager!

JUNON, dans son char.

On vous abuse, Aæte; et Médée elle-même,
Dans l'amour qui la force à suivre ce qu'elle aime,
    S'abuse comme vous.
Chalciope n'a point de part en cet ouvrage;
Dans un coin du jardin, sous un épais nuage,
Je l'enveloppe encor d'un sommeil assez doux,
Cependant qu'en sa place ayant pris son visage,
Dans l'esprit de sa sœur j'ai porté les grands coups
Qui donnent à Jason ce dernier avantage.
Junon a tout fait seule; et je remonte aux cieux
    Presser le souverain des dieux
    D'approuver ce qu'il m'a plu faire.
    Mettez votre esprit en repos;
    Si le destin vous est contraire,
Lemnos peut réparer la perte de Colchos.

(Junon remonte au ciel dans ce même char.)

AÆTES.

Qu'ai-je fait, que le ciel contre moi s'intéresse
Jusqu'à faire descendre en terre une déesse?

ABSYRTE.

La désavouerez-vous, madame, et votre cœur

Dédira-t-il sa voix qui parle en ma faveur?

AÆTES.

Absyrte, il n'est plus temps de parler de ta flamme.
Qu'as-tu pour mériter quelque part en son ame?
Et que lui peut offrir ton ridicule espoir,
Qu'un sceptre qui m'échappe, un trône prêt à choir?
Ne songeons qu'à punir le traître et sa complice.
Nous aurons dieux pour dieux à nous faire justice;
Et déja le Soleil, pour nous prêter secours,
Fait ouvrir son palais, et détourne son cours.

(Le ciel s'ouvre, et fait paroître le palais du Soleil, où l'on le voit dans son char tout brillant de lumière s'avancer vers les spectateurs, et, sortant de ce palais, s'élever en haut pour parler à Jupiter, dont le palais s'ouvre aussi quelques moments après. Ce maître des dieux y paroît sur son trône, avec Junon à son côté. Ces trois théâtres, qu'on voit tout à-la-fois, font un spectacle tout-à-fait agréable et majestueux. La sombre verdure de la forêt épaisse, qui occupe le premier, relève d'autant plus la clarté des deux autres, par l'opposition de ses ombres. Le palais du Soleil, qui fait le second, a ses colonnes toutes d'oripeau, et son lambris doré, avec divers grands feuillages à l'arabesque. Le rejaillissement des lumières qui portent sur ces dorures produit un jour merveilleux, qu'augmente celui qui sort du trône de Jupiter, qui n'a pas moins d'ornements. Ses marches ont aux deux bouts et au milieu des aigles d'or, entre lesquelles [1] on voit peintes en basse-taille toutes les amours de ce dieu. Les deux côtés font voir chacun un rang de piliers enrichis de diverses pierres précieuses, environnées chacune d'un cercle ou d'un carré d'or. Au haut de ces piliers sont d'autres grandes aigles d'or, qui soutiennent de leur bec le plat fond de ce palais, composé de riches étoffes de diverses couleurs, qui font comme autant de courtines, dont les aigles laissent pendre les bouts en forme d'écharpe. Jupiter a une autre grande aigle à ses pieds, qui porte son foudre; et Junon est à sa gauche, avec un paon aussi à ses pieds, de grandeur et de couleur naturelle.)

---

[1] Le mot *aigle* fut d'abord du féminin, comme en latin. Il prit ensuite les deux genres, qu'il a conservés, mais dans des significations différentes. Aujourd'hui *aigle*, oiseau, est toujours masculin. (PAR.)

SCÈNE VII.

LE SOLEIL, JUPITER, JUNON, AÆTES,
HYPSIPILE, ABSYRTE.

AÆTES.

Ame de l'univers, auteur de ma naissance,
Dont nous voyons par-tout éclater la puissance,
Souffriras-tu qu'un roi qui tient de toi le jour
Soit lâchement trahi par un indigne amour?
A ces Grecs vagabonds refuse ta lumière,
De leurs climats chéris détourne ta carrière,
N'éclaire point leur fuite après qu'ils m'ont détruit,
Et répands sur leur route une éternelle nuit.
Fais plus, montre-toi père; et, pour venger ta race,
Donne-moi tes chevaux à conduire en ta place;
Prête-moi de tes feux l'éclat étincelant,
Que j'embrase leur Grèce avec ton char brûlant;
Que, d'un de tes rayons lançant sur eux le foudre,
Je les réduise en cendre, et leur butin en poudre;
Et que par mon courroux leur pays désolé
Ait horreur à jamais du bras qui m'a volé.
   Je vois que tu m'entends, et ce coup d'œil m'annonce
Que ta bonté m'apprête une heureuse réponse.
Parle donc, et fais voir aux destins ennemis
De quelle ardeur tu prends les intérêts d'un fils.

LE SOLEIL.

Je plains ton infortune, et ne puis davantage :
Un noir destin s'oppose à tes justes desseins ;
Et, depuis Phaéton, ce brillant attelage
    Ne peut passer en d'autres mains ;

Sous un ordre éternel qui gouverne ma route,
Je dispense en esclave et les nuits et les jours.
　　Mais enfin ton père t'écoute,
Et joint ses vœux aux tiens pour un plus fort secours.

(Ici s'ouvre le ciel de Jupiter, et le Soleil continue en lui adressant sa parole.)

　　Maître absolu des destinées,
Change leurs dures lois en faveur de mon sang,
　　Et laisse-lui garder son rang
　　Parmi les têtes couronnées.
　　C'est toi qui règles les états,
　　C'est toi qui dépars les couronnes;
Et quand le sort jaloux met un monarque à bas,
Il détruit ton ouvrage, et fait des attentats
　　Qui dérobent ce que tu donnes.

JUNON.

Je ne mets point d'obstacle à de si justes vœux;
　　Mais laissez ma puissance entière;
Et si l'ordre du sort se rompt à sa prière,
D'un hymen que j'ai fait ne rompez pas les nœuds
Comme je ne veux point détruire son Aæte,
　　Ne détruisez pas mes héros :
Assurez à ses jours gloire, sceptre, repos,
　　Assurez-lui tous les biens qu'il souhaite;
Mais de la même main assurez à Jason
　　Médée et la toison.

JUPITER.

Des arrêts du destin l'ordre est invariable;
Rien ne sauroit le rompre en faveur de ton fils,
　　Soleil; et ce trésor surpris
Lui rend de ses états la perte inévitable.
　　Mais la même légèreté

Qui donne Jason à Médée
Servira de supplice à l'infidélité
Où pour lui contre un père elle s'est hasardée.
Persès dans la Scythie arme un bras souverain;
Sitôt qu'il paroîtra, quittez ces lieux, Aæte,
    Et, par une prompte retraite,
Épargnez tout le sang qui couleroit en vain.
    De Lemnos faites votre asile;
        Le ciel veut qu'Hypsipile
Réponde aux vœux d'Absyrte, et qu'un sceptre dotal
Adoucisse le cours d'un peu de temps fatal.
    Car enfin de votre perfide
Doit sortir un Médus qui vous doit rétablir :
A rentrer dans Colchos il sera votre guide;
Et mille grands exploits qui doivent l'ennoblir
Feront de tous vos maux les assurés remèdes,
Et donneront naissance à l'empire des Mèdes.

(Le palais de Jupiter et celui du Soleil se referment.)

LE SOLEIL.

Ne vous permettez plus d'inutiles soupirs,
Puisque le ciel répare et venge votre perte,
    Et qu'une autre couronne offerte
Ne peut plus vous souffrir de justes déplaisirs.
Adieu. J'ai trop long-temps détourné ma carrière,
Et trop perdu pour vous en ces lieux de moments
        Qui devoient ailleurs ma lumière.
    Allez, heureux amants,
Pour qui Jupiter montre une faveur entière;
Hâtez-vous d'obéir à ses commandements.

(Il disparoît en baissant, comme pour fondre dans la mer.)

HYPSIPILE.

J'obéis avec joie à tout ce qu'il m'ordonne.
Un prince si bien né vaut mieux qu'une couronne.
Sitôt que je le vis, il en eut mon aveu,
Et ma foi pour Jason nuisoit seule à son feu ;
Mais à présent, seigneur, cette foi dégagée....

AÆTES.

Ah, madame ! ma perte est déja trop vengée ;
Et vous faites trop voir comme un cœur généreux
Se plaît à relever un destin malheureux.

Allons ensemble, allons, sous de si doux auspices,
Préparer à demain de pompeux sacrifices,
Et par nos vœux unis répondre au doux espoir
Que daigne un dieu si grand nous faire concevoir [1].

---

[1] On ne supporterait pas aujourd'hui la tragédie de la *Toison d'Or*, telle que Corneille l'a traitée ; on ne souffrirait pas *Junon sous la figure de Chalciope*, parlant et agissant comme une femme ordinaire, donnant à Jason des conseils de confidente, et lui disant :

> C'est à vous d'achever un si doux changement ;
> Un soupir poussé juste, en suite d'une excuse,
> Perce un cœur bien avant, quand lui-même il s'accuse.
>
> JASON lui répond :
>
> Déesse, quel encens....
>
> JUNON.
> Traitez-moi de princesse,
> Jason, et laissez là l'encens et la déesse.

C'est dans cette tragédie qu'on retrouve encore ce goût des pointes et des jeux de mots qui était à la mode dans presque toutes les cours, et qui mêlait quelquefois du ridicule à la politesse introduite par la mère de Louis XIV, et par les hôtels de Longueville, de La Rochefoucauld, et de Rambouillet ; c'est ce mauvais goût justement frondé par Boileau dans ces vers :

> Toutefois à la cour les turlupins restèrent,

Insipides plaisants, bouffons infortunés,
D'un jeu de mots grossier partisans surannés.

Il nous apprend que la tragédie elle-même fut infectée de ce défaut :

Le madrigal d'abord en fut enveloppé ;
La tragédie en fit ses plus chères délices.

Ce dernier vers exagère un peu trop *. Il y a, en effet, quelques jeux de mots dans Corneille, mais ils sont rares : le plus remarquable est celui d'Hypsipile, qui, dans la quatrième scène du troisième acte, dit à Médée sa rivale, en faisant allusion à sa magie :

Je n'ai que des attraits, et vous avez des charmes.

Médée lui répond :

C'est beaucoup en amour que de savoir charmer.

Médée se livre encore au goût des pointes dans son monologue, où elle s'adresse à la Raison contre l'Amour, en lui disant :

Donne encor quelques lois à qui te fait la loi ;
Tyrannise un tyran qui triomphe de toi ;
Et par un faux trophée usurpe sa victoire....
Sauve tout le dehors d'un honteux esclavage
Qui t'enlève tout le dedans.

Le style de *la Toison d'Or* est fort au-dessous de celui d'*Œdipe* : il n'y a aucun trait brillant qu'on y puisse remarquer. (V.)

---

* Il n'y a point ici d'exagération : le reproche de Boileau s'adresse aux prédécesseurs et aux contemporains de Corneille, plutôt qu'à Corneille lui-même. (Par.)

FIN.

EXAMEN

DE LA

CONQUÊTE DE LA TOISON D'OR.

. . . .
. . . .
. . . .
. . . .
. . . .
. . . .

(Comme l'Argument placé en tête de la pièce.)

C'est avec un fondement semblable que j'ai introduit Absyrte en âge d'homme, bien que la commune opinion n'en fasse qu'un enfant, que Médée déchira par morceaux. Ovide et Sénèque le disent; mais Apollonius Rhodius le fait son aîné; et si nous voulons l'en croire, Aætes l'avoit eu d'Astérodie avant qu'il épousât la mère de cette princesse, qu'il nomme Idye, fille de l'Océan; il dit, de plus, qu'après la fuite des Argonautes, la vieillesse d'Aætes ne lui permettant pas de les poursuivre, ce prince monta sur mer, et les joignit autour d'une île située à l'embouchure du Danube, et qu'il appelle Peucé. Ce fut là que Médée, se voyant perdue avec tous ces Grecs, qu'elle voyoit trop foibles pour lui résister, feignit de les vouloir trahir; et ayant attiré ce frère trop crédule à conférer avec elle de nuit dans le temple de Diane, elle le fit tomber dans une embuscade de Jason, où il fut tué. Valérius Flaccus dit les mêmes choses d'Absyrte que cet auteur grec; et c'est sur l'autorité de l'un et de l'autre que je me suis enhardi à quitter l'opinion commune, après l'avoir suivie quand j'ai mis Médée sur le théâtre. C'est me contredire moi-même en quelque sorte : mais Sénèque, dont je l'ai tirée, m'en donne l'exemple, lorsqu'après avoir fait mourir Jocaste dans l'*OEdipe*, il la fait revivre dans *la Thébaïde*, pour se trouver au milieu de ses deux fils comme ils sont prêts de commencer le funeste duel où ils s'entretuent, si toutefois ces deux pièces sont véritablement d'un même auteur.

SOPHONISBE,

TRAGÉDIE.

1663.

AU LECTEUR.

Cette pièce m'a fait connoître qu'il n'y a rien de si pénible que de mettre sur le théâtre un sujet qu'un autre y a déja fait réussir [1]; mais aussi j'ose dire qu'il n'y a rien de si glorieux quand on s'en acquitte dignement. C'est un double travail d'avoir tout ensemble à éviter les ornements dont s'est saisi celui qui nous a prévenus, et à faire effort pour

---

[1] La *Sophonisbe* de Mairet eut un grand succès; mais c'était dans un temps où non seulement le goût du public n'était point formé, mais où la France n'avait encore aucune tragédie supportable.

Il en avait été de même de la *Sophonisbe* du Trissino; et celle de Corneille fut oubliée au bout de quelques années : elle essuya dans sa nouveauté beaucoup de critiques, et eut des défenseurs célèbres; mais il paraît qu'elle ne fut ni bien attaquée ni bien défendue.

Le point principal fut oublié dans toutes ces disputes. Il s'agissait de savoir si la pièce était intéressante : elle ne l'est pas, puisque, malgré le nom de son auteur, on ne l'a point rejouée depuis quatre-vingts ans. Si ce défaut d'intérêt, qui est le plus grand de tous, comme nous l'avons déja dit, était racheté par une scène semblable à celle de Sertorius et de Pompée, on pourrait la représenter encore quelquefois.

Il ne sera pas inutile de faire connaître ici le style de Mairet et de tous les auteurs qui donnèrent des tragédies avant *le Cid*.

Syphax, dès la première scène, reproche à Sophonisbe, sa femme, un amour *impudique* pour le roi Massinisse, son ennemi. *Je veux bien*, lui dit-il, *que tu me méprises, et que tu en aimes un autre; mais*

> Ne pouvois-tu trouver où prendre tes plaisirs
> Qu'en cherchant l'amitié de ce prince numide?

Sophonisbe lui répond :

> J'ai voulu m'assurer de l'assistance d'un
> A qui le nom libyque avec nous fût commun.

Ce même Syphax se plaint à son confident Philon de l'infidélité de son épouse; et Philon, pour le consoler, lui représente

> . . . . Que c'est aux grandes âmes

en trouver d'autres qui puissent tenir leur place. Depuis trente ans que M. Mairet a fait admirer sa *Sophonisbe* sur notre théâtre, elle y dure encore ; et il ne faut point de marque plus convaincante de son mérite que cette durée, qu'on peut nommer une ébauche, ou plutôt des arrhes de

> A souffrir de grands maux, et que femmes sont femmes.

Ensuite, quand Syphax est vaincu, Phénice, confidente de Sophonisbe, lui conseille de chercher à plaire au vainqueur ; elle lui dit :

> Au reste, la douleur ne vous a point éteint
> Ni la clarté des yeux, ni la beauté du teint :
> Vos pleurs vous ont lavée ; et vous êtes de celles
> Qu'un air triste et dolent rend encore plus belles.
> Vos regards languissants font naître la pitié,
> Que l'amour suit parfois, et toujours l'amitié,
> N'étant rien de pareil aux effets admirables
> Que font dans les grands cœurs des beautés misérables.
> Croyez que Massinisse est un vivant rocher,
> Si vos perfections ne le peuvent toucher.

Sophonisbe, qui n'avait pas besoin de ces conseils, emploie avec Massinisse le langage le plus séduisant, et lui parle même avec une dignité qui la rend encore plus touchante. Une de ses suivantes, remarquant l'effet que le discours de Sophonisbe a fait sur le prince, dit derrière elle à une autre suivante, *Ma compagne, il se prend* ; et sa compagne lui répond, *La victoire est à nous, ou je n'y connais rien*.

Tel était le style des pièces les plus suivies ; tel était ce mélange perpétuel de comique et de tragique qui avilissait le théâtre : l'amour n'était qu'une galanterie bourgeoise ; le grand n'était que du boursouflé ; l'esprit consistait en jeux de mots et en pointes ; tout était hors de la nature : presque personne n'avait encore ni pensé ni parlé comme il faut dans aucun discours public.

Il est vrai que la *Sophonisbe* de Mairet avait un mérite très nouveau en France, c'était d'être dans les règles du théâtre : les trois unités de lieu, de temps, et d'action, y sont parfaitement observées. On regarda son auteur comme le père de la scène française : mais qu'est-ce que la régularité sans force, sans éloquence, sans grace, sans décence ? Il y a des vers naturels dans la pièce, et on admirait ce naturel qui approche du bas, parcequ'on ne connaissait point encore celui qui touche au sublime.

En général, le style de Mairet est ou ampoulé ou bourgeois. Ici c'est un officier du roi Massinisse, qui, en annonçant que Sophonisbe est morte empoisonnée, dit au roi :

> Si votre majesté desire qu'on lui montre
> Ce pitoyable objet, il est ici tout contre ;

l'immortalité qu'elle assure à son illustre auteur : et certainement il faut avouer qu'elle a des endroits inimitables, et qu'il seroit dangereux de retâter après lui [1]. Le démêlé de Scipion avec Massinisse, et les désespoirs [2] de ce prince, sont de ce nombre : il est impossible de penser rien de plus juste, et très difficile de l'exprimer plus heureusement. L'un et l'autre sont de son invention : je n'y pouvois toucher sans lui faire un larcin; et si j'avois été d'humeur à me le permettre, le peu d'espérance de l'égaler me l'auroit défendu. J'ai cru plus à propos de respecter sa gloire, et

> La porte de sa chambre est à deux pas d'ici,
> Et vous le pourrez voir de l'endroit que voici.

Là c'est Massinisse qui, en voyant Sophonisbe expirée, s'écrie, en s'adressant aux yeux de cette beauté :

> Vous avez donc perdu ces puissantes merveilles
> Qui déroboient les cœurs et charmoient les oreilles,
> Clair soleil, la terreur d'un injuste sénat,
> Et dont l'aigle romain n'a pu souffrir l'éclat !
> Doncques votre lumière a donné de l'ombrage, etc.

On ne faisait guère alors autrement des vers.

Dans ce chaos à peine débrouillé de la tragédie naissante, on voyait pourtant des lueurs de génie; mais sur-tout ce qui soutint si long-temps la pièce de Mairet, c'est qu'il y a de la vraie passion. Elle fut représentée sur la fin de 1634, trois ans avant *le Cid*, et enleva tous les suffrages. Les succès, en tout genre, dépendent de l'esprit du siècle : le médiocre est admiré dans un temps d'ignorance; le bon est tout au plus approuvé dans un temps éclairé.

On fera peu de remarques grammaticales sur la *Sophonisbe* de Corneille, et on tâchera de démêler les véritables causes qui excluent cette pièce du théâtre. (V.)

[1] On voit que Corneille était alors raccommodé avec Mairet, ou qu'il craignait de choquer le public, qui aimait toujours l'ancienne *Sophonisbe*. C'est dans cette scène, où Scipion fait à Massinisse des reproches de sa faiblesse, qu'on trouve ce vers énergique :

> Massinisse en un jour voit, aime, et se marie !

Ce vers est la critique de tant d'amours de théâtre, qui commencent au premier acte, et qui produisent un mariage au dernier. (V.)

[2] *Désespoirs.* Aujourd'hui la prose n'admettrait plus ce mot qu'au singulier. (PAR.)

ménager la mienne, par une scrupuleuse exactitude à m'écarter de sa route, pour ne laisser aucun lieu de dire, ni que je sois demeuré au-dessous de lui, ni que j'aie prétendu m'élever au-dessus, puisqu'on ne peut faire aucune comparaison entre des choses où l'on ne voit aucune concurrence. Si j'ai conservé les circonstances qu'il a changées, et changé celles qu'il a conservées, c'a été par le seul dessein de faire autrement, sans ambition de faire mieux. C'est ainsi qu'en usoient nos anciens, qui traitoient d'ordinaire les mêmes sujets. La mort de Clytemnestre en peut servir d'exemple : nous la voyons encore chez Æschyle, chez Sophocle, et chez Euripide, tuée par son fils Oreste : mais chacun d'eux a choisi diverses manières pour arriver à cet événement, qu'aucun des trois n'a voulu changer, quelque cruel et dénaturé qu'il fût; et c'est sur quoi notre Aristote en a établi le précepte. Cette noble et laborieuse émulation a passé de leur siècle jusqu'au nôtre au travers de plus de deux mille ans qui les séparent. Feu M. Tristan a renouvelé *Mariamne* et *Panthée* sur les pas du défunt sieur Hardy. Le grand éclat que M. de Scudéry a donné à sa *Didon* n'a point empêché que M. de Boisrobert n'en ait fait voir une autre trois ou quatre ans après, sur une disposition qui lui en avoit été donnée, à ce qu'il disoit, par M. l'abbé d'Aubignac. A peine la *Cléopâtre* de M. de Benserade a paru, qu'elle a été suivie du *Marc-Antoine* de M. Mairet, qui n'est que le même sujet sous un autre titre. Sa *Sophonisbe* même n'a pas été la première qui ait ennobli les théâtres des derniers temps : celle du Trissin l'avoit précédée en Italie, et celle du sieur de Mont-Chrétien en France; et je voudrois que quelqu'un se voulût divertir à retoucher *le Cid* et *les Horaces* avec autant de retenue pour ma conduite et pour mes pensées que j'en ai eu pour celles de M. Mairet.

Vous trouverez en cette tragédie les caractères tels que chez Tite-Live; vous y verrez Sophonisbe avec le même attachement aux intérêts de son pays, et la même haine

AU LECTEUR.

pour Rome qu'il lui attribue. Je lui prête un peu d'amour ; mais elle règne sur lui, et ne daigne l'écouter qu'autant qu'il peut servir à ces passions dominantes qui règnent sur elle, et à qui elle sacrifie toutes les tendresses de son cœur, Massinisse, Syphax et sa propre vie. Elle en fait son unique bonheur, et en soutient la gloire avec une fierté si noble et si élevée, que Lælius est contraint d'avouer lui-même qu'elle méritoit d'être née Romaine. Elle n'avoit point abandonné Syphax après deux défaites ; elle étoit prête de s'ensevelir avec lui sous les ruines de sa capitale, s'il y fût revenu s'enfermer avec elle après la perte d'une troisième bataille : mais elle vouloit qu'il mourût, plutôt que d'accepter l'ignominie des fers et du triomphe où le réservoient les Romains ; et elle avoit d'autant plus de droit d'attendre de lui cet effort de magnanimité, qu'elle s'étoit résolue à prendre ce parti pour elle, et qu'en Afrique c'étoit la coutume des rois de porter toujours sur eux du poison très violent, pour s'épargner la honte de tomber vivants entre les mains de leurs ennemis. Je ne sais si ceux qui l'ont blâmée de traiter avec trop de hauteur ce malheureux prince après sa disgrace, ont assez conçu la mortelle horreur qu'a dû exciter en cette grande ame la vue de ces fers qu'il lui apporte à partager ; mais du moins ceux qui ont eu peine à souffrir qu'elle eût deux maris vivants, ne se sont pas souvenus que les lois de Rome vouloient que le mariage se rompît par la captivité. Celles de Carthage nous sont fort peu connues ; mais il y a lieu de présumer, par l'exemple même de Sophonisbe, qu'elles étoient encore plus faciles à ces ruptures. Asdrubal, son père, l'avoit mariée à Massinisse avant que d'emmener ce jeune prince en Espagne, où il commandoit les armées de cette république ; et néanmoins, durant le séjour qu'ils y firent, les Carthaginois la marièrent de nouveau à Syphax, sans user d'aucune formalité ni envers ce premier mari, ni envers ce père, qui demeura extrêmement surpris et irrité de l'outrage qu'ils avoient fait à sa fille et à son gendre. C'est ainsi que mon auteur appelle Massinisse, et c'est là-dessus que je le fais se fonder ici pour se ressaisir de Sophonisbe sans l'autorité des Romains, comme d'une femme qui étoit déja à lui, et qu'il avoit épousée avant qu'elle fût à Syphax.

On s'est mutiné toutefois contre ces deux maris; et je m'en suis étonné d'autant plus que l'année dernière je ne m'aperçus point qu'on se scandalisât de voir, dans le *Sertorius*, Pompée mari de deux femmes vivantes, dont l'une venoit chercher un second mari aux yeux mêmes de ce premier [1]. Je ne vois aucune apparence d'imputer cette inégalité de sentiments à l'ignorance du siècle, qui ne peut avoir oublié en moins d'un an cette facilité que les anciens avoient donnée aux divorces, dont il étoit si bien instruit alors; mais il y auroit quelque lieu de s'en prendre à ceux qui, sachant mieux la *Sophonisbe* de M. Mairet que celle de Tite-Live, se sont hâtés de condamner en la mienne tout ce qui n'étoit pas de leur connoissance, et n'ont pu faire cette réflexion, que la mort de Syphax étoit une fiction de M. Mairet, dont je ne pouvois me servir sans faire un pillage sur lui, et comme un attentat sur sa gloire. Sa *Sophonisbe* est à lui; c'est son bien, qu'il ne faut pas lui envier: mais celle de Tite-Live est à tout le monde. Le Trissin et Mont-Chrétien, qui l'ont fait revivre avant nous, n'ont assassiné aucun des deux rois : j'ai cru qu'il m'étoit permis de n'être pas plus cruel, et de garder la même fidélité à une histoire assez connue parmi ceux qui ont quelque teinture des livres, pour nous convier à ne la démentir pas.

J'accorde qu'au lieu d'envoyer du poison à Sophonisbe, Massinisse devoit soulever les troupes qu'il commandoit dans l'armée, s'attaquer à la personne de Scipion, se faire blesser par ses gardes, et, tout percé de leurs coups, venir

---

[1] C'est qu'Aristie est répudiée, et on la plaint; Sophonisbe ne l'est pas, et on la blâme. (V.)

AU LECTEUR.

rendre les derniers soupirs aux pieds de cette princesse : c'eût été un amant parfait, mais ce n'eût pas été Massinisse. Que sait-on même si la prudence de Scipion n'avoit point donné de si bons ordres qu'aucun de ces emportements ne fût en son pouvoir? Je le marque assez pour en faire naître quelque pensée en l'esprit de l'auditeur judicieux et désintéressé, dont je laisse l'imagination libre sur cet article. S'il aime les héros fabuleux, il croira que Lælius et Éryxe, entrant dans le camp, y trouveront celui-ci mort de douleur, ou de sa main. Si les vérités lui plaisent davantage, il ne fera aucun doute qu'il ne s'y soit consolé aussi aisément que l'histoire nous en assure. Ce que je fais dire de son désespoir à Mézétulle s'accommode avec l'une et l'autre de ces idées; et je n'ai peut-être encore fait rien de plus adroit pour le théâtre que de tirer le rideau sur des déplaisirs qui devoient être si grands, et eurent si peu de durée.

Quoi qu'il en soit, comme je ne sais que les règles d'Aristote et d'Horace, et ne les sais pas même trop bien, je ne hasarde pas volontiers en dépit d'elles ces agréments surnaturels et miraculeux, qui défigurent quelquefois nos personnages autant qu'ils les embellissent, et détruisent l'histoire au lieu de la corriger. Ces grands coups de maître passent ma portée; je les laisse à ceux qui en savent plus que moi; et j'aime mieux qu'on me reproche d'avoir fait mes femmes trop héroïnes, par une ignorante et basse affectation de les faire ressembler aux originaux qui en sont venus jusqu'à nous, que de m'entendre louer d'avoir efféminé mes héros par une docte et sublime complaisance au goût [1] de nos délicats, qui veulent de l'amour par-tout,

---

[1] Ce n'est point Racine que Corneille désigne ici : ce grand homme, qui n'a jamais efféminé ses héros, qui n'a traité l'amour que comme une passion dangereuse, et non comme une galanterie froide pour remplir un acte ou deux d'une intrigue languissante, Racine, dis-je, n'avait encore publié aucune pièce de théâtre : c'est de Quinault dont il est ici

et ne permettent qu'à lui de faire auprès d'eux la bonne ou mauvaise fortune de nos ouvrages.

Éryxe n'a point ici l'avantage de cette ressemblance qui fait la principale perfection des portraits : c'est une reine de ma façon, de qui ce poëme reçoit un grand ornement, et qui pourroit toutefois y passer en quelque sorte pour inutile, n'étoit qu'elle ajoute des motifs vraisemblables aux historiques, et sert tout ensemble d'aiguillon à Sophonisbe pour précipiter son mariage, et de prétexte aux Romains pour n'y point consentir. Les protestations d'amour que semble lui faire Massinisse au commencement de leur premier entretien ne sont qu'un équivoque [1], dont le sens caché regarde cette autre reine. Ce qu'elle y répond fait voir qu'elle s'y méprend la première ; et tant d'autres ont voulu s'y méprendre après elle, que je me suis cru obligé de vous en avertir.

Quand je ferai joindre cette tragédie à mes recueils, je pourrai l'examiner plus au long, comme j'ai fait les autres :

question. Le jeune Quinault venait de donner successivement *Stratonice*, *Amalasonte*, *le Faux Tibérinus*, *Astrate*. Cet *Astrate* sur-tout, joué dans le même temps que *Sophonisbe*, avait attiré tout Paris, tandis que *Sophonisbe* était négligée. Il y a de très belles scènes dans *Astrate* ; il y règne sur-tout de l'intérêt : c'est ce qui fit son grand succès. Le public était las de pièces qui roulaient sur une politique froide, mêlée de raisonnements sur l'amour, et de compliments amoureux sans aucune passion véritable. On commençait aussi à s'apercevoir qu'il fallait un autre style que celui dont les dernières pièces de Corneille sont écrites : celui de Quinault était plus naturel et moins obscur. Enfin ses pièces eurent un prodigieux succès, jusqu'à ce que l'*Andromaque* de Racine les éclipsa toutes. Boileau commença à rendre l'*Astrate* ridicule, en se moquant de l'anneau royal, qui, en effet, est une invention puérile ; mais il faut convenir qu'il y a de très belles scènes entre Sichée et Astrate. (V.)

Voltaire le savait très bien, car il en a tiré parti dans *Sémiramis*, en les embellissant à la vérité beaucoup, comme il embellissait tout ce qu'il empruntait. (P.)

[1] Nous avons déjà remarqué que ce mot était alors des deux genres. Tout le monde connaît la satire de Boileau sur l'*équivoque*. (P<small>AR</small>.)

cependant je vous demande pour sa lecture un peu de cette faveur qui doit toujours pencher du côté de ceux qui travaillent pour le public, avec une attention sincère qui vous empêche d'y voir ce qui n'y est pas, et vous y laisse voir tout ce que j'y fais dire.

ACTEURS.

SYPHAX, roi de Numidie.
MASSINISSE, autre roi de Numidie.
LÆLIUS, lieutenant de Scipion consul de Rome.
LÉPIDE, tribun romain.
BOCCHAR, lieutenant de Syphax.
MÉZÉTULLE, lieutenant de Massinisse.
ALBIN, centenier romain.
SOPHONISBE, fille d'Asdrubal général des Carthaginois, et reine de Numidie.
ÉRYXE, reine de Gétulie.
HERMINIE, dame d'honneur de Sophonisbe.
BARCÉE, dame d'honneur d'Éryxe.
Page de Sophonisbe.
Gardes.

La scène est à Cyrthe, capitale du royaume de Syphax, dans le palais du roi.

SOPHONISBE[1].

ACTE PREMIER.

SCÈNE I.

SOPHONISBE, BOCCHAR, HERMINIE.

BOCCHAR.
Madame, il étoit temps qu'il vous vînt du secours ;
Le siége étoit formé, s'il eût tardé deux jours :
Les travaux commencés alloient à force ouverte
Tracer autour des murs l'ordre de votre perte[2] ;
Et l'orgueil des Romains se promettoit l'éclat
D'asservir par leur prise et vous et tout l'état.
Syphax a dissipé, par sa seule présence,
De leur ambition la plus fière espérance.
Ses troupes, se montrant au lever du soleil,

---

[1] Il est remarquable qu'en Italie et en France, la véritable tragédie dut sa naissance à une *Sophonisbe*. Le prélat Trissino, auteur de la *Sophonisbe* italienne, eut l'avantage d'écrire dans une langue déja fixée et perfectionnée ; et Mairet, au contraire, dans le temps où la langue française luttait contre la barbarie. (Volt.)

[2] Voltaire a dit depuis :
    Il fait tracer leur perte autour de leurs murailles.
Et c'est là un des plus beaux vers de sa *Henriade*. (Pal.)

Ont de votre ruine arrêté l'appareil.
A peine une heure ou deux elles ont pris haleine,
Qu'il les range en bataille au milieu de la plaine.
L'ennemi fait le même, et l'on voit des deux parts
Nos sillons hérissés de piques et de dards,
Et l'une et l'autre armée étaler même audace,
Égale ardeur de vaincre, et pareille menace.
L'avantage du nombre est dans notre parti :
Ce grand feu des Romains en paroît ralenti ;
Du moins de Lælius la prudence inquiète
Sur le point du combat nous envoie un trompette :
On le mène à Syphax, à qui sans différer
De sa part il demande une heure à conférer.
Les otages reçus pour cette conférence,
Au milieu des deux camps l'un et l'autre s'avance ;
Et, si le ciel répond à nos communs souhaits,
Le champ de la bataille enfantera la paix.
  Voilà ce que le roi m'a chargé de vous dire,
Et que de tout son cœur à la paix il aspire,
Pour ne plus perdre aucun de ces moments si doux
Que la guerre lui vole en l'éloignant de vous.

SOPHONISBE.

Le roi m'honore trop d'une amour si parfaite.
Dites-lui que j'aspire à la paix qu'il souhaite,
Mais que je le conjure, en cet illustre jour,
De penser à sa gloire encor plus qu'à l'amour [1].

---

[1] Vous voyez que l'exposition de la pièce est bien faite. On entre tout d'un coup en matière : on est occupé de grands objets; les fautes de style, comme, *se promettre l'éclat d'asservir vous et l'état*, *étaler des menaces*, *envoyer un trompette*, *une heure à conférer*, sont des minuties, qu'il ne faut pas à la vérité négliger, mais

SCÈNE II.

SOPHONISBE, HERMINIE.

HERMINIE.
Madame, ou j'entends mal une telle prière,
Ou vos vœux pour la paix n'ont pas votre ame entière;
Vous devez pourtant craindre un vainqueur irrité.
SOPHONISBE.
J'ai fait à Massinisse une infidélité.
Accepté par mon père, et nourri dans Carthage,
Tu vis en tous les deux l'amour croître avec l'âge.
Il porta dans l'Espagne et mon cœur et ma foi :
Mais durant cette absence on disposa de moi.
J'immolai ma tendresse au bien de ma patrie :
Pour lui gagner Syphax j'eusse immolé ma vie.
Il étoit aux Romains, et je l'en détachai;
J'étois à Massinisse, et je m'en arrachai.
J'en eus de la douleur, j'en sentis de la gêne;
Mais je servois Carthage, et m'en revoyois reine;
Car, afin que le change eût pour moi quelque appas,
Syphax de Massinisse envahit les états,
Et mettoit à mes pieds l'une et l'autre couronne,
Quand l'autre étoit réduit à sa seule personne.
Ainsi contre Carthage et contre ma grandeur
Tu me vis n'écouter ni ma foi ni mon cœur.
HERMINIE.
Et vous ne craignez point qu'un amant ne se venge,

qu'on ne doit pas reprendre sévèrement quand le beau est dominant. (V.)

S'il faut qu'en son pouvoir sa victoire vous range?
SOPHONISBE.
Nous vaincrons, Herminie; et nos destins jaloux [1]
Voudront faire à leur tour quelque chose pour nous :
Mais si de ce héros je tombe en la puissance,
Peut-être aura-t-il peine à suivre sa vengeance,
Et que ce même amour qu'il m'a plu de trahir
Ne se trahira pas jusques à me haïr.
Jamais à ce qu'on aime on n'impute d'offense [2];
Quelque doux souvenir prend toujours sa défense.
L'amant excuse, oublie; et son ressentiment
A toujours, malgré lui, quelque chose d'amant.
Je sais qu'il peut s'aigrir, quand il voit qu'on le quitte
Par l'estime qu'on prend pour un autre mérite :
Mais lorsqu'on lui préfère un prince à cheveux gris,
Ce choix fait sans amour est pour lui sans mépris;
Et l'ordre ambitieux d'un hymen politique
N'a rien que ne pardonne un courage héroïque :

---

[1] Il y a des degrés dans le mauvais comme dans le bon. Cette tirade n'est pas de ce dernier degré qui étonne et qui révolte dans *Pertharite*, dans *Théodore*, dans *Attila*, dans *Agésilas*; mais si le plus plat des auteurs tragiques s'avisait de dire aujourd'hui, *nos destins jaloux voudront faire quelque chose pour nous à leur tour; un amour qu'il m'a plu de trahir ne se trahira pas jusqu'à me haïr*, etc., et s'il étalait sans cesse tous ces misérables lieux communs de politique, y aurait-il assez de sifflets pour lui? (V.)

[2] Le cœur est glacé dès cette scène. Ces dissertations sur l'amour, qui tiennent plus de la comédie que de la tragédie, ne conviennent ni à une femme qui aime véritablement, ni à une ambitieuse comme Sophonisbe; et Sophonisbe, qui, dans cette scène, trouve bon que Massinisse ne l'aime point, et qui ne veut pas qu'il en aime une autre, joue dès ce moment un personnage auquel on ne peut jamais s'intéresser. (V.)

ACTE I, SCÈNE II.

Lui-même il s'en console, et trompe sa douleur,
A croire que la main n'a point donné le cœur.
　J'ai donc peu de sujet de craindre Massinisse;
J'en ai peu de vouloir que la guerre finisse;
J'espère en la victoire, ou du moins en l'appui
Que son reste d'amour me saura faire en lui :
Mais le reste du mien, plus fort qu'on ne présume,
Trouvera dans la paix une prompte amertume;
Et d'un chagrin secret la sombre et dure loi
M'y fait voir des malheurs qui ne sont que pour moi.

HERMINIE.

J'ai peine à concevoir que le ciel vous envoie
Des sujets de chagrin dans la commune joie,
Et par quel intérêt un tel reste d'amour
Vous fera des malheurs en ce bienheureux jour.

SOPHONISBE.

Ce reste ne va point à regretter sa perte,
Dont je prendrois encor l'occasion offerte;
Mais il est assez fort pour devenir jaloux
De celle dont la paix le doit faire l'époux.
Éryxe, ma captive, Éryxe, cette reine
Qui des Gétuliens naquit la souveraine,
Eut aussi bien que moi des yeux pour ses vertus,
Et trouva de la gloire à choisir mon refus.
　Ce fut pour empêcher ce fâcheux hyménée
Que Syphax fit la guerre à cette infortunée,
La surprit dans sa ville, et fit en ma faveur
Ce qu'il n'entreprenoit que pour venger sa sœur;
Car tu sais qu'il l'offrit à ce généreux prince,
Et lui voulut pour dot remettre sa province.

HERMINIE.

Je comprends encor moins que vous peut importer

130 SOPHONISBE.

A laquelle des deux il daigne s'arrêter.
Ce fut, s'il m'en souvient, votre prière expresse
Qui lui fit par Syphax offrir cette princesse;
Et je ne puis trouver matière à vos douleurs
Dans la perte d'un cœur que vous donniez ailleurs.
SOPHONISBE.
Je le donnois ce cœur où ma rivale aspire;
Ce don, s'il l'eût souffert, eût marqué mon empire;
Eût montré qu'un amant si maltraité par moi
Prenoit encor plaisir à recevoir ma loi.
Après m'avoir perdue, il auroit fait connoître
Qu'il vouloit m'être encor tout ce qu'il pouvoit m'être,
Se rattacher à moi par les liens du sang,
Et tenir de ma main la splendeur de son rang;
Mais s'il épouse Éryxe, il montre un cœur rebelle
Qui me néglige autant qu'il veut brûler pour elle,
Qui brise tous mes fers, et brave hautement
L'éclat de sa disgrace et de mon changement.
HERMINIE.
Certes, si je l'osois, je nommerois caprice
Ce trouble ingénieux à vous faire un supplice,
Et l'obstination des soucis superflus
Dont vous gêne ce cœur quand vous n'en voulez plus.
SOPHONISBE.
Ah! que de notre orgueil tu sais mal la foiblesse,
Quand tu veux que son choix n'ait rien qui m'intéresse!
Des cœurs que la vertu renonce à posséder
La conquête toujours semble douce à garder;
Sa rigueur n'a jamais le dehors si sévère[1],
Que leur perte au-dedans ne lui devienne amère;

[1] Var. Sa rigueur n'a jamais de dehors si sévère. (1663.)

Et, de quelque façon qu'elle nous fasse agir,
Un esclave échappé nous fait toujours rougir [1].
Qui rejette un beau feu n'aime point qu'on l'éteigne :
On se plaît à régner sur ce que l'on dédaigne;
Et l'on ne s'applaudit d'un illustre refus
Qu'alors qu'on est aimée après qu'on n'aime plus.
 Je veux donc, s'il se peut, que l'heureux Massinisse
Prenne tout autre hymen pour un affreux supplice;
Qu'il m'adore en secret; qu'aucune nouveauté
N'ose le consoler de ma déloyauté
Ne pouvant être à moi, qu'il ne soit à personne,
Ou qu'il souffre du moins que mon seul choix le donne.
Je veux penser encor que j'en puis disposer,
Et c'est de quoi la paix me va désabuser.
Juge si j'aurai lieu d'en être satisfaite,
Et par ce que je crains vois ce que je souhaite.
 Mais Éryxe déja commence mon malheur,
Et me vient par sa joie avancer ma douleur.

---

[1] Cette petite coquetterie comique et cette nouvelle dissertation sur les femmes qui veulent toujours conserver leurs amants sont si déplacées, que la confidente a bien raison de lui dire respectueusement qu'elle est une capricieuse. Ce mot seul de *caprice* ôte au rôle de Sophonisbe toute la dignité qu'il devait avoir, détruit l'intérêt, et est un vice capital. Ajoutez à cette grande faute les défauts continuels de la diction, comme *Éryxe qui avance la douleur de Sophonisbe par sa joie; une nouveauté qui n'ose consoler de la déloyauté; un illustre refus; une perte devenue amère au dedans; Herminie qui ne comprend pas que peut importer à laquelle on veuille s'arrêter; un regret d'amour qui ne va point à regretter une perte dont on prendroit encore l'occasion offerte;* et tout ce galimatias absurde qu'on ne remarqua pas assez dans un temps où le goût des Français n'était pas encore formé, et qu'on ne remarque guère aujourd'hui, parcequ'on ne lit pas avec attention, et sur-tout parceque personne ne lit les dernières pièces de Corneille. (V.)

SCÈNE III.

SOPHONISBE, ÉRYXE, HERMINIE, BARCÉE.

ÉRYXE.

Madame, une captive oseroit-elle prendre
Quelque part au bonheur que l'on nous vient d'apprendre ?

SOPHONISBE.

Le bonheur n'est pas grand tant qu'il est incertain.

ÉRYXE.

On me dit que le roi tient la paix en sa main ;
Et je n'ose douter qu'il ne l'ait résolue.

SOPHONISBE.

Pour être proposée, elle n'est pas conclue ;
Et les grands intérêts qu'il y faut ajuster
Demandent plus d'une heure à les bien concerter.

ÉRYXE.

Alors que des deux chefs la volonté conspire....

SOPHONISBE.

Que sert la volonté d'un chef qu'on peut dédire ?
Il faut l'aveu de Rome, et que d'autre côté
Le sénat de Carthage accepte le traité.

ÉRYXE.

Lælius le propose, et l'on ne doit pas croire
Qu'au désaveu de Rome il hasarde sa gloire.
Quant à votre sénat, le roi n'en dépend point.

SOPHONISBE.

Le roi n'a pas une ame infidèle à ce point ;
Il sait à quoi l'honneur, à quoi sa foi l'engage ;
Et je l'en dédirois, s'il traitoit sans Carthage.

ACTE I, SCÈNE III.

ÉRYXE.

On ne m'avoit pas dit qu'il fallût votre aveu.

SOPHONISBE.

Qu'on vous l'ait dit ou non, il m'importe assez peu.

ÉRYXE.

Je le crois ; mais enfin donnez votre suffrage,
Et je vous répondrai de celui de Carthage.

SOPHONISBE.

Avez-vous en ces lieux quelque commerce ?

ÉRYXE.

Aucun.

SOPHONISBE.

D'où le savez-vous donc ?

ÉRYXE.

D'un peu de sens commun.
On y doit être las de perdre des batailles,
Et d'avoir à trembler pour ses propres murailles.

SOPHONISBE.

Rome nous auroit donc appris l'art de trembler [1].
Annibal....

ÉRYXE.

Annibal a pensé l'accabler :
Mais ce temps-là n'est plus, et la valeur d'un homme....

SOPHONISBE.

On ne voit point d'ici ce qui se passe à Rome [2].
En ce même moment peut-être qu'Annibal
Lui fait tout de nouveau craindre un assaut fatal,

---

[1] On n'avait pas mis encore la peur au rang des arts. (V.)

[2] On sent bien que ce vers,
  On ne voit point d'ici ce qui se passe à Rome,
est ridicule dans une tragédie. Si on voulait remarquer tous les mauvais vers, la peine serait trop grande, et serait perdue. (V.)

Et que c'est pour sortir enfin de ces alarmes
Qu'elle nous fait parler de mettre bas les armes.
ÉRYXE.
Ce seroit pour Carthage un bonheur signalé.
Mais, madame, les dieux vous l'ont-ils révélé?
A moins que de leur voix, l'ame la plus crédule
D'un miracle pareil feroit quelque scrupule.
SOPHONISBE.
Des miracles pareils arrivent quelquefois :
J'ai vu Rome en état de tomber sous nos lois;
La guerre est journalière, et sa vicissitude
Laisse tout l'avenir dedans l'incertitude.
ÉRYXE.
Le passé le prépare, et le soldat vainqueur
Porte aux nouveaux combats plus de force et de cœur.
SOPHONISBE.
Et, si j'en étois crue, on auroit le courage
De ne rien écouter sur ce désavantage,
Et d'attendre un succès hautement emporté
Qui remît notre gloire en plus d'égalité.
ÉRYXE.
On pourroit fort attendre.
SOPHONISBE.
Et durant cette attente
Vous pourriez n'avoir pas l'ame la plus contente.
ÉRYXE.
J'ai déja grand chagrin de voir que de vos mains
Mon sceptre a su passer en celles des Romains;
Et qu'aujourd'hui, de l'air dont s'y prend Massinisse,
Le vôtre a grand besoin que la paix l'affermisse.
SOPHONISBE.
Quand de pareils chagrins voudront paroître au jour,

Si l'honneur vous est cher, cachez tout votre amour ;
Et voyez à quel point votre gloire est flétrie
D'aimer un ennemi de sa propre patrie,
Qui sert des étrangers dont par un juste accord
Il pouvoit nous aider à repousser l'effort.

ÉRYXE.

Dépouillé par votre ordre, ou par votre artifice,
Il sert vos ennemis pour s'en faire justice ;
Mais, si de les servir il doit être honteux,
Syphax sert, comme lui, des étrangers comme eux.
Si nous les voulions tous bannir de notre Afrique,
Il faudroit commencer par votre république,
Et renvoyer à Tyr, d'où vous êtes sortis,
Ceux par qui nos climats sont presque assujettis.
Nous avons lieu d'avoir pareille jalousie
Des peuples de l'Europe et de ceux de l'Asie ;
Ou, si le temps a pu vous naturaliser,
Le même cours du temps les peut favoriser.
J'ose vous dire plus. Si le destin s'obstine
A vouloir qu'en ces lieux leur victoire domine,
Comme vos Tyriens passent pour Africains,
Au milieu de l'Afrique il naîtra des Romains :
Et, si de ce qu'on voit nous croyons le présage,
Il en pourra bien naître au milieu de Carthage
Pour qui notre amitié n'aura rien de honteux,
Et qui sauront passer pour Africains comme eux.

SOPHONISBE.

Vous parlez un peu haut.

ÉRYXE.

Je suis amante et reine.

SOPHONISBE.

Et captive, de plus.

SOPHONISBE.

ÉRYXE.

On va briser ma chaîne ;
Et la captivité ne peut abattre un cœur
Qui se voit assuré de celui du vainqueur.
Il est tel dans vos fers que sous mon diadème :
N'outragez plus ce prince, il a ma foi, je l'aime ;
J'ai la sienne, et j'en sais soutenir l'intérêt.
 Du reste, si la paix vous plaît, ou vous déplaît,
Ce n'est pas mon dessein d'en pénétrer la cause.
La bataille et la paix sont pour moi même chose.
L'une ou l'autre aujourd'hui finira mes ennuis ;
Mais l'une vous peut mettre en l'état où je suis.

SOPHONISBE.

Je pardonne au chagrin d'un si long esclavage,
Qui peut avec raison vous aigrir le courage,
Et voudrois vous servir malgré ce grand courroux.

ÉRYXE.

Craignez que je ne puisse en dire autant de vous.
Mais le roi vient, adieu ; je n'ai pas l'imprudence
De m'offrir pour troisième à votre conférence ;
Et d'ailleurs, s'il vous vient demander votre aveu,
Soit qu'il l'obtienne, ou non, il m'importe fort peu[1].

---

[1] Cette conversation politique entre deux femmes, leurs petites picoteries, n'élèvent l'ame du spectateur, ni ne la remuent, et le lecteur est rebuté de voir à tout moment de ces vers de comédie que Corneille s'est permis dans toutes ses pièces depuis *Cinna*, et que le succès constant de *Cinna* devait l'engager à proscrire de son style. On pourrait observer les solécismes, les barbarismes de ces deux femmes, et, ce qui est bien plus impardonnable, leur langage trivial et comique.

Il n'est pas permis de mettre dans une tragédie des vers tels que ceux-ci :

> Avez-vous en ces lieux quelque commerce ? — Aucun. —

SCÈNE IV.

SYPHAX, SOPHONISBE, HERMINIE, BOCCHAR.

SOPHONISBE.
Eh bien, seigneur, la paix, l'avez-vous résolue ?
SYPHAX.
Vous en êtes encor la maîtresse absolue,
Madame; et je n'ai pris trêve pour un moment,
Qu'afin de tout remettre à votre sentiment.
On m'offre le plein calme, on m'offre de me rendre
Ce que dans mes états la guerre a fait surprendre,
L'amitié des Romains, que pour vous j'ai trahis.

D'où le savez-vous donc ? — D'un peu de sens commun...
On pourroit fort attendre. — Et, durant cette attente,
Vous pourriez n'avoir pas l'ame la plus contente....
On ne voit point d'ici ce qui se passe à Rome. —
Mais, madame, les dieux vous l'ont-ils révélé ? —
. . . . L'ame la plus crédule
D'un miracle pareil feroit quelque scrupule. —
. . . . Un succès hautement emporté,
Qui mettroit notre gloire en plus d'égalité. —
Du reste, si la paix vous plaît ou vous déplaît.....
La bataille et la paix sont pour moi même chose, etc., etc.

C'est là ce que Saint-Évremond appelle parler avec dignité; c'est la véritable tragédie : et l'*Andromaque* de Racine est, à ses yeux, une pièce dans laquelle il y a des choses qui approchent du bon ! Tel est le préjugé ; telle est l'envie secrète qu'on porte au mérite nouveau sans presque s'en apercevoir. Saint-Évremond était né après Corneille, et avait vu naître Racine. Osons dire qu'il n'était digne de juger ni l'un ni l'autre. Il n'y a peut-être jamais eu de réputation plus usurpée que celle de Saint-Évremond. (V.)

SOPHONISBE.
Et que vous offre-t-on, seigneur, pour mon pays?
SYPHAX.
Loin d'exiger de moi que j'y porte mes armes,
On me laisse aujourd'hui tout entier à vos charmes;
On demande que, neutre en ces dissensions,
Je laisse aller le sort de vos deux nations.
SOPHONISBE.
Et ne pourroit-on point vous en faire l'arbitre?
SYPHAX.
Le ciel sembloit m'offrir un si glorieux titre,
Alors qu'on vit dans Cyrthe entrer d'un pas égal,
D'un côté Scipion, et de l'autre Asdrubal.
Je vis ces deux héros, jaloux de mon suffrage,
Le briguer, l'un pour Rome, et l'autre pour Carthage :
Je les vis à ma table, et sur un même lit;
Et comme ami commun, j'aurois eu tout crédit.
Votre beauté, madame, emporta la balance.
De Carthage pour vous j'embrassai l'alliance;
Et, comme on ne veut point d'arbitre intéressé,
C'est beaucoup aux vainqueurs d'oublier le passé.
En l'état où je suis, deux batailles perdues,
Mes villes la plupart surprises ou rendues,
Mon royaume d'argent et d'hommes affoibli,
C'est beaucoup de me voir tout d'un coup rétabli.
Je reçois sans combat le prix de la victoire;
Je rentre sans péril en ma première gloire;
Et ce qui plus que tout a lieu de m'être doux,
Il m'est permis enfin de vivre auprès de vous.
SOPHONISBE.
Quoi que vous résolviez, c'est à moi d'y souscrire;
J'oserai toutefois m'enhardir à vous dire

ACTE I, SCÈNE IV.

Qu'avec plus de plaisir je verrois ce traité,
Si j'y voyois pour vous, ou gloire, ou sûreté.
Mais, seigneur, m'aimez-vous encor?

SYPHAX.

Si je vous aime?

SOPHONISBE.

Oui, m'aimez-vous encor, seigneur?

SYPHAX.

Plus que moi-même.

SOPHONISBE.

Si mon amour égal rend vos jours fortunés,
Vous souvient-il encor de qui vous le tenez?

SYPHAX.

De vos bontés, madame.

SOPHONISBE.

Ah! cessez, je vous prie,
De faire en ma faveur outrage à ma patrie.
Un autre avoit le choix de mon père et le mien;
Elle seule pour vous rompit ce doux lien.
Je brûlois d'un beau feu, je promis de l'éteindre;
J'ai tenu ma parole, et j'ai su m'y contraindre.
Mais vous ne tenez pas, seigneur, à vos amis
Ce qu'acceptant leur don vous leur avez promis;
Et, pour ne pas user vers vous d'un mot trop rude,
Vous montrez pour Carthage un peu d'ingratitude.
Quoi! vous, qui lui devez ce bonheur de vos jours,
Vous, que mon hyménée engage à son secours,
Vous, que votre serment attache à sa défense,
Vous manquez de parole et de reconnoissance!
Et, pour remerciement de me voir en vos mains,
Vous la livrez vous-même en celles des Romains!
Vous brisez le pouvoir dont vous m'avez reçue,

Et je serai le prix d'une amitié rompue,
Moi qui, pour en étreindre à jamais les grands nœuds,
Ai d'un amour si juste éteint les plus beaux feux!
Moi, que vous protestez d'aimer plus que vous-même!
Ah! seigneur, le dirai-je? est-ce ainsi que l'on m'aime?

SYPHAX.

Si vous m'aimiez, madame, il vous seroit bien doux
De voir comme je veux ne vous devoir qu'à vous;
Vous ne vous plairiez pas à montrer dans votre ame
Les restes odieux d'une première flamme,
D'un amour dont l'hymen qu'on a vu nous unir
Devroit avoir éteint jusques au souvenir.
Vantez-moi vos appas, montrez avec courage
Ce prix impérieux dont m'achète Carthage;
Avec tant de hauteur prenez son intérêt,
Qu'il me faille en esclave agir comme il lui plaît;
Au moindre soin des miens traitez-moi d'infidèle,
Et ne me permettez de régner que sous elle :
Mais épargnez ce comble aux malheurs que je crains,
D'entendre aussi vanter ces beaux feux mal éteints,
Et de vous en voir l'ame encor tout obsédée
En ma présence même en caresser l'idée.

SOPHONISBE.

Je m'en souviens, seigneur, lorsque vous oubliez
Quels vœux mon changement vous a sacrifiés;
Et saurai l'oublier, quand vous ferez justice
A ceux qui vous ont fait un si grand sacrifice.
  Au reste, pour ouvrir tout mon cœur avec vous,
Je n'aime point Carthage à l'égal d'un époux :
Mais, bien que moins soumise à son destin qu'au vôtre,
Je crains également et pour l'un et pour l'autre;
Et ce que je vous suis ne sauroit empêcher

Que le plus malheureux ne me soit le plus cher.
   Jouissez de la paix qui vous vient d'être offerte,
Tandis que j'irai plaindre et partager sa perte;
J'y mourrai sans regret, si mon dernier moment
Vous laisse en quelque état de régner sûrement.
Mais, Carthage détruite, avec quelle apparence
Oserez-vous garder cette fausse espérance?
Rome, qui vous redoute et vous flatte aujourd'hui,
Vous craindra-t-elle encor, vous voyant sans appui,
Elle qui de la paix ne jette les amorces
Que par le seul besoin de séparer nos forces,
Et qui dans Massinisse, et voisin, et jaloux,
Aura toujours de quoi se brouiller avec vous?
Tous deux vous devront tout. Carthage abandonnée
Vaut pour l'un et pour l'autre une grande journée.
Mais un esprit aigri n'est jamais satisfait
Qu'il n'ait vengé l'injure en dépit du bienfait.
Pensez-y : votre armée est la plus forte en nombre;
Les Romains ont tremblé dès qu'ils en ont vu l'ombre;
Utique à l'assiéger retient leur Scipion :
Un temps bien pris peut tout, pressez l'occasion.
De ce chef éloigné la valeur peu commune
Peut-être à sa personne attache leur fortune;
Il tient auprès de lui la fleur de leurs soldats.
En tout événement Cyrthe vous tend les bras;
Vous tiendrez, et long-temps, dedans cette retraite.
Mon père cependant répare sa défaite;
Hannon a de l'Espagne amené du secours;
Annibal vient lui-même ici dans peu de jours.
Si tout cela vous semble un léger avantage,
Renvoyez-moi, seigneur, me perdre avec Carthage :
J'y périrai sans vous; vous régnerez sans moi.

Vous préserve le ciel de ce que je prévoi!
Et daigne son courroux, me prenant seul en butte,
M'exempter par ma mort de pleurer votre chute!
SYPHAX.
A des charmes si forts joindre celui des pleurs!
Soulever contre moi ma gloire et vos douleurs!
C'est trop, c'est trop, madame; il faut vous satisfaire.
Le plus grand des malheurs seroit de vous déplaire;
Et tous mes sentiments veulent bien se trahir
A la douceur de vaincre ou de vous obéir.
La paix eût sur ma tête assuré ma couronne;
Il faut la refuser, Sophonisbe l'ordonne;
Il faut servir Carthage, et hasarder l'état.
Mais que deviendrez-vous, si je meurs au combat?
Qui sera votre appui, si le sort des batailles
Vous rend un corps sans vie au pied de nos murailles?
SOPHONISBE.
Je vous répondrois bien qu'après votre trépas
Ce que je deviendrai ne vous regarde pas:
Mais j'aime mieux, seigneur, pour vous tirer de peine,
Vous dire que je sais vivre et mourir en reine.
SYPHAX.
N'en parlons plus, madame. Adieu: pensez à moi,
Et je saurai pour vous vaincre, ou mourir en roi [1].

---

[1] Cette scène devrait être intéressante et sublime. Sophonisbe veut forcer son mari à prendre le parti de Carthage contre les Romains. C'est un grand objet, et digne de Corneille; si cet objet n'est pas rempli, c'est en partie la faute du style: c'est cette répétition, *M'aimez-vous, seigneur?.... Oui, m'aimez-vous encore?* c'est cette imitation du discours de Pauline à Polyeucte:

> Moi qui, pour en étreindre à jamais les grands nœuds,
> Ai d'un amour si juste éteint les plus beaux feux!

Imitation mauvaise : car le sacrifice que Pauline a fait de son amour pour Sévère est touchant; et le sacrifice de Massinisse, que Sophonisbe a fait à l'ambition, est d'un genre tout différent. Enfin Syphax est faible; Sophonisbe veut gouverner son mari. La scène n'est pas assez fortement écrite, et tout est froid.

Je ne parle point de *Carthage abandonnée*, qui *vaut pour l'un et pour l'autre une grande journée;* je ne parle pas du style, qui devrait réparer les vices du fonds, et qui les augmente. (V.)

FIN DU PREMIER ACTE.

ACTE SECOND[1].

SCÈNE I.

ÉRYXE, BARCÉE.

ÉRYXE.

Quel désordre, Barcée, ou plutôt quel supplice,
M'apprêtoit la victoire à revoir Massinisse !
Et que de mon destin l'obscure trahison
Sur mes souhaits remplis a versé de poison !

---

[1] On retrouve dans ce second acte des étincelles du feu qui avait animé l'auteur de *Cinna* et de *Polyeucte,* etc. Cependant la pièce de Corneille n'eut qu'un médiocre succès, et la *Sophonisbe* de Mairet continua à être représentée. Je crois en trouver la raison jusque dans les beaux endroits même de la *Sophonisbe* de Corneille. Éryxe, cette ancienne maîtresse de Massinisse, démêle très bien l'amour de Massinisse pour sa rivale ; tout ce qu'elle dit est vrai, mais ce vrai ne peut toucher. Elle annonce elle-même que Sophonisbe est aimée ; dès-lors plus d'incertitude dans l'esprit du spectateur, plus de suspension, plus de crainte. Mairet avait eu l'art de tenir les esprits en suspens : on ne sait d'abord chez lui si Massinisse pardonnera ou non à sa captive. C'est beaucoup que, dans le temps grossier où Mairet écrivait, il devînt ce grand art d'intéresser. Sa pièce était, à la vérité, remplie de vers de comédie et de longues déclamations ; mais ce goût subsista très long-temps, et il n'y avait qu'un petit nombre d'esprits éclairés qui s'aperçussent de ces défauts. On aimait encore, ainsi que nous l'avons remarqué souvent, ces longues tirades raisonnées qui, à l'aide de cinq ou six vers pompeux, et

Syphax est prisonnier; Cyrthe tout éperdue
A ce triste spectacle aussitôt s'est rendue.
Sophonisbe, en dépit de toute sa fierté,
Va gémir à son tour dans la captivité.
Le ciel finit la mienne, et je n'ai plus de chaînes
Que celles qu'avec gloire on voit porter aux reines;
Et, lorsqu'aux mêmes fers je crois voir mon vainqueur,
Je doute, en le voyant, si j'ai part en son cœur.

En vain l'impatience à le chercher m'emporte,
En vain de ce palais je cours jusqu'à la porte,
Et m'ose figurer, en cet heureux moment,
Sa flamme impatiente et forte également :
Je l'ai vu, mais surpris, mais troublé de ma vue;
Il n'étoit point lui-même alors qu'il m'a reçue;
Et ses yeux égarés marquoient un embarras
A faire assez juger qu'il ne me cherchoit pas.
J'ai vanté sa victoire, et je me suis flattée
Jusqu'à m'imaginer que j'étois écoutée :
Mais, quand pour me répondre il s'est fait un effort,
Son compliment au mien n'a point eu de rapport;

de la déclamation ampoulée d'un acteur, subjuguaient l'imagination d'un parterre, alors peu instruit, qui admirait ce qu'il entendait et ce qu'il n'entendait pas. Des vers durs, entortillés, obscurs, passaient à la faveur de quelques vers heureux. On ne connaissait pas la pureté et l'élégance continue du style.

La pièce de Mairet subsista donc, ainsi que plusieurs ouvrages de Desmarets, de Tristan, de Du Ryer, de Rotrou, jusqu'à ce que le goût du public fût formé.

La *Sophonisbe* de Corneille tomba ensuite comme les autres pièces de tous ces auteurs : elle est plus fortement écrite, mais non plus purement; et, avec l'incorrection et l'obscurité du style, elle a le grand défaut d'être absolument sans intérêt, comme le lecteur peut le sentir à chaque page. (V.)

Et j'ai trop vu par-là qu'un si profond silence
Attachoit sa pensée ailleurs qu'à ma présence,
Et que l'emportement d'un entretien secret
Sous un front attentif cachoit l'esprit distrait.

BARCÉE.

Les soins d'un conquérant vous donnent trop d'alarmes.
C'est peu que devant lui Cyrthe ait mis bas les armes,
Qu'elle se soit rendue, et qu'un commun effroi
L'ait fait à tout son peuple accepter pour son roi :
Il lui faut s'assurer des places et des portes,
Pour en demeurer maître y poster ses cohortes;
Ce devoir se préfère aux soucis les plus doux;
Et, s'il en étoit quitte, il seroit tout à vous.

ÉRYXE.

Il me l'a dit lui-même alors qu'il m'a quittée;
Mais j'ai trop vu d'ailleurs son ame inquiétée;
Et, de quelque couleur que tu couvres ses soins,
Sa nouvelle conquête en occupe le moins.
Sophonisbe, en un mot, et captive et pleurante,
L'emporte sur Éryxe et reine et triomphante;
Et, si je m'en rapporte à l'accueil différent,
Sa disgrace peut plus qu'un sceptre qu'on me rend.
 Tu l'as pu remarquer. Du moment qu'il l'a vue,
Ses troubles ont cessé, sa joie est revenue :
Ces charmes à Carthage autrefois adorés
Ont soudain réuni ses regards égarés.
Tu l'as vue étonnée, et tout ensemble altière,
Lui demander l'honneur d'être sa prisonnière,
Le prier fièrement qu'elle pût en ses mains
Éviter le triomphe et les fers des Romains.
Son orgueil, que ses pleurs sembloient vouloir dédire,
Trouvoit l'art en pleurant d'augmenter son empire;

Et sûre du succès, dont cet art répondoit,
Elle prioit bien moins qu'elle ne commandoit.
Aussi sans balancer il a donné parole
Qu'elle ne seroit point traînée au Capitole,
Qu'il en sauroit trouver un moyen assuré.
En lui tendant la main sur l'heure il l'a juré,
Et n'eût pas borné là son ardeur renaissante;
Mais il s'est souvenu qu'enfin j'étois présente;
Et les ordres qu'aux siens il avoit à donner
Ont servi de prétexte à nous abandonner.
Que dis-je? pour moi seule affectant cette fuite,
Jusqu'au fond du palais des yeux il l'a conduite;
Et, si tu t'en souviens, j'ai toujours soupçonné
Que cet amour jamais ne fut déraciné.
Chez moi, dans Hyarbée, où le mien trop facile
Prêtait à sa déroute un favorable asile,
Détrôné, vagabond, et sans appui que moi,
Quand j'ai voulu parler contre ce cœur sans foi,
Et qu'à cette infidèle imputant sa misère,
J'ai cru surprendre un mot de haine ou de colère,
Jamais son feu secret n'a manqué de détours
Pour me forcer moi-même à changer de discours;
Ou, si je m'obstinois à le faire répondre,
J'en tirois pour tout fruit de quoi mieux me confondre,
Et je n'en arrachois que de profonds hélas,
Et qu'enfin son amour ne la méritoit pas.
Juge, par ces soupirs que produisoit l'absence,
Ce qu'à leur entrevue a produit la présence.

BARCÉE.

Elle a produit sans doute un effet de pitié,
Où se mêle peut-être une ombre d'amitié.
Vous savez qu'un cœur noble et vraiment magnanime,

Quand il bannit l'amour, aime à garder l'estime ;
Et que, bien qu'offensé par le choix d'un mari,
Il n'insulte jamais à ce qu'il a chéri.
Mais, quand bien vous auriez tout lieu de vous en plaindre,
Sophonisbe, après tout, n'est point pour vous à craindre ;
Eût-elle tout son cœur, elle l'auroit en vain,
Puisqu'elle est hors d'état de recevoir sa main.
Il vous la doit, madame.

ÉRYXE.
Il me la doit, Barcée :
Mais que sert une main par le devoir forcée ?
Et qu'en auroit le don pour moi de précieux,
S'il faut que son esclave ait son cœur à mes yeux ?
Je sais bien que des rois la fière destinée
Souffre peu que l'amour règle leur hyménée,
Et que leur union, souvent pour leur malheur,
N'est que du sceptre au sceptre, et non du cœur au cœur :
Mais je suis au-dessus de cette erreur commune ;
J'aime en lui sa personne autant que sa fortune ;
Et je n'en exigeai qu'il reprît ses états
Que de peur que mon peuple en fît trop peu de cas.
Des actions des rois ce téméraire arbitre
Dédaigne insolemment ceux qui n'ont que le titre.
Jamais d'un roi sans trône il n'eût souffert la loi,
Et ce mépris peut-être eût passé jusqu'à moi.
Il falloit qu'il lui vît sa couronne à la tête,
Et que ma main devînt sa dernière conquête,
Si nous voulions régner avec l'autorité
Que le juste respect doit à la dignité.
J'aime donc Massinisse, et je prétends qu'il m'aime ;
Je l'adore, et je veux qu'il m'adore de même ;
Et pour moi son hymen seroit un long ennui,

ACTE II, SCÈNE I.

S'il n'étoit tout à moi, comme moi toute à lui.
Ne t'étonne donc point de cette jalousie
Dont, à ce froid abord, mon ame s'est saisie;
Laisse-la-moi souffrir, sans me la reprocher;
Sers-la, si tu le peux, et m'aide à la cacher.
Pour juste aux yeux de tous qu'en puisse être la cause,
Une femme jalouse à cent mépris s'expose;
Plus elle fait de bruit, moins on en fait d'état,
Et jamais ses soupçons n'ont qu'un honteux éclat.
Je veux donner aux miens une route diverse,
A ces amants suspects laisser libre commerce,
D'un œil indifférent en regarder le cours,
Fuir toute occasion de troubler leurs discours,
Et d'un hymen douteux éviter le supplice,
Tant que je douterai du cœur de Massinisse.
Le voici : nous verrons, par son empressement,
Si je me suis trompée en ce pressentiment[1].

---

[1] On sent, dans cette scène, combien Éryxe est froide et re-
butante :

> J'aime donc Massinisse, et je prétends qu'il m'aime;
> Je l'adore, et je veux qu'il m'adore de même....
> Pour juste aux yeux de tous qu'en puisse être la cause,
> Une femme jalouse à cent mépris s'expose :
> Plus elle fait de bruit, moins on en fait d'état.

Est-ce là une comédie de Montfleury ? est-ce une tragédie de Corneille ? (V.)

SCÈNE II[1].

MASSINISSE, ÉRYXE, BARCÉE, MÉZÉTULLE.

MASSINISSE.

Enfin, maître absolu des murs et de la ville,
Je puis vous rapporter un esprit plus tranquille,
Madame, et voir céder en ce reste du jour
Les soins de la victoire aux douceurs de l'amour.
Je n'aurois plus de lieu d'aucune inquiétude,
N'étoit que je ne puis sortir d'ingratitude,
Et que dans mon bonheur il n'est pas bien en moi
De m'acquitter jamais de ce que je vous doi.
Les forces qu'en mes mains vos bontés ont remises
Vous ont laissée en proie à de lâches surprises,
Et me rendoient ailleurs ce qu'on m'avoit ôté,
Tandis qu'on vous ôtoit et sceptre et liberté.
Ma première victoire a fait votre esclavage;
Celle-ci, qui le brise, est encor votre ouvrage;
Mes bons destins par vous ont eu tout leur effet,
Et je suis seulement ce que vous m'avez fait.
Que peut donc tout l'effort de ma reconnoissance,

---

[1] Cette scène est aussi froide et aussi comiquement écrite que la précédente. Massinisse est non seulement le maître de la ville, mais aussi des murs. *Il voit céder les soins de la victoire aux douceurs de l'amour en ce reste du jour. Il n'auroit plus sujet d'aucune inquiétude, n'étoit qu'il ne peut sortir d'ingratitude.* Quand on fait parler ainsi ses héros, il faut se taire. Éryxe dit autant de sottises que Massinisse : j'appelle hardiment les choses par leur nom; et j'ai cette hardiesse, parceque j'idolâtre les beaux morceaux du *Cid*, d'*Horace*, de *Cinna*, de *Polyeucte*, et de *Pompée*. (V.)

Lorsque je tiens de vous ma gloire et ma puissance?
Et que vous puis-je offrir que votre propre bien,
Quand je vous offrirai votre sceptre et le mien?
ÉRYXE.
Quoi qu'on puisse devoir, aisément on s'acquitte,
Seigneur, quand on se donne avec tant de mérite :
C'est un rare présent qu'un véritable roi
Qu'a rendu sa victoire enfin digne de moi.
Si dans quelques malheurs pour vous je suis tombée,
Nous pourrons en parler un jour dans Hyarbée,
Lorsqu'on nous y verra dans un rang souverain,
La couronne à la tête, et le sceptre à la main.
Ici nous ne savons encor ce que nous sommes :
Je tiens tout fort douteux tant qu'il dépend des hommes,
Et n'ose m'assurer que nos amis jaloux
Consentent l'union de deux trônes en nous.
Ce qu'avec leurs héros vous avez de pratique
Vous a dû mieux qu'à moi montrer leur politique.
Je ne vous en dis rien : un souci plus pressant,
Et, si je l'ose dire, assez embarrassant,
Où même ainsi que vous la pitié m'intéresse,
Vous doit inquiéter touchant votre promesse.
Dérober Sophonisbe au pouvoir des Romains,
C'est un pénible ouvrage, et digne de vos mains;
Vous devez y penser.
MASSINISSE.
Un peu trop téméraire,
Peut-être ai-je promis plus que je ne puis faire.
Les pleurs de Sophonisbe ont surpris ma raison.
L'opprobre du triomphe est pour elle un poison;
Et j'ai cru que le ciel l'avoit assez punie,
Sans la livrer moi-même à tant d'ignominie.

Madame, il est bien dur de voir déshonorer
L'autel où tant de fois on s'est plu d'adorer ;
Et l'ame ouverte aux biens que le ciel lui renvoie
Ne peut rien refuser dans ce comble de joie.
Mais, quoi que ma promesse ait de difficultés,
L'effet en est aisé, si vous y consentez.

ÉRYXE.

Si j'y consens ! bien plus, seigneur, je vous en prie.
Voyez s'il faut agir de force ou d'industrie ;
Et concertez ensemble en toute liberté
Ce que dans votre esprit vous avez projeté.
Elle vous cherche exprès.

SCÈNE III.

MASSINISSE, SOPHONISBE, ÉRYXE,
BARCÉE, HERMINIE, MÉZÉTULLE.

ÉRYXE.

Tout a changé de face,
Madame, et les destins vous ont mise en ma place.
Vous me deviez servir malgré tout mon courroux,
Et je fais à présent même chose pour vous :
Je vous l'avois promis, et je vous tiens parole.

SOPHONISBE.

Je vous suis obligée ; et ce qui m'en console,
C'est que tout peut changer une seconde fois ;
Et je vous rendrai lors tout ce que je vous dois.

ÉRYXE.

Si le ciel jusque-là vous en laisse incapable,
Vous pourrez quelque temps être ma redevable,
Non tant d'avoir parlé, d'avoir prié pour vous,

Comme de vous céder un entretien si doux.
Voyez si c'est vous rendre un fort méchant office
Que vous abandonner le prince Massinisse.

SOPHONISBE.

Ce n'est pas mon dessein de vous le dérober.

ÉRYXE.

Peut-être en ce dessein pourriez-vous succomber.
Mais, seigneur, quel qu'il soit, je n'y mets point d'obstacles :
Un héros, comme un dieu, peut faire des miracles ;
Et, s'il faut mon aveu pour en venir à bout,
Soyez sûr de nouveau que je consens à tout.
Adieu [1].

SCÈNE IV.

MASSINISSE, SOPHONISBE, HERMINIE,
MÉZÉTULLE.

SOPHONISBE.

Pardonnez-vous à cette inquiétude
Que fait de mon destin la triste incertitude [2],

---

[1] Ce qui fait que cette petite scène de bravades entre Éryxe et Sophonisbe est froide, c'est qu'elle ne change rien à la situation, c'est qu'elle est inutile, c'est que ces deux femmes ne se bravent que pour se braver. (V.)

[2] On a dit que ce qui déplut davantage dans la *Sophonisbe* de Corneille, c'est que cette reine épouse le vainqueur de son mari le même jour que ce mari est prisonnier. Il se peut qu'une telle indécence, un tel mépris de la pudeur et des lois ait révolté tous les esprits bien faits ; mais les actions les plus condamnables, les plus révoltantes, sont très souvent admises dans la tragédie, quand elles sont amenées et traitées avec un grand art. Il n'y en a point du tout ici, et les discours que se tiennent ces deux

Seigneur? et cet espoir que vous m'avez donné
Vous fera-t-il aimer d'en être importuné?

Je suis Carthaginoise, et d'un sang que vous-même
N'avez que trop jugé digne du diadème :
Jugez par là l'excès de ma confusion
A me voir attachée au char de Scipion;
Et si ce qu'entre nous on vit d'intelligence
Ne vous convaincra point d'une indigne vengeance,
Si vous écoutez plus de vieux ressentiments
Que le sacré respect de vos derniers serments.

Je fus ambitieuse, inconstante et parjure [1] :
Plus votre amour fut grand, plus grande en est l'injure;
Mais plus il a paru, plus il vous fait de lois
Pour défendre l'honneur de votre premier choix,
Et plus l'injure est grande, et d'autant mieux éclate
La générosité de servir une ingrate
Que votre bras lui-même a mise hors d'état
D'en pouvoir dignement reconnoître l'éclat.

MASSINISSE.

Ah! si vous m'en devez quelque reconnoissance,

amants n'étaient pas capables de faire excuser ce second mariage dans la maison même qu'habite encore le premier mari.

Pardonnez, monsieur, à l'inquiétude que l'incertitude de mon destin fait. Jugez l'excès de ma confusion. Si ce qu'on vit d'intelligence entre nous ne vous convaincra point d'une vengeance indigne. Mais plus l'injure est grande, d'autant mieux éclate la générosité de servir une ingrate, mise par votre bras lui-même hors d'état d'en reconnoître l'éclat.

Cet horrible galimatias, hérissé de solécismes, est-il bien propre à faire pardonner à Sophonisbe l'insolente indécence de sa conduite?

On ne peut excuser Corneille qu'en disant qu'il a fait *Cinna.* (V.)

[1] VAR. Je fus ambitieuse, inconstante, parjure. (1663.)

Cessez de vous en faire une fausse impuissance :
De quelque dur revers que vous sentiez les coups,
Vous pouvez plus pour moi que je ne puis pour vous.
Je dis plus : je ne puis pour vous aucune chose,
A moins qu'à m'y servir ce revers vous dispose.
J'ai promis, mais sans vous j'aurais promis en vain ;
J'ai juré, mais l'effet dépend de votre main ;
Autre qu'elle en ces lieux ne peut briser vos chaînes :
En un mot, le triomphe est un supplice aux reines ;
La femme du vaincu ne le peut éviter,
Mais celle du vainqueur n'a rien à redouter.
De l'une il est aisé que vous deveniez l'autre ;
Votre main par mon sort peut relever le vôtre :
Mais vous n'avez qu'une heure, ou plutôt qu'un moment,
Pour résoudre votre ame à ce grand changement.
Demain Lælius entre, et je ne suis plus maître ;
Et, quelque amour en moi que vous voyiez renaître,
Quelques charmes en vous qui puissent me ravir,
Je ne puis que vous plaindre, et non pas vous servir.
C'est vous parler sans doute avec trop de franchise ;
Mais le péril....

SOPHONISBE.

De grace, excusez ma surprise.
Syphax encor vivant, voulez-vous qu'aujourd'hui....?

MASSINISSE.

Vous me fûtes promise auparavant qu'à lui ;
Et cette foi donnée et reçue à Carthage,
Quand vous voudrez m'aimer, d'avec lui vous dégage.
Si de votre personne il s'est vu possesseur,
Il en fut moins l'époux que l'heureux ravisseur ;
Et sa captivité, qui rompt cet hyménée,
Laisse votre main libre et la sienne enchaînée.

Rendez-vous à vous-même ; et s'il vous peut venir
De notre amour passé quelque doux souvenir,
Si ce doux souvenir peut avoir quelque force....
SOPHONISBE.
Quoi ! vous pourriez m'aimer après un tel divorce,
Seigneur, et recevoir de ma légèreté
Ce que vous déroba tant d'infidélité ?
MASSINISSE.
N'attendez point, madame, ici que je vous die
Que je ne vous impute aucune perfidie ;
Que mon peu de mérite et mon trop de malheur
Ont seuls forcé Carthage à forcer votre cœur ;
Que votre changement n'éteignit point ma flamme,
Qu'il ne vous ôta point l'empire de mon ame ;
Et que, si j'ai porté la guerre en vos états,
Vous étiez la conquête où prétendoit mon bras.
Quand le temps est trop cher pour le perdre en paroles,
Toutes ces vérités sont des discours frivoles :
Il faut ménager mieux ce moment de pouvoir.
Demain Lælius entre ; il le peut dès ce soir :
Avant son arrivée assurez votre empire.
Je vous aime, madame, et c'est assez vous dire.
Je n'examine point quels sentiments pour moi
Me rendront les effets d'une première foi :
Que votre ambition, que votre amour choisisse ;
L'opprobre est d'un côté, de l'autre Massinisse.
Il faut aller à Rome, ou me donner la main :
Ce grand choix ne se peut différer à demain ;
Le péril presse autant que mon impatience ;
Et, quoi que mes succès m'offrent de confiance,
Avec tout mon amour je ne puis rien pour vous,
Si demain Rome en moi ne trouve votre époux.

ACTE II, SCÈNE IV.

SOPHONISBE.

Il faut donc qu'à mon tour je parle avec franchise,
Puisqu'un péril si grand ne veut point de remise.
　L'hymen que vous m'offrez peut rallumer mes feux,
Et pour briser mes fers rompre tous autres nœuds ;
Mais, avant qu'il vous rende à votre prisonnière,
Je veux que vous voyiez son ame tout entière,
Et ne puissiez un jour vous plaindre avec sujet
De n'avoir pas bien vu ce que vous aurez fait.
　Quand j'épousai Syphax, je n'y fus point forcée ;
De quelques traits pour vous que l'amour m'eût blessée,
Je vous quittai sans peine, et tous mes vœux trahis
Cédèrent avec joie au bien de mon pays.
En un mot, j'ai reçu du ciel pour mon partage
L'aversion de Rome et l'amour de Carthage.
Vous aimez Lælius, vous aimez Scipion,
Vous avez lieu d'aimer toute leur nation ;
Aimez-la, j'y consens, mais laissez-moi ma haine.
Tant que vous serez roi, souffrez que je sois reine,
Avec la liberté d'aimer et de haïr,
Et sans nécessité de craindre ou d'obéir.
　Voilà quelle je suis, et quelle je veux être.
J'accepte votre hymen, mais pour vivre sans maître ;
Et ne quitterois point l'époux que j'avois pris,
Si Rome se pouvoit éviter qu'à ce prix.
A ces conditions me voulez-vous pour femme ?

MASSINISSE.

A ces conditions prenez toute mon ame ;
Et s'il vous faut encor quelques nouveaux serments....

SOPHONISBE.

Ne perdez point, seigneur, ces précieux moments ;
Et, puisque sans contrainte il m'est permis de vivre,

Faites tout préparer : je m'apprête à vous suivre.
MASSINISSE.
J'y vais, mais de nouveau gardez que Lælius....
SOPHONISBE.
Cessez de vous gêner par des soins superflus ;
J'en connois l'importance, et vous rejoins au temple¹.

SCÈNE V.

SOPHONISBE, HERMINIE.

SOPHONISBE.

Tu vois, mon bonheur passe et l'espoir et l'exemple ;
Et c'est, pour peu qu'on aime, une extrême douceur
De pouvoir accorder sa gloire avec son cœur :
Mais c'en est une ici bien autre, et sans égale,
D'enlever, et si tôt, ce prince à ma rivale,
De lui faire tomber le triomphe des mains²,
Et prendre sa conquête aux yeux de ses Romains.
Peut-être avec le temps j'en aurai l'avantage
De l'arracher à Rome, et le rendre à Carthage ;
Je m'en réponds déjà sur le don de sa foi :
Il est à mon pays, puisqu'il est tout à moi.
A ce nouvel hymen c'est ce qui me convie,
Non l'amour, non la peur de me voir asservie.
L'esclavage aux grands cœurs n'est point à redouter ;
Alors qu'on sait mourir, on sait tout éviter :

---

¹ Scène froide encore, parceque le spectateur sait déja quel parti a pris Massinisse, parcequ'elle est dénuée de grandes passions et de grands mouvements de l'ame. (V.)

² Var. De lui faire tomber son triomphe des mains. (1663.)

Mais, comme enfin la vie est bonne à quelque chose [1],
Ma patrie elle-même à ce trépas s'oppose,
Et m'en désavoueroit si j'osois me ravir
Les moyens que l'amour m'offre de la servir.
Le bonheur surprenant de cette préférence
M'en donne une assez juste et flatteuse espérance.
Que ne pourrai-je point, si, dès qu'il m'a pu voir,
Mes yeux d'une autre reine ont détruit le pouvoir!
Tu l'as vu comme moi, qu'aucun retour vers elle
N'a montré qu'avec peine il lui fût infidèle ;
Il ne l'a point nommée, et pas même un soupir
N'en a fait soupçonner le moindre souvenir.

HERMINIE.

Ce sont grandes douceurs que le ciel vous renvoie ;
Mais il manque le comble à cet excès de joie,
Dont vous vous sentiriez encor bien mieux saisir,
Si vous voyiez qu'Éryxe en eût du déplaisir.
Elle est indifférente, ou plutôt insensible :
A vous servir contre elle elle fait son possible :
Quand vous prenez plaisir à troubler son discours,
Elle en prend à laisser au vôtre un libre cours ;
Et ce héros enfin que votre soin obsède
Semble ne vous offrir que ce qu'elle vous cède.
Je voudrois qu'elle vît un peu plus son malheur,
Qu'elle en fît hautement éclater la douleur ;
Que l'espoir inquiet de se voir son épouse
Jetât un plein désordre en son ame jalouse ;
Que son amour pour lui fût sans bonté pour vous.

SOPHONISBE.

Que tu te connois mal en sentiments jaloux !

---

[1] *La vie est bonne à quelque chose,* quels discours et quels raisonnements! (V.)

Alors qu'on l'est si peu qu'on ne pense pas l'être,
On n'y réfléchit point, on laisse tout paroître;
Mais, quand on l'est assez pour s'en apercevoir,
On met tout son possible à n'en laisser rien voir.
 Éryxe qui connoît et qui hait sa foiblesse
La renferme au-dedans, et s'en rend la maîtresse;
Mais cette indifférence où tant d'orgueil se joint
Ne part que d'un dépit jaloux au dernier point;
Et sa fausse bonté se trahit elle-même
Par l'effort qu'elle fait à se montrer extrême :
Elle est étudiée, et ne l'est pas assez
Pour échapper entière aux yeux intéressés.
Allons sans perdre temps l'empêcher de nous nuire,
Et prévenir l'effet qu'elle pourroit produire[1].

[1] Scène plus froide encore, parceque Sophonisbe ne fait que raisonner avec sa confidente sur ce qui vient de se passer. Partout où il n'y a ni crainte, ni espérance, ni combats du cœur, ni infortunes attendrissantes, il n'y a point de tragédie. Encore si la froideur était un peu ranimée par l'éloquence de la poésie! Mais une prose incorrecte et rimée ne fait qu'augmenter les vices de la construction de la pièce. (V.)
 Voltaire nous paraît établir ici un principe beaucoup trop général. Les combats du cœur, les infortunes intéressantes, sont, il est vrai, ce qui émeut, ce qui attendrit le plus dans une tragédie, et sur-tout ce qui a le plus d'attrait pour les femmes, dont il est si important d'obtenir les suffrages : mais il est, j'ose le dire, des tragédies d'une difficulté peut-être supérieure, et dont les beautés ne feraient pas moins d'impression sur des hommes dignes de les juger. Il n'y a, par exemple, ni combats du cœur, ni infortunes intéressantes dans *Rome sauvée*, que nous n'en regardons pas moins comme une belle tragédie, et dans laquelle Voltaire a peut-être prouvé plus de génie que dans *Zaïre*. Ce qu'on admire le plus dans cette pièce, c'est la fidélité du pinceau de l'auteur, et l'exactitude avec laquelle il a représenté les ca-

ractères de ses personnages, tels que l'histoire nous les fait connaître. Sous ce rapport, sans nous dissimuler les fautes de *Sophonisbe*, et le faible intérêt qu'elle inspire, nous avouons que souvent nous croyons y trouver tout Corneille : les caractères y sont parfaitement vrais, parfaitement soutenus, en un mot, ce qu'ils doivent être. Sophonisbe est vraiment la fille d'Asdrubal; elle est Carthaginoise, comme Émilie est Romaine : c'est ce qu'un commentateur de Corneille aurait dû faire observer, au lieu de s'appesantir sur des minuties de grammaire qui ne peuvent plus être aujourd'hui de la moindre importance. Il y a de très beaux endroits, même dans le personnage d'Éryxe : sa réponse à Lælius, dans la septième scène du cinquième acte, est sublime, et prouve combien le génie de Corneille est digne d'être étudié jusque dans ses derniers ouvrages. (P.) — (Voyez ci-après, pages 176 et 177, le second alinéa de la note 1.)

FIN DU SECOND ACTE.

ACTE TROISIÈME.

SCÈNE I.

MASSINISSE, MÉZÉTULLE.

MÉZÉTULLE.

Oui, seigneur, j'ai donné vos ordres à la porte [1]
Que jusques à demain aucun n'entre, ne sorte,
A moins que Lælius vous dépêche quelqu'un.
Au reste, votre hymen fait le bonheur commun.
Cette illustre conquête est une autre victoire,
Que prennent les vainqueurs pour un surcroît de gloire,
Et qui fait aux vaincus bannir tout leur effroi,
Voyant régner leur reine avec leur nouveau roi.
Cette union à tous promet des biens solides,
Et réunit sous vous tous les cœurs des Numides.

MASSINISSE.

Mais Éryxe?

MÉZÉTULLE.

J'ai mis des gens à l'observer,
Et suis allé moi-même après eux la trouver,
De peur qu'un contre-temps de jalouse colère
Allât jusqu'aux autels en troubler le mystère.
D'abord qu'elle a tout su, son visage étonné

---

[1] Mêmes défauts par-tout. Quel fruit tirerait-on des remarques que nous pourrions faire? Il n'y a que le bon qui mérite d'être discuté. (V.)

Aux troubles du dedans sans doute a trop donné ;
Du moins à ce grand coup elle a paru surprise :
Mais un moment après, entièrement remise,
Elle a voulu sourire, et m'a dit froidement :
« Le roi n'use pas mal de mon consentement ;
« Allez, et dites-lui que pour reconnoissance.... »
Mais, seigneur, devers vous elle-même s'avance,
Et vous expliquera mieux que je n'aurois fait
Ce qu'elle ne m'a pas expliqué tout-à-fait.

MASSINISSE.

Cependant cours au temple, et presse un peu la reine
D'y terminer des vœux dont la longueur me gêne ;
Et dis-lui que c'est trop importuner les dieux,
En un temps où sa vue est si chère à mes yeux [1].

SCÈNE II.

MASSINISSE, ÉRYXE, BARCÉE.

ÉRYXE.

Comme avec vous, seigneur, je ne sus jamais feindre,
Souffrez pour un moment que j'ose ici m'en plaindre ;
Non d'un amour éteint, ni d'un espoir déçu,
L'un fut mal allumé, l'autre fut mal conçu ;
Mais d'avoir cru mon ame et si foible et si basse,
Qu'elle pût m'imputer votre hymen à disgrace,

---

[1] Scène froide, parcequ'elle ne change rien à la situation de la scène précédente, parcequ'un subalterne rapporte en subalterne un discours inutile de l'inutile Éryxe, et qu'il est fort indifférent que cette Éryxe ait prononcé ou non ce vers comique :
    Le roi n'use pas mal de mon consentement. (V.)

Et d'avoir envié cette joie à mes yeux
D'en être les témoins aussi bien que les dieux.
Ce plein aveu promis avec tant de franchise
Me préparoit assez à voir tout sans surprise ;
Et, sûr que vous étiez de mon consentement,
Vous me deviez ma part en cet heureux moment.
J'aurois un peu plus tôt été désabusée ;
Et, près du précipice où j'étois exposée,
Il m'eût été, seigneur, et m'est encor bien doux
D'avoir pu vous connoître avant que d'être à vous.
Aussi n'attendez point de reproche ou d'injure.
Je ne vous nommerai ni lâche, ni parjure.
Quel outrage m'a fait votre manque de foi,
De me voler un cœur qui n'étoit pas à moi ?
J'en connois le haut prix, j'en vois tout le mérite,
Mais jamais un tel vol n'aura rien qui m'irrite ;
Et vous vivrez sans trouble en vos contentements,
S'ils n'ont à redouter que mes ressentiments.

MASSINISSE.

J'avois assez prévu qu'il vous seroit facile
De garder dans ma perte un esprit si tranquille :
Le peu d'ardeur pour moi que vos desirs ont eu
Doit s'accorder sans peine avec cette vertu.
Vous avez feint d'aimer, et permis l'espérance ;
Mais cet amour traînant n'avoit que l'apparence ;
Et, quand par votre hymen vous pouviez m'acquérir,
Vous m'avez renvoyé pour vaincre, ou pour périr.
J'ai vaincu par votre ordre, et vois avec surprise
Que je n'en ai pour fruit qu'une froide remise,
Et quelque espoir douteux d'obtenir votre choix
Quand nous serons chez vous l'un et l'autre en vrais rois.
Dites-moi donc, madame, aimiez-vous ma personne,

Ou le pompeux éclat d'une double couronne?
Et, lorsque vous prêtiez des forces à mon bras,
Étoit-ce pour unir nos mains, ou nos états?
Je vous l'ai déja dit, que toute ma vaillance
Tient d'un si grand secours sa gloire et sa puissance.
Je saurai m'acquitter de ce qui vous est dû,
Et je vous rendrai plus que vous n'avez perdu :
Mais comme en mon malheur ce favorable office
En vouloit à mon sceptre, et non à Massinisse,
Vous pouvez sans chagrin, dans mes destins meilleurs,
Voir mon sceptre en vos mains, et Massinisse ailleurs.
Prenez ce sceptre aimé, pour l'attacher au vôtre;
Ma main tant refusée est bonne pour une autre;
Et son ambition a de quoi s'arrêter
En celui de Syphax qu'elle vient d'emporter.
  Si vous m'aviez aimé, vous n'auriez pas eu honte
D'en montrer une estime et plus haute et plus prompte,
Ni craint de ravaler l'honneur de votre rang
Pour trop considérer le mérite et le sang.
La naissance suffit quand la personne est chère.
Un prince détrôné garde son caractère :
Mais, à vos yeux charmés par de plus forts appas,
Ce n'est point être roi que de ne régner pas.
Vous en vouliez en moi l'effet comme le titre;
Et, quand de votre amour la fortune est l'arbitre,
Le mien, au-dessus d'elle et de tous ses revers,
Reconnoît son objet dans les pleurs, dans les fers.
Après m'être fait roi pour plaire à votre envie,
Aux dépens de mon sang, aux périls de ma vie [1],

---

[1] *Aux périls de.* Cette locution, que nous avons empruntée aux Latins, ne s'emploie plus aujourd'hui qu'au singulier, et en cela elle s'est rapprochée de son origine. (Pan.)

Mon sceptre reconquis me met en liberté
De vous laisser un bien que j'ai trop acheté;
Et ce seroit trahir les droits du diadème,
Que sur le haut d'un trône être esclave moi-même.
Un roi doit pouvoir tout; et je ne suis pas roi,
S'il ne m'est pas permis de disposer de moi.

ÉRYXE.

Il est beau de trancher du roi comme vous faites;
Mais n'a-t-on aucun lieu de douter si vous l'êtes?
Et n'est-ce point, seigneur, vous y prendre un peu mal,
Que d'en faire l'épreuve en gendre d'Asdrubal?
Je sais que les Romains vous rendront la couronne,
Vous en avez parole, et leur parole est bonne;
Ils vous nommeront roi : mais vous devez savoir
Qu'ils sont plus libéraux du nom que du pouvoir;
Et que, sous leur appui, ce plein droit de tout faire
N'est que pour qui ne veut que ce qui doit leur plaire.
Vous verrez qu'ils auront pour vous trop d'amitié
Pour vous laisser méprendre au choix d'une moitié.
Ils ont pris trop de part en votre destinée
Pour ne pas l'affranchir d'un pareil hyménée;
Et ne se croiroient pas assez de vos amis,
S'ils n'en désavouoient les dieux qui l'ont permis.

MASSINISSE.

Je m'en dédis, madame; et s'il vous est facile
De garder dans ma perte un cœur vraiment tranquille,
Du moins votre grande ame, avec tous ses efforts,
N'en conserve pas bien les fastueux dehors.
Lorsque vous étouffez l'injure et la menace,
Vos illustres froideurs laissent rompre leur glace;
Et cette fermeté de sentiments contraints
S'échappe adroitement du côté des Romains.

ACTE III, SCÈNE II.

Si tant de retenue a pour vous quelque gêne,
Allez jusqu'en leur camp solliciter leur haine ;
Traitez-y mon hymen de lâche et noir forfait ;
N'épargnez point les pleurs pour en rompre l'effet ;
Nommez-y-moi cent fois ingrat, parjure, traître :
J'ai mes raisons pour eux, et je les dois connoître.

ÉRYXE.

Je les connois, seigneur, sans doute moins que vous,
Et les connois assez pour craindre leur courroux.
 Ce grand titre de roi, que seul je considère,
Étend sur moi l'affront qu'en vous ils vont lui faire ;
Et rien ici n'échappe à ma tranquillité
Que par les intérêts de notre dignité.
Dans votre peu de foi c'est tout ce qui me blesse.
Vous allez hautement montrer notre foiblesse,
Dévoiler notre honte, et faire voir à tous
Quels fantômes d'état on fait régner en nous.
Oui, vous allez forcer nos peuples de connoître
Qu'ils n'ont que le sénat pour véritable maître ;
Et que ceux qu'avec pompe ils ont vu couronner
En reçoivent les lois qu'ils semblent leur donner.
C'est là mon déplaisir. Si je n'étois pas reine,
Ce que je perds en vous me feroit peu de peine :
Mais je ne puis souffrir qu'un si dangereux choix
Détruise en un moment ce peu qui reste aux rois,
Et qu'en un si grand cœur l'impuissance de l'être
Ait ménagé si mal l'honneur de le paroître.
 Mais voici cet objet si charmant à vos yeux,
Dont le cher entretien vous divertira mieux [1].

---

[1] Scène froide encore, par la même raison qu'elle n'apporte aucun changement, qu'elle ne forme aucun nœud, que les per-

SCÈNE III.

MASSINISSE, SOPHONISBE, ÉRYXE, MÉZÉTULLE, HERMINIE, BARCÉE.

ÉRYXE.

Une seconde fois tout a changé de face,
Madame, et c'est à moi de vous quitter la place.
Vous n'aviez pas dessein de me le dérober?

SOPHONISBE.

L'occasion qui plaît souvent fait succomber.
Vous puis-je en cet état rendre quelque service?

ÉRYXE.

L'occasion qui plaît semble toujours propice;
Mais ce qui vous et moi nous doit mettre en souci,
C'est que ni vous ni moi ne commandons ici.

SOPHONISBE.

Si vous y commandiez, je pourrois être à plaindre.

ÉRYXE.

Peut-être en auriez-vous quelque peu moins à craindre.
Ceux dont avant deux jours nous y prendrons des lois,
Regardent d'un autre œil la majesté des rois.
Étant ce que je suis, je redoute un exemple;

---

sonnages répètent une partie de ce qu'ils ont déja dit, qu'on ne s'intéresse point à Éryxe, qu'elle ne fait rien du tout dans la pièce. Ce sont les Romains, et non pas Éryxe, que Massinisse doit craindre; qu'elle se plaigne ou qu'elle ne se plaigne pas, les Romains voudront toujours mener Sophonisbe en triomphe. Mais le pis de tout cela, c'est qu'on ne saurait plus mal écrire. La première loi, quand on fait des vers, c'est de les faire bons. (V.)

Et reine, c'est mon sort en vous que je contemple.
SOPHONISBE.
Vous avez du crédit, le roi n'en manque point ;
Et si chez les Romains l'un à l'autre se joint....
ÉRYXE.
Votre félicité sera long-temps parfaite,
S'ils la laissent durer autant que je souhaite.
Seigneur, en cet adieu recevez-en ma foi,
Ou me donnez quelqu'un qui réponde de moi.
La gloire de mon rang, qu'en vous deux je respecte,
Ne sauroit consentir que je vous sois suspecte.
Faites-moi donc justice, et ne m'imputez rien,
Si le ciel à mes vœux ne s'accorde pas bien [1].

SCÈNE IV.

MASSINISSE, SOPHONISBE, MÉZÉTULLE, HERMINIE.

MASSINISSE.
Comme elle voit ma perte aisément réparable,
Sa jalousie est foible, et son dépit traitable.
Aucun ressentiment n'éclate en ses discours.
SOPHONISBE.
Non ; mais le fond du cœur n'éclate pas toujours.
Qui n'est point irritée, ayant trop de quoi l'être,
L'est souvent d'autant plus qu'on le voit moins paroître,
Et, cachant son dessein pour le mieux assurer,
Cherche à prendre ce temps qu'on perd à murmurer.

---

[1] Nouvelles bravades inutiles, qui rendent cette scène aussi froide que les autres. (V.)

Ce grand calme prépare un dangereux orage.
Prévenez les effets de sa secrète rage;
Prévenez de Syphax l'emportement jaloux,
Avant qu'il ait aigri vos Romains contre vous;
Et portez dans leur camp la première nouvelle
De ce que vient de faire un amour si fidèle.
Vous n'y hasardez rien, s'ils respectent en vous,
Comme nous l'espérons, le nom de mon époux;
Mais je m'attirerois la dernière infamie,
S'ils brisoient malgré vous le saint nœud qui nous lie,
Et qu'ils pussent noircir de quelque indignité
Mon trop de confiance en votre autorité.
Si dès qu'ils paroîtront vous n'êtes plus le maître,
C'est d'eux qu'il faut savoir ce que je vous puis être;
Et puisque Lælius doit entrer dès demain....

MASSINISSE.

Ah! je n'ai pas reçu le cœur avec la main,
Si votre amour....

SOPHONISBE.

    Seigneur, je parle avec franchise.
Vous m'avez épousée, et je vous suis acquise :
Voyons si vous pourrez me garder plus d'un jour.
Je me rends au pouvoir, et non pas à l'amour;
Et, de quelque façon qu'à présent je vous nomme,
Je ne suis point à vous, s'il faut aller à Rome.

MASSINISSE.

A qui donc? à Syphax, madame?

SOPHONISBE.

      D'aujourd'hui,
Puisqu'il porte des fers, je ne suis plus à lui.
En dépit des Romains on voit que je vous aime;
Mais jusqu'à leur aveu je suis toute à moi-même;

Et, pour obtenir plus que mon cœur et ma foi,
Il faut m'obtenir d'eux aussi bien que de moi.
Le nom d'époux suffit pour me tenir parole,
Pour me faire éviter l'aspect du Capitole :
N'exigez rien de plus; perdez quelques moments
Pour mettre en sûreté l'effet de vos serments :
Afin que vos lauriers me sauvent du tonnerre,
Allez aux dieux du ciel joindre ceux de la terre.
Mais que nous veut Syphax, que ce Romain conduit[1]?

SCÈNE V.

SYPHAX, MASSINISSE, SOPHONISBE, LÉPIDE, HERMINIE, MÉZÉTULLE; GARDES.

LÉPIDE.

Touché de cet excès du malheur qui le suit,
Madame, par pitié Lælius vous l'envoie,
Et donne à ses douleurs ce mélange de joie
Avant qu'on le conduise au camp de Scipion.

MASSINISSE.

J'aurai pour ses malheurs même compassion.
Adieu : cet entretien ne veut point ma présence;
J'en attendrai l'issue avec impatience;
Et j'ose en espérer quelques plus douces lois,
Quand vous aurez mieux vu le destin des deux rois.

---

[1] Scène encore froide. Sophonisbe semble y craindre en vain la vengeance d'Éryxe, qui n'est point en état de se venger, qui ne joue d'autre personnage que celui d'être délaissée, qui ne parle pas même aux Romains, qui, comme on l'a déjà remarqué, ne produit rien du tout dans la pièce. (V.)

SOPHONISBE.
Je sais ce que je suis et ce que je dois faire,
Et prends pour seul objet ma gloire à satisfaire.

SCÈNE VI.

SYPHAX, SOPHONISBE, LÉPIDE, HERMINIE; GARDES.

SYPHAX.
Madame, à cet excès de générosité,
Je n'ai presque plus d'yeux pour ma captivité;
Et, malgré de mon sort la disgrace éclatante,
Je suis encore heureux quand je vous vois constante.
 Un rival triomphant veut place en votre cœur,
Et vous osez pour moi dédaigner ce vainqueur!
Vous préférez mes fers à toute sa victoire,
Et savez hautement soutenir votre gloire!
Je ne vous dirai point aussi que vos conseils
M'ont fait choir de ce rang si cher à nos pareils,
Ni que pour les Romains votre haine implacable
A rendu ma déroute à jamais déplorable.
Puisqu'en vain Massinisse attaque votre foi,
Je règne dans votre ame, et c'est assez pour moi.

SOPHONISBE.
Qui vous dit qu'à ses yeux vous y régniez encore?
Que pour vous je dédaigne un vainqueur qui m'adore?
Et quelle indigne loi m'y pourroit obliger,
Lorsque vous m'apportez des fers à partager?

SYPHAX.
Ce soin de votre gloire, et de lui satisfaire....

SOPHONISBE.

Quand vous l'entendrez bien, vous dira le contraire.
Ma gloire est d'éviter les fers que vous portez,
D'éviter le triomphe où vous vous soumettez.
Ma naissance ne voit que cette honte à craindre.
Enfin détrompez-vous, il siéroit mal de feindre :
Je suis à Massinisse, et le peuple en ces lieux
Vient de voir notre hymen à la face des dieux ;
Nous sortons de leur temple.

SYPHAX.

Ah ! que m'osez-vous dire ?

SOPHONISBE.

Que Rome sur mes jours n'aura jamais d'empire.
J'ai su m'en affranchir par une autre union ;
Et vous suivrez sans moi le char de Scipion.

SYPHAX.

Le croirai-je, grands dieux ! et le voudra-t-on croire,
Alors que l'avenir en apprendra l'histoire ?
Sophonisbe servie avec tant de respect,
Elle que j'adorai dès le premier aspect,
Qui s'est vue à toute heure et par-tout obéie,
Insulte lâchement à ma gloire trahie,
Met le comble à mes maux par sa déloyauté,
Et d'un crime si noir fait encor vanité !

SOPHONISBE.

Le crime n'est pas grand d'avoir l'ame assez haute
Pour conserver un rang que le destin vous ôte :
Ce n'est point un honneur qui rebute en deux jours ;
Et qui règne un moment aime à régner toujours :
Mais si l'essai du trône en fait durer l'envie
Dans l'ame la plus haute à l'égal de la vie,
Un roi né pour la gloire, et digne de son sort,

A la honte des fers sait préférer la mort ;
Et vous m'aviez promis en partant....
SYPHAX.
Ah ! madame,
Qu'une telle promesse étoit douce à votre ame !
Ma mort faisoit dès-lors vos plus ardents souhaits.
SOPHONISBE.
Non ; mais je vous tiens mieux ce que je vous promets ;
Je vis encore en reine, et je mourrai de même.
SYPHAX.
Dites que votre foi tient toute au diadème,
Que les plus saintes lois ne peuvent rien sur vous.
SOPHONISBE.
Ne m'attachez point tant au destin d'un époux,
Seigneur ; les lois de Rome et celles de Carthage
Vous diront que l'hymen se rompt par l'esclavage,
Que vos chaînes du nôtre ont brisé le lien,
Et qu'étant dans les fers vous ne m'êtes plus rien.
Ainsi par les lois même en mon pouvoir remise,
Je me donne au monarque à qui je fus promise,
Et m'acquitte envers lui d'une première foi
Qu'il reçut avant vous de mon père et de moi.
Ainsi mon changement n'a point de perfidie ;
J'étois et suis encore au roi de Numidie,
Et laisse à votre sort son flux et son reflux,
Pour régner malgré lui quand vous ne régnez plus.
SYPHAX.
Ah ! s'il est quelques lois qui souffrent qu'on étale
Cet illustre mépris de la foi conjugale,
Cette hauteur, madame, a d'étranges effets
Après m'avoir forcé de refuser la paix.
Me le promettiez-vous, alors qu'à ma défaite

ACTE III, SCÈNE VI.

Vous montriez dans Cyrthe une sûre retraite,
Et qu'outre le secours de votre général
Vous me vantiez celui d'Hannon et d'Annibal?
Pour vous avoir trop crue, hélas! et trop aimée,
Je me vois sans états, je me vois sans armée;
Et, par l'indignité d'un soudain changement,
La cause de ma chute en fait l'accablement.

SOPHONISBE.

Puisque je vous montrois dans Cyrthe une retraite,
Vous deviez vous y rendre après votre défaite :
S'il eût fallu périr sous un fameux débris,
Je l'eusse appris de vous, ou je vous l'eusse appris,
Moi qui, sans m'ébranler du sort de deux batailles,
Venois de m'enfermer exprès dans ces murailles,
Prête à souffrir un siége, et soutenir pour vous
Quoi que du ciel injuste eût osé le courroux.
   Pour mettre en sûreté quelques restes de vie,
Vous avez du triomphe accepté l'infamie;
Et ce peuple déçu qui vous tendoit les mains
N'a revu dans son roi qu'un captif des Romains.
Vos fers, en leur faveur plus forts que leurs cohortes,
Ont abattu les cœurs, ont fait ouvrir les portes,
Et réduit votre femme à la nécessité
De chercher tous moyens d'en fuir l'indignité,
Quand vos sujets ont cru que sans devenir traîtres
Ils pouvoient après vous se livrer à vos maîtres.
Votre exemple est ma loi, vous vivez et je vi [1] ;
Et si vous fussiez mort je vous aurois suivi :
Mais si je vis encor, ce n'est pas pour vous suivre;

---

[1] Il est bon que, dans la poésie, on puisse supprimer ou ajouter des lettres selon le besoin, sans nuire à l'harmonie : *Je fai, je vi, je croi, je doi,* pour *je fais, je vis, je crois, je dois,* etc. (V.)

Je vis pour vous punir de trop aimer à vivre;
Je vis peut-être encor pour quelque autre raison
Qui se justifiera dans une autre saison.
Un Romain nous écoute; et, quoi qu'on veuille en croire,
Quand il en sera temps je mourrai pour ma gloire.
 Cependant, bien qu'un autre ait le titre d'époux,
Sauvez-moi des Romains, je suis encore à vous;
Et je croirai régner malgré votre esclavage,
Si vous pouvez m'ouvrir les chemins de Carthage.
Obtenez de vos dieux ce miracle pour moi,
Et je romps avec lui pour vous rendre ma foi.
Je l'aimai; mais ce feu dont je fus la maîtresse
Ne met point dans mon cœur de honteuse tendresse;
Toute ma passion est pour la liberté,
Et toute mon horreur pour la captivité.
 Seigneur, après cela je n'ai rien à vous dire :
Par ce nouvel hymen vous voyez où j'aspire;
Vous savez les moyens d'en rompre le lien :
Réglez-vous là-dessus, sans vous plaindre de rien [1].

---

[1] Cette scène n'est pas de la froideur des autres, par cette seule raison que la situation est embarrassante : mais cette situation n'est ni noble, ni tragique; elle est révoltante, elle tient du comique. Un vieux mari qui vient revoir sa femme, et qui la trouve mariée à un autre, ferait aujourd'hui un effet très ridicule. On n'aime de telles aventures que dans les contes de La Fontaine et dans des farces. Les mots de *roi*, de *couronne*, de *diadème*, loin de mettre de la dignité dans une aventure si peu tragique, ne servent qu'à faire mieux sentir le contraste de la tragédie et de la comédie. Syphax est si prodigieusement avili, qu'il est impossible qu'on prenne à lui le moindre intérêt. Pour peu qu'on pèse toutes ces raisons, on verra qu'à la longue une nation éclairée est toujours juste, et que c'est en se formant le goût que le public a rejeté *Sophonisbe*. (V.)
 Un des grands défauts de notre nation, c'est de ramener tout

SCÈNE VII.

SYPHAX, LÉPIDE; GARDES.

SYPHAX.

A-t-on vu sous le ciel plus infâme injustice?
Ma déroute la jette au lit de Massinisse;
Et, pour justifier ses lâches trahisons,
Les maux qu'elle a causés lui servent de raisons!

LÉPIDE.

Si c'est avec chagrin que vous souffrez sa perte,
Seigneur, quelque espérance encor vous est offerte.

à elle, jusqu'à nommer *étrangers* dans leur propre pays ceux qui n'ont pas bien ou son air, ou ses manières : de là vient qu'on nous reproche justement de ne savoir estimer les choses que par le rapport qu'elles ont avec nous, dont Corneille a fait une injuste et fâcheuse expérience dans sa *Sophonisbe*. Mairet, qui avait dépeint la sienne infidèle au vieux Syphax, et amoureuse du jeune et victorieux Massinisse, plut presque généralement à tout le monde, pour avoir rencontré le goût des dames et le vrai esprit des gens de la cour. Mais Corneille, qui fait mieux parler les Grecs que les Grecs, les Romains que les Romains, les Carthaginois que les citoyens de Carthage ne parlaient eux-mêmes; Corneille, qui presque seul a le bon goût de l'antiquité, a eu le malheur de ne plaire pas à notre siècle pour être entré dans le génie de ces nations, et avoir conservé à la fille d'Asdrubal son véritable caractère. Ainsi, à la honte de nos jugements, celui qui a surpassé tous nos auteurs, et qui s'est peut-être ici surpassé lui-même à rendre à ces grands noms tout ce qui leur était dû, n'a pu nous obliger à lui rendre tout ce que nous lui devions, asservis par la coutume aux choses que nous voyons en usage, et peu disposés par la raison à estimer des qualités et des sentiments qui ne s'accommodent pas aux nôtres. (SAINT-ÉVREMOND, t. II, p. 449.)

Si je l'ai bien compris, cet hymen imparfait
N'est encor qu'en parole, et n'a point eu d'effet ;
Et comme nos Romains le verront avec peine,
Ils pourront mal répondre aux souhaits de la reine.
Je vais m'assurer d'elle, et vous dirai de plus
Que j'en viens d'envoyer avis à Lælius ;
J'en attends nouvel ordre, et dans peu je l'espère.

SYPHAX.

Quoi ! prendre tant de soin d'adoucir ma misère !
Lépide, il n'appartient qu'à de vrais généreux
D'avoir cette pitié des princes malheureux ;
Autres que les Romains n'en chercheroient la gloire.

LÉPIDE.

Lælius fera voir ce qu'il vous en faut croire.

Vous autres, attendant quel est son sentiment,
Allez garder le roi dans cet appartement.

FIN DU TROISIÈME ACTE.

ACTE QUATRIÈME.

SCÈNE I.
SYPHAX, LÉPIDE.

LÉPIDE.
Lælius est dans Cyrthe, et s'en est rendu maître :
Bientôt dans ce palais vous le verrez paroître;
Et, si vous espérez que parmi vos malheurs
Sa présence ait de quoi soulager vos douleurs,
Vous n'avez avec moi qu'à l'attendre au passage.
SYPHAX.
Lépide, que dit-il touchant ce mariage?
En rompra-t-il les nœuds? en sera-t-il d'accord?
Fera-t-il mon rival arbitre de mon sort?
LÉPIDE.
Je ne vous réponds point que sur cette matière
Il veuille vous ouvrir son ame tout entière;
Mais vous pouvez juger que, puisqu'il vient ici,
Cet hymen comme à vous lui donne du souci.
Sachez-le de lui-même; il entre, et vous regarde.

SCÈNE II.
LÆLIUS, SYPHAX, LÉPIDE.

LÆLIUS.
Détachez-lui ces fers, il suffit qu'on le garde.

Prince, je vous ai vu tantôt comme ennemi,
Et vous vois maintenant comme ancien [1] ami.
Le fameux Scipion, de qui vous fûtes l'hôte,
Ne s'offensera point des fers que je vous ôte,
Et feroit encor plus, s'il nous étoit permis
De vous remettre au rang de nos plus chers amis.

SYPHAX.

Ah! ne rejetez point de ma triste mémoire
Le cuisant souvenir de l'excès de ma gloire;
Et ne reprochez point à mon cœur désolé,
A force de bontés, ce qu'il a violé.
Je fus l'ami de Rome, et de ce grand courage
Qu'opposent nos destins aux destins de Carthage;
Toutes deux, et ce fut le plus beau de mes jours,
Par leurs plus grands héros briguèrent mon secours.
J'eus des yeux assez bons pour remplir votre attente;
Mais que sert un bon choix dans une ame inconstante?
Et que peuvent les droits de l'hospitalité
Sur un cœur si facile à l'infidélité?
J'en suis assez puni par un revers si rude,
Seigneur, sans m'accabler de mon ingratitude;
Il suffit des malheurs qu'on voit fondre sur moi,
Sans me convaincre encor d'avoir manqué de foi,
Et me faire avouer que le sort qui m'opprime,
Pour cruel qu'il me soit, rend justice à mon crime.

LÆLIUS.

Je ne vous parle aussi qu'avec cette pitié
Que nous laisse pour vous un reste d'amitié :

---

[1] Le mot *ancien* comptait alors pour trois syllabes, et c'est mal-à-propos que les éditeurs modernes, croyant apercevoir dans ce vers une faute d'impression, ont intercalé un monosyllabe dans le dernier hémistiche. (PAn.)

ACTE IV, SCÈNE II.

Elle n'est pas éteinte, et toutes vos défaites
Ont rempli nos succès d'amertumes secrètes.
Nous ne saurions voir même aujourd'hui qu'à regret
Ce gouffre de malheurs que vous vous êtes fait.
Le ciel m'en est témoin, et vos propres murailles,
Qui nous voyoient enflés du gain de deux batailles,
Ont vu cette amitié porter tous nos souhaits
A regagner la vôtre, et vous rendre la paix.
Par quel motif de haine obstinée à vous nuire
Nous avez-vous forcés vous-même à vous détruire?
Quel astre, de votre heur et du nôtre jaloux,
Vous a précipité jusqu'à rompre avec nous?

SYPHAX.

Pourrez-vous pardonner, seigneur, à ma vieillesse,
Si je vous fais l'aveu de toute sa foiblesse?
Lorsque je vous aimai, j'étois maître de moi;
Et tant que je le fus je vous gardai ma foi :
Mais dès que Sophonisbe avec son hyménée
S'empara de mon ame et de ma destinée,
Je suivis de ses yeux le pouvoir absolu,
Et n'ai voulu depuis que ce qu'elle a voulu.
Que c'est un imbécile et sévère esclavage
Que celui d'un époux sur le penchant de l'âge,
Quand sous un front ridé qu'on a droit de haïr
Il croit se faire aimer à force d'obéir!
De ce mourant amour les ardeurs ramassées
Jettent un feu plus vif dans nos veines glacées,
Et pensent racheter l'horreur des cheveux gris
Par le présent d'un cœur au dernier point soumis.
Sophonisbe par-là devint ma souveraine,
Régla mes amitiés, disposa de ma haine,
M'anima de sa rage, et versa dans mon sein

De toutes ses fureurs l'implacable dessein.
Sous ces dehors charmants qui paroient son visage,
C'étoit une Alecton que déchaînoit Carthage :
Elle avoit tout mon cœur, Carthage tout le sien ;
Hors de ses intérêts elle n'écoutoit rien ;
Et, malgré cette paix que vous m'avez offerte,
Elle a voulu pour eux me livrer à ma perte.
Vous voyez son ouvrage en ma captivité,
Voyez-en un plus rare en sa déloyauté.
　Vous trouverez, seigneur, cette même furie,
Qui seule m'a perdu pour l'avoir trop chérie,
Vous la trouverez, dis-je, au lit d'un autre roi,
Qu'elle saura séduire et perdre comme moi.
Si vous ne le savez, c'est votre Massinisse,
Qui croit par cet hymen se bien faire justice,
Et que l'infame vol d'une telle moitié
Le venge pleinement de notre inimitié :
Mais, pour peu de pouvoir qu'elle ait sur son courage,
Ce vainqueur avec elle épousera Carthage ;
L'air qu'un si cher objet se plaît à respirer
A des charmes trop forts pour n'y pas attirer :
Dans ce dernier malheur, c'est ce qui me console.
Je lui cède avec joie un poison qu'il me vole [1],
Et ne vois point de don si propre à m'acquitter
De tout ce que ma haine ose lui souhaiter.

LÆLIUS.

Je connois Massinisse, et ne vois rien à craindre
D'un amour que lui-même il prendra soin d'éteindre :

---

[1] Nous trouvons à-peu-près le même vers dans *Adélaïde du Guesclin* :

　　Montrez-moi seulement ce rival qui se cache,

ACTE IV, SCÈNE II.

Il en sait l'importance ; et, quoi qu'il ait osé,
Si l'hymen est trop prompt, le divorce est aisé.
Sophonisbe envers vous l'ayant mis en usage
Le recevra de lui sans changer de visage,
Et ne se promet pas de ce nouvel époux
Plus d'amour ou de foi qu'elle n'en eut pour vous.
Vous, puisque cet hymen satisfait votre haine,
De ce qui le suivra ne soyez point en peine,
Et, sans en augurer pour nous ni bien, ni mal,
Attendez sans souci la perte d'un rival ;
Et laissez-nous celui de voir quel avantage
Pourroit avec le temps en recevoir Carthage.

SYPHAX.

Seigneur, s'il est permis de parler aux vaincus,
Souffrez encore un mot, et je ne parle plus.
    Massinisse de soi pourroit fort peu de chose ;
Il n'a qu'un camp volant, dont le hasard dispose :
Mais joint à vos Romains, joint aux Carthaginois,
Il met dans la balance un redoutable poids ;
Et par ma chute enfin sa fortune enhardie
Va traîner après lui toute la Numidie.
Je le hais fortement, mais non pas à l'égal
Des murs que ma perfide eut pour séjour natal.
Le déplaisir de voir que ma ruine en vienne
Craint qu'ils ne durent trop, s'il faut qu'il les soutienne.
Puisse-t-il, ce rival, périr dès aujourd'hui !
Mais puissé-je les voir trébucher avant lui !
    Prévenez donc, seigneur, l'appui qu'on leur prépare ;

Je lui cède avec joie un poison qu'il m'arrache.
Mais peut-on dire que l'on cède avec joie ce qui nous est arraché ? (P.)

Vengez-moi de Carthage avant qu'il se déclare :
Pressez en ma faveur votre propre courroux,
Et gardez jusque-là Massinisse pour vous.
Je n'ai plus rien à dire, et vous en laisse faire.

LÆLIUS.

Nous saurons profiter d'un avis salutaire [1].
Allez m'attendre au camp; je vous suivrai de près.
Je dois ici l'oreille à d'autres intérêts;
Et ceux de Massinisse....

SYPHAX.
Il osera vous dire....

LÆLIUS.

Ce que vous m'avez dit, seigneur, vous doit suffire.
Encore un coup, allez, sans vous inquiéter;
Ce n'est pas devant vous que je dois l'écouter [2].

---

[1] VAR. Nous savons profiter d'un avis salutaire. (1663.)

[2] Si le vieux Syphax a été humilié avec sa femme, il l'est bien plus avec Lælius, en demandant pardon d'avoir combattu les Romains, et s'excusant sur son *imbécile et sévère esclavage*, sur ses *cheveux gris*, sur *les ardeurs ramassées dans ses veines glacées*.

On demande pourquoi il n'est pas permis d'introduire dans la tragédie des personnages bas et méprisables. La tragédie, dit-on, doit peindre les mœurs des grands, et parmi les grands il se trouve beaucoup d'hommes méprisables et ridicules : cela est vrai; mais ce qu'on méprise ne peut jamais intéresser. Il faut qu'une tragédie intéresse; et ce qui est fait pour le pinceau de Teniers ne l'est pas pour celui de Raphaël. (V.)

Il faut qu'une tragédie intéresse, sans doute; mais il ne faut pas que tous les personnages en soient intéressants. L'horreur que nous fait éprouver Narcisse redouble l'intérêt que nous prenons à Burrhus. (P.)

SCÈNE III.

MASSINISSE, LÆLIUS, MÉZÉTULLE.

MASSINISSE.
L'avez-vous commandé, seigneur, qu'en ma présence
Vos tribuns vers la reine usent de violence?
LÆLIUS.
Leur ordre est d'emmener au camp les prisonniers;
Et comme elle et Syphax s'en trouvent les premiers,
Ils ont suivi cet ordre en commençant par elle.
Mais par quel intérêt prenez-vous sa querelle?
MASSINISSE.
Syphax vous l'aura dit, puisqu'il sort d'avec vous.
Seigneur, elle a reçu son véritable époux;
Et j'ai repris sa foi par force violée
Sur un usurpateur qui me l'avoit volée.
Son père et son amour m'en avoient fait le don.
LÆLIUS.
Ce don pour tout effet n'eut qu'un lâche abandon.
Dès que Syphax parut, cet amour sans puissance....
MASSINISSE.
J'étois lors en Espagne, et durant mon absence
Carthage la força d'accepter ce parti :
Mais à présent Carthage en a le démenti.
En reprenant mon bien j'ai détruit son ouvrage,
Et vous fais dès ici triompher de Carthage.
LÆLIUS.
Commencer avant nous un triomphe si haut,
Seigneur, c'est la braver un peu plus qu'il ne faut,
Et mettre entre elle et Rome une étrange balance,

Que de confondre ainsi l'une et l'autre alliance,
Notre ami tout ensemble et gendre d'Asdrubal.
Croyez-moi, ces deux noms s'accordent assez mal;
Et, quelque grand dessein que puisse être le vôtre,
Vous ne pourrez long-temps conserver l'un et l'autre.
 Ne vous figurez point qu'une telle moitié
Soit jamais compatible avec notre amitié,
Ni que nous attendions que le même artifice
Qui nous ôta Syphax nous vole Massinisse.
Nous aimons nos amis, et même en dépit d'eux
Nous savons les tirer de ces pas dangereux.
Ne nous forcez à rien qui vous puisse déplaire.

MASSINISSE.
Ne m'ordonnez donc rien que je ne puisse faire;
Et montrez cette ardeur de servir vos amis,
A tenir hautement ce qu'on leur a promis.
Du consul et de vous j'ai la parole expresse;
Et ce grand jour a fait que tout obstacle cesse.
Tout ce qui m'appartient me doit être rendu.

LÆLIUS.
Et par où cet espoir vous est-il défendu?

MASSINISSE.
Quel ridicule espoir en garderoit mon ame,
Si votre dureté me refuse ma femme?
Est-il rien plus à moi, rien moins à balancer?
Et du reste par-là que me faut-il penser?
Puis-je faire aucun fonds sur la foi qu'on me donne,
Et, traité comme esclave, attendre ma couronne?

LÆLIUS.
Nous en avons ici les ordres du sénat,
Et même de Syphax il y joint tout l'état :
Mais nous n'en avons point touchant cette captive;

ACTE IV, SCÈNE III.

Syphax est son époux, il faut qu'elle le suive.
MASSINISSE.
Syphax est son époux! et que suis-je, seigneur?
LÆLIUS.
Consultez la raison plutôt que votre cœur;
Et voyant mon devoir, souffrez que je le fasse.
MASSINISSE.
Chargez, chargez-moi donc de vos fers en sa place;
Au lieu d'un conquérant par vos mains couronné,
Traînez à votre Rome un vainqueur enchaîné.
Je suis à Sophonisbe, et mon amour fidèle
Dédaigne et diadème et liberté sans elle;
Je ne veux ni régner, ni vivre qu'en ses bras :
Non, je ne veux....
LÆLIUS.
Seigneur, ne vous emportez pas.
MASSINISSE.
Résolus à ma perte, hélas! que vous importe
Si ma juste douleur se retient ou s'emporte?
Mes pleurs et mes soupirs vous fléchiront-ils mieux?
Et faut-il à genoux vous parler comme aux dieux?
Que j'ai mal employé mon sang et mes services,
Quand je les ai prêtés à vos astres propices,
Si j'ai pu tant de fois hâter votre destin,
Sans pouvoir mériter cette part au butin!
LÆLIUS.
Si vous avez, seigneur, hâté notre fortune,
Je veux bien que la proie entre nous soit commune;
Mais pour la partager, est-ce à vous de choisir?
Est-ce avant notre aveu qu'il vous en faut saisir?
MASSINISSE.
Ah! si vous aviez fait la moindre expérience

De ce qu'un digne amour donne d'impatience,
Vous sauriez... Mais pourquoi n'en auriez-vous pas fait?
Pour aimer à notre âge, en est-on moins parfait?
Les héros des Romains ne sont-ils jamais hommes?
Leur Mars a tant de fois été ce que nous sommes!
Et le maître des dieux, des rois, et des amants,
En ma place auroit eu mêmes empressements.
J'aimois, on l'agréoit, j'étois ici le maître;
Vous m'aimiez, ou du moins vous le faisiez paroître:
L'amour en cet état daigne-t-il hésiter,
Faute d'un mot d'aveu dont il n'ose douter?
Voir son bien en sa main et ne le point reprendre,
Seigneur, c'est un respect bien difficile à rendre:
Un roi se souvient-il en des moments si doux
Qu'il a dans votre camp des maîtres parmi vous?
Je l'ai dû toutefois, et je m'en tiens coupable.
Ce crime est-il si grand qu'il soit irréparable?
Et sans considérer mes services passés,
Sans excuser l'amour par qui nos cœurs forcés....

LÆLIUS.

Vous parlez tant d'amour, qu'il faut que je confesse
Que j'ai honte pour vous de voir tant de foiblesse [1].
N'alléguez point les dieux; si l'on voit quelquefois

[1] Il y a bien de la force et de la dignité dans les vers suivants : c'est ce morceau singulier, ce sont quelques autres tirades contre la passion de l'amour, qui ont fait dire assez mal-à-propos que Corneille avait dédaigné de représenter ses héros amoureux. Le discours de Lælius est noble, et a quelque chose de sublime; mais vous sentez que plus il est grand, plus il rend Massinisse petit. Massinisse est le premier personnage de la pièce, puisque c'est lui qui est passionné et infortuné : dès que ce premier personnage devient un subalterne traité avec mépris par son supérieur, il ne peut plus être souffert. Il est impos-

ACTE IV, SCÈNE III.

Leur flamme s'emporter en faveur de leur choix,
Ce n'est qu'à leurs pareils à suivre leurs exemples ;
Et vous ferez comme eux quand vous aurez des temples :
Comme ils sont dans le ciel au-dessus du danger,
Ils n'ont là rien à craindre et rien à ménager.
   Du reste, je sais bien que souvent il arrive

sible, comme on l'a déja dit, de s'intéresser à ce qu'on méprise.
Quand le vieux don Diègue dit à Rodrigue, son fils,

> L'amour n'est qu'un plaisir, l'honneur est un devoir,

il n'avilit point Rodrigue, il le rend même plus intéressant, en
mettant aux prises sa passion avec l'amour filial ; mais si un envoyé de Pompée venait reprocher à Mithridate sa faiblesse pour
Monime, s'il insultait avec une dérision amère au ridicule d'un
vieillard amoureux, jaloux de ses deux enfants, Mithridate ne
serait plus supportable.

Il paraît que Lælius se moque continuellement de Massinisse,
et que ce prince n'exprime ni assez ce qu'il doit dire, ni assez
bien ce qu'il dit :

> Quel ridicule espoir en garderoit mon ame,
> Si votre dureté me refuse ma femme ?
> Est-il rien plus à moi, rien moins à balancer ?

Lælius répond à ces vers comiques, que sa femme n'est point
sa femme : le Numide ne parle alors que de son amour fidèle, de
ce qu'un digne amour donne d'impatience, des amours de Mars
et de Jupiter ; il dit qu'il ne veut régner et vivre que dans les
bras de Sophonisbe ; il parle beaucoup plus tendrement de sa
passion pour elle à Lælius qu'il n'en parle à elle-même, et par-
là il redouble le mépris que Lælius lui témoigne. C'était là pourtant une belle occasion de répondre avec dignité à Lælius, de
faire valoir les droits des rois et des nations, d'opposer la violence africaine à la grandeur romaine, de repousser l'outrage
par l'outrage, au lieu de jouer le rôle d'un valet qui s'est marié
sans la permission de son maître. Il soutient ce malheureux personnage dans la scène suivante avec Sophonisbe ; il la prie de
venir demander grace avec lui à Scipion ; et enfin la faiblesse
de ses expressions ne répond que trop à celle de son ame. (V.)

Qu'un vainqueur s'adoucit auprès de sa captive.
Les droits de la victoire ont quelque liberté
Qui ne sauroit déplaire à notre âge indompté;
Mais quand à cette ardeur un monarque défère,
Il s'en fait un plaisir et non pas une affaire;
Il repousse l'amour comme un lâche attentat,
Dès qu'il veut prévaloir sur la raison d'état;
Et son cœur, au-dessus de ces basses amorces,
Laisse à cette raison toujours toutes ses forces.
Quand l'amour avec elle a de quoi s'accorder,
Tout est beau, tout succède, on n'a qu'à demander;
Mais, pour peu qu'elle en soit ou doive être alarmée,
Son feu qu'elle dédit doit tourner en fumée.
Je vous en parle en vain : cet amour décevant
Dans votre cœur surpris a passé trop avant;
Vos feux vous plaisent trop pour les vouloir éteindre :
Et tout ce que je puis, seigneur, c'est de vous plaindre.

MASSINISSE.
Me plaindre tout ensemble et me tyranniser!

LÆLIUS.
Vous l'avouerez un jour, c'est vous favoriser.

MASSINISSE.
Quelle faveur, grands dieux! qui tient lieu de supplice!

LÆLIUS.
Quand vous serez à vous, vous lui ferez justice.

MASSINISSE.
Ah! que cette justice est dure à concevoir!

LÆLIUS.
Je la connois assez pour suivre mon devoir [1].

[1] Massinisse paraît dans un avilissement encore plus grand que Syphax : il vient se plaindre de ce qu'on lui prend sa femme; il fait l'apologie de l'amour devant le lieutenant de Scipion, et

SCÈNE IV.

LÆLIUS, MASSINISSE, MÉZÉTULLE, ALBIN.

ALBIN.
Scipion vient, seigneur, d'arriver dans vos tentes,
Ravi du grand succès qui prévient ses attentes;
Et, ne vous croyant pas maître en si peu de jours,
Il vous venoit lui-même amener du secours,
Tandis que le blocus laissé devant Utique
Répond de cette place à notre république.
Il me donne ordre exprès de vous en avertir.

LÆLIUS, à Massinisse.
Allez à votre hymen le faire consentir :
Allez le voir sans moi; je l'en laisse seul juge.

MASSINISSE.
Oui, contre vos rigueurs il sera mon refuge,
Et j'en apporterai d'autres ordres pour vous.

LÆLIUS.
Je les suivrai, seigneur, sans en être jaloux.

MASSINISSE.
Mais avant mon retour si l'on saisit la reine...

LÆLIUS.
J'en réponds jusque-là, n'en soyez point en peine.
Qu'on la fasse venir. Vous pouvez lui parler,

---

il fait cette apologie en vers comiques : *Pour aimer à notre âge, en est-on moins parfait ?* etc. : et Lælius, qui ne paraît là que pour dire qu'il ne faut point aimer, joue un rôle aussi froid que celui de Massinisse est humiliant. (V.)

Var. Je la conçois assez pour suivre mon devoir. (1663.)

Pour prendre ses conseils, et pour la consoler [1].
Gardes, que sans témoins on le laisse avec elle.
Vous, pour dernier avis d'une amitié fidèle,
Perdez fort peu de temps en ce doux entretien,
Et jusques au retour ne vous vantez de rien.

SCÈNE V.

MASSINISSE, SOPHONISBE, MÉZÉTULLE, HERMINIE.

MASSINISSE.

Voyez-la donc, seigneur, voyez tout son mérite,
Voyez s'il est aisé qu'un héros.... Il me quitte,
Et d'un premier éclat le barbare alarmé
N'ose exposer son cœur aux yeux qui m'ont charmé.
Il veut être inflexible, et craint de ne plus l'être,
Pour peu qu'il se permit de voir et de connoître.
Allons, allons, madame, essayer aujourd'hui
Sur le grand Scipion ce qu'il a craint pour lui [2].
Il vient d'entrer au camp; venez-y par vos charmes
Appuyer mes soupirs, et secourir mes larmes;
Et que ces mêmes yeux qui m'ont fait tout oser,
Si j'en suis criminel, servent à m'excuser.
Puissent-ils, et sur l'heure, avoir là tant de force,

[1] VAR. Pour prendre ses conseils, ou pour la consoler. (1663.)

[2] Quoi! Massinisse, apprenant que le jeune Scipion arrive, conseille à sa femme d'aller lui faire des coquetteries, et de tâcher d'avoir en un jour trois maris! Sophonisbe répond noblement; mais toute la grandeur de Corneille ne pourrait ennoblir cette scène, qui commence par une proposition si lâche et si ridicule. (V.)

Que pour prendre ma place il m'ordonne un divorce,
Qu'il veuille conserver mon bien en me l'ôtant!
J'en mourrai de douleur, mais je mourrai content.
Mon amour, pour vous faire un destin si propice,
Se prépare avec joie à ce grand sacrifice.
Si c'est vous bien servir, l'honneur m'en suffira;
Et si c'est mal aimer, mon bras m'en punira.

SOPHONISBE.

Le trouble de vos sens, dont vous n'êtes plus maître,
Vous a fait oublier, seigneur, à me connoître.
 Quoi! j'irois mendier jusqu'au camp des Romains
La pitié de leur chef qui m'auroit en ses mains!
J'irois déshonorer, par un honteux hommage,
Le trône où j'ai pris place, et le sang de Carthage;
Et l'on verroit gémir la fille d'Asdrubal
Aux pieds de l'ennemi pour eux le plus fatal!
Je ne sais si mes yeux auroient là tant de force,
Qu'en sa faveur sur l'heure il pressât un divorce;
Mais je ne me vois pas en état d'obéir,
S'il osoit jusque-là cesser de me haïr.
La vieille antipathie entre Rome et Carthage
N'est pas prête à finir par un tel assemblage.
Ne vous préparez point à rien sacrifier
A l'honneur qu'il auroit de vous justifier.
Pour effet de vos feux et de votre parole,
Je ne veux qu'éviter l'aspect du Capitole;
Que ce soit par l'hymen ou par d'autres moyens,
Que je vive avec vous ou chez nos citoyens,
La chose m'est égale, et je vous tiendrai quitte,
Qu'on nous sépare ou non, pourvu que je l'évite.
Mon amour voudroit plus; mais je règne sur lui,
Et n'ai changé d'époux que pour prendre un appui

Vous m'avez demandé la faveur de ce titre
Pour soustraire mon sort à son injuste arbitre;
Et, puisqu'à m'affranchir il faut que j'aide un roi,
C'est là tout le secours que vous aurez de moi.
Ajoutez-y des pleurs, mêlez-y des bassesses;
Mais laissez-moi, de grace, ignorer vos foiblesses;
Et, si vous souhaitez que l'effet m'en soit doux,
Ne me donnez point lieu d'en rougir après vous.
Je ne vous cèle point que je serois ravie
D'unir à vos destins les restes de ma vie;
Mais si Rome en vous-même ose braver les rois,
S'il faut d'autres secours, laissez-les à mon choix :
J'en trouverai, seigneur; et j'en sais qui peut-être
N'auront à redouter ni maîtresse ni maître :
Mais mon amour préfère à cette sûreté
Le bien de vous devoir toute ma liberté.

MASSINISSE.

Ah! si je vous pouvois offrir même assurance,
Que je serois heureux de cette préférence!

SOPHONISBE.

Syphax et Lælius pourront vous prévenir,
Si vous perdez ici le temps de l'obtenir.
Partez.

MASSINISSE.

  M'enviez-vous le seul bien qu'à ma flamme
A souffert jusqu'ici la grandeur de votre ame?
  Madame, je vous laisse aux mains de Lælius.
Vous avez pu vous-même entendre ses refus;
Et mon amour ne sait ce qu'il peut se promettre
De celles du consul, où je vais me remettre.
L'un et l'autre est Romain; et peut-être en ce lieu
Ce peu que je vous dis est le dernier adieu.

ACTE IV, SCÈNE V.

Je ne vois rien de sûr que cette triste joie;
Ne me l'enviez plus, souffrez que je vous voie;
Souffrez que je vous parle, et vous puisse exprimer
Quelque part des malheurs où l'on peut m'abymer,
Quelques informes traits de la secrète rage
Que déja dans mon cœur forme leur sombre image :
Non que je désespère : on m'aime; mais, hélas!
On m'estime, on m'honore, et l'on ne me craint pas.
M'éloigner de vos yeux en cette incertitude,
Pour un cœur tout à vous c'est un tourment bien rude;
Et, si j'en ose croire un noir pressentiment,
C'est vous perdre à jamais que vous perdre un moment.
  Madame, au nom des dieux, rassurez mon courage;
Dites que vous m'aimez, j'en pourrai davantage;
J'en deviendrai plus fort auprès de Scipion :
Montrez pour mon bonheur un peu de passion,
Montrez que votre flamme au même bien aspire;
Ne régnez plus sur elle, et laissez-lui me dire....

SOPHONISBE.

Allez, seigneur, allez; je vous aime en époux,
Et serois à mon tour aussi foible que vous.

MASSINISSE.

Faites, faites-moi voir cette illustre foiblesse;
Que ses douceurs....

SOPHONISBE.

          Ma gloire en est encor maîtresse.
Adieu. Ce qui m'échappe en faveur de vos feux
Est moins que je ne sens, et plus que je ne veux.
               (Elle rentre.)

MÉZÉTULLE.

Douterez-vous encor, seigneur, qu'elle vous aime?

MASSINISSE.

Mézétulle, il est vrai, son amour est extrême [1] ;
Mais cet extrême amour, au lieu de me flatter,
Ne sauroit me servir qu'à mieux me tourmenter ;
Ce qu'elle m'en fait voir redouble ma souffrance.
Reprenons toutefois un moment de constance ;
En faveur de sa flamme espérons jusqu'au bout,
Et pour tout obtenir allons hasarder tout.

[1] Il serait à souhaiter qu'il le fût, il y aurait au moins quelque intérêt dans la pièce ; mais Sophonisbe n'a point du tout cette *illustre faiblesse* dont Massinisse l'a priée de faire voir les douceurs. Elle ne lui a dit qu'un mot un peu tendre ; elle a toujours grand soin de persuader qu'elle n'aime que sa grandeur. (V.)

FIN DU QUATRIÈME ACTE.

ACTE CINQUIÈME.

SCÈNE I.

SOPHONISBE, HERMINIE.

SOPHONISBE.

Cesse de me flatter d'une espérance vaine.
Auprès de Scipion ce prince perd sa peine.
S'il l'avoit pu toucher, il seroit revenu ;
Et, puisqu'il tarde tant, il n'a rien obtenu.

HERMINIE.

Si tant d'amour pour vous s'impute à trop d'audace,
Il faut un peu de temps pour en obtenir grace :
Moins on la rend facile, et plus elle a de poids.
Scipion s'en fera prier plus d'une fois ;
Et peut-être son ame encore irrésolue....

SOPHONISBE.

Sur moi, quoi qu'il en soit, je me rends absolue ;
Contre sa dureté j'ai du secours tout prêt,
Et ferai malgré lui moi seule mon arrêt.
 Cependant de mon feu l'importune tendresse
Aussi bien que ma gloire en mon sort s'intéresse,
Veut régner en mon cœur comme ma liberté,
Et n'ose l'avouer de toute sa fierté.
Quelle bassesse d'ame! O ma gloire! ô Carthage!
Faut-il qu'avec vous deux un homme la partage?
Et l'amour de la vie en faveur d'un époux

Doit-il être en ce cœur aussi puissant que vous ?
Ce héros a trop fait de m'avoir épousée ;
De sa seule pitié s'il m'eût favorisée,
Cette pitié peut-être en ce triste et grand jour
Auroit plus fait pour moi que cet excès d'amour.
Il devoit voir que Rome en juste défiance....

HERMINIE.

Mais vous lui témoigniez pareille impatience ;
Et vos feux rallumés montroient de leur côte
Pour ce nouvel hymen égale avidité.

SOPHONISBE.

Ce n'étoit point l'amour qui la rendoit égale ;
C'étoit la folle ardeur de braver ma rivale ;
J'en faisois mon suprême et mon unique bien :
Tous les cœurs ont leur foible, et c'étoit là le mien [1].
La présence d'Éryxe aujourd'hui m'a perdue ;
Je me serois sans elle un peu mieux défendue ;
J'aurois su mieux choisir et les temps et les lieux.
Mais ce vainqueur vers elle eût pu tourner les yeux :
Tout mon orgueil disoit à mon ame jalouse
Qu'une heure de remise en eût fait son épouse,
Et que, pour me braver à son tour hautement,
Son feu se fût saisi de ce retardement.
Cet orgueil dure encore, et c'est lui qui l'invite

---

[1] Toutes les scènes précédentes ayant été si froides, il est impossible que ce cinquième acte ne le soit pas. Sophonisbe elle-même avertit qu'elle n'avait point de passion, qu'elle n'avait que la folle ardeur de braver sa rivale, que c'était là son *suprême bien* et son *faible*. Un tel faible n'est nullement tragique.

Elle a donc un caractère aussi froid que ses deux maris, puisque, de son aveu, elle n'a qu'un *caprice* sans grandeur d'ame, et sans amour. (V.)

Par un message exprès à me rendre visite,
Pour reprendre à ses yeux un si cher conquérant,
Ou, s'il me faut mourir, la braver en mourant.
    Mais je vois Mézétulle : en cette conjoncture,
Son retour sans ce prince est d'un mauvais augure.
Raffermis-toi, mon ame, et prends des sentiments
A te mettre au-dessus de tous événements.

SCÈNE II.

SOPHONISBE, MÉZÉTULLE, HERMINIE.

SOPHONISBE.

Quand reviendra le roi ?

MÉZÉTULLE.

          Pourrai-je bien vous dire
A quelle extrémité le porte un dur empire ?
Et si je vous le dis, pourrez-vous concevoir
Quel est son déplaisir, quel est son désespoir ?
Scipion ne veut pas même qu'il vous revoie.

SOPHONISBE.

J'ai donc peu de raison d'attendre cette joie ;
Quand son maître a parlé, c'est à lui d'obéir.
Il lui commandera bientôt de me haïr :
Et, dès qu'il recevra cette loi souveraine,
Je ne dois pas douter un moment de sa haine.

MÉZÉTULLE.

Si vous pouviez douter encor de son ardeur,
Si vous n'aviez pas vu jusqu'au fond de son cœur,
Je vous dirois....

SOPHONISBE.

    Que Rome à présent l'intimide ?

MÉZÉTULLE.

Madame, vous savez....

SOPHONISBE.

Je sais qu'il est Numide.
Toute sa nation est sujette à l'amour;
Mais cet amour s'allume et s'éteint en un jour :
J'aurois tort de vouloir qu'il en eût davantage.

MÉZÉTULLE.

Que peut en cet état le plus ferme courage?
Scipion ou l'obsède ou le fait observer;
Dès demain vers Utique il le veut enlever....

SOPHONISBE.

N'avez-vous de sa part autre chose à me dire?

MÉZÉTULLE.

Par grace on a souffert qu'il ait pu vous écrire,
Qu'il l'ait fait sans témoins; et par ce peu de mots
Qu'ont arrosés ses pleurs, qu'ont suivis ses sanglots,
Il vous fera juger....

SOPHONISBE.

Donnez.

MÉZÉTULLE.

Avec sa lettre,
Voilà ce qu'en vos mains j'ai charge de remettre.

BILLET DE MASSINISSE A SOPHONISBE.

SOPHONISBE lit.

« Il ne m'est pas permis de vivre votre époux;
  « Mais enfin je vous tiens parole,
« Et vous éviterez l'aspect du Capitole,
  « Si vous êtes digne de vous.
  « Ce poison que je vous envoie
  « En est la seule et triste voie;

« Et c'est tout ce que peut un déplorable roi
« Pour dégager sa foi. »

(Après avoir lu.)

Voilà de son amour une preuve assez ample.
Mais, s'il m'aimoit encore, il me devoit l'exemple :
Plus esclave en son camp que je ne suis ici,
Il devoit de son sort prendre même souci.
Quel présent nuptial d'un époux à sa femme !
Qu'au jour d'un hyménée il lui marque de flamme !
Reportez, Mézétulle, à votre illustre roi
Un secours dont lui-même a plus besoin que moi ;
Il ne manquera pas d'en faire un digne usage
Dès qu'il aura des yeux à voir son esclavage.
Si tous les rois d'Afrique en sont toujours pourvus
Pour dérober leur gloire aux malheurs imprévus,
Comme eux et comme lui j'en dois être munie ;
Et, quand il me plaira de sortir de la vie,
De montrer qu'une femme a plus de cœur que lui,
On ne me verra point emprunter rien d'autrui [1].

---

[1] Comment se peut-il faire qu'une scène où un mari envoie du poison à sa femme, soit froide et comique ? C'est que cette femme lui renvoie son poison après que ce poison lui a été présenté comme un message tout ordinaire ; c'est qu'elle lui fait dire qu'il n'a qu'à s'empoisonner lui-même. Après une si étrange scène, tout ce qui peut étonner, c'est qu'il se soit trouvé autrefois des défenseurs de cette tragédie ; et ce qui serait plus étonnant, c'est qu'on la rejouât aujourd'hui. Il y a des points d'histoire qui paraissent, au premier coup d'œil, de beaux sujets de tragédie, et qui, au fond, sont presque impraticables : telles sont, par exemple, les catastrophes de Sophonisbe et de Marc-Antoine. Une des raisons qui probablement excluront toujours ces sujets du théâtre, c'est qu'il est bien difficile que le héros

SCÈNE III.

SOPHONISBE, ÉRYXE, page, HERMINIE, BARCÉE.

SOPHONISBE, au page.

Éryxe viendra-t-elle ? As-tu vu cette reine ?

LE PAGE.

Madame, elle est déja dans la chambre prochaine,
Surprise d'avoir su que vous la vouliez voir.
Vous la voyez, elle entre.

SOPHONISBE.

Elle va plus savoir.

(à Éryxe.)

Si vous avez connu le prince Massinisse....

ÉRYXE.

N'en parlons plus, madame; il vous a fait justice.

SOPHONISBE.

Vous n'avez pas connu tout-à-fait son esprit;
Pour le connoître mieux, lisez ce qu'il m'écrit.

ÉRYXE.

(Elle lit bas.)

Du côté des Romains je ne suis point surprise;
Mais ce qui me surprend, c'est qu'il les autorise,
Qu'il passe plus avant qu'ils ne voudroient aller.

---

n'y soit avili. Massinisse, obligé de voir sa femme menée en triomphe à Rome, ou de la faire périr pour la soustraire à cette infamie, ne peut guère jouer qu'un rôle désagréable. Un vieux triumvir tel qu'Antoine, qui se perd pour une femme telle que Cléopâtre, est encore moins intéressant, parcequ'il est plus méprisable. (V.)

SOPHONISBE.

Que voulez-vous, madame? il faut s'en consoler.
(à Mézétulle.)
Allez, et dites-lui que je m'apprête à vivre,
En faveur du triomphe, en dessein de le suivre;
Que, puisque son amour ne sait pas mieux agir,
Je m'y réserve exprès pour l'en faire rougir.
Je lui dois cette honte; et Rome son amie
En verra sur son front rejaillir l'infamie :
Elle y verra marcher, ce qu'on n'a jamais vu,
La femme du vainqueur à côté du vaincu,
Et mes pas chancelants sous ces pompes cruelles
Couvrir ses plus hauts faits de taches éternelles.
Portez-lui ma réponse; allez.

MÉZÉTULLE.

Dans ses ennuis....

SOPHONISBE.

C'est trop m'importuner en l'état où je suis.
Ne vous a-t-il chargé de rien dire à la reine?

MÉZÉTULLE.

Non, madame.

SOPHONISBE.

Allez donc; et, sans vous mettre en peine
De ce qu'il me plaira croire ou ne croire pas,
Laissez en mon pouvoir ma vie et mon trépas [1].

---

[1] Cette scène paraît au-dessous de toutes les précédentes, par la raison même qu'elle devait être touchante. Une femme à qui son mari envoie du poison, et qui en fait confidence à sa rivale, semble devoir produire quelques grands mouvements, quelque changement surprenant de fortune, quelque catastrophe; mais

SCÈNE IV.

SOPHONISBE, ÉRYXE, HERMINIE, BARCÉE.

SOPHONISBE.

Une troisième fois mon sort change de face,
Madame, et c'est mon tour de vous quitter la place.
Je ne m'en défends point, et, quel que soit le prix
De ce rare trésor que je vous avois pris,
Quelques marques d'amour que ce héros m'envoie,
Ce que j'en eus pour lui vous le rend avec joie.
Vous le conserverez plus dignement que moi.

ÉRYXE.

Madame, pour le moins j'ai su garder ma foi ;
Et ce que mon espoir en a reçu d'outrage
N'a pu jusqu'à la plainte emporter mon courage.
Aucun de nos Romains sur mes ressentiments....

SOPHONISBE.

Je ne demande point ces éclaircissements,
Et m'en rapporte aux dieux qui savent toutes choses.
Quand l'effet est certain, il n'importe des causes.
Que ce soit mon malheur, que ce soient nos tyrans,
Que ce soit vous, ou lui, je l'ai pris, je le rends.
Il est vrai que l'état où j'ai su vous le prendre

cette confidence, faite froidement, et reçue de même, ne produit qu'un vers de comédie :

Que voulez-vous, madame ? il faut s'en consoler.

Les expressions les plus simples dans de grands malheurs sont souvent les plus nobles et les plus touchantes : mais nous avons déjà remarqué combien il faut craindre, en cherchant le simple, de tomber dans le comique et dans le bas. (V.)

ACTE V, SCÈNE IV.

N'est pas du tout le même où je vais vous le rendre :
Je vous l'ai pris vaillant, généreux, plein d'honneur,
Et je vous le rends lâche, ingrat, empoisonneur ;
Je l'ai pris magnanime, et vous le rends perfide ;
Je vous le rends sans cœur, et l'ai pris intrépide ;
Je l'ai pris le plus grand des princes africains,
Et le rends, pour tout dire, esclave des Romains.

ÉRYXE.

Qui me le rend ainsi n'a pas beaucoup d'envie
Que j'attache à l'aimer le bonheur de ma vie.

SOPHONISBE.

Ce n'est pas là, madame, où je prends intérêt.
Acceptez, refusez, aimez-le tel qu'il est,
Dédaignez son mérite, estimez sa foiblesse ;
De tout votre destin vous êtes la maîtresse :
Je la serai du mien, et j'ai cru vous devoir
Ce mot d'avis sincère avant que d'y pourvoir.
S'il part d'un sentiment qui flatte mal les vôtres,
Lælius, que je vois, vous en peut donner d'autres ;
Souffrez que je l'évite, et que dans mon malheur
Je m'ose de sa vue épargner la douleur [1].

---

[1] Cette fin de la pièce est, quant à moi, très inférieure à celle de Mairet ; car du moins Massinisse, dans Mairet, est au désespoir ; il montre aux Romains sa femme expirante, et il se tue auprès d'elle : mais ici Sophonisbe parle de Massinisse comme du dernier des hommes ; et cet homme si méprisé épouse Éryxe. La pièce de Corneille finit donc par le mariage de deux personnages dont personne ne se soucie : et Corneille a si bien senti combien Massinisse est bas et odieux, qu'il n'ose le faire paraître ; de sorte qu'il ne reste sur la scène qu'un Lælius, qui ne prend nulle part au dénouement, la froide Éryxe, et des subalternes. (V.)

SCÈNE V.

LÆLIUS, ÉRYXE, LÉPIDE, BARCÉE.

LÆLIUS.
Lépide, ma présence est pour elle un supplice.
ÉRYXE.
Vous a-t-on dit, seigneur, ce qu'a fait Massinisse?
LÆLIUS.
J'ai su que pour sortir d'une témérité
Dans une autre plus grande il s'est précipité.
Au bas de l'escalier j'ai trouvé Mézétulle ;
Sur ce qu'a dit la reine il est un peu crédule :
Pour braver Massinisse elle a quelque raison
De refuser de lui le secours du poison ;
Mais ce refus pourroit n'être qu'un stratagème,
Pour faire, malgré nous, son destin elle-même.
 Allez l'en empêcher, Lépide ; et dites-lui
Que le grand Scipion veut lui servir d'appui,
Que Rome en sa faveur voudra lui faire grace,
Qu'un si prompt désespoir sentiroit l'ame basse,
Que le temps fait souvent plus qu'on ne s'est promis,
Que nous ferons pour elle agir tous nos amis ;
Enfin, avec douceur tâchez de la réduire
A venir dans le camp, à s'y laisser conduire,
A se rendre à Syphax, qui même en ce moment
L'aime et l'adore encor malgré son changement.
Nous attendrons ici l'effet de votre adresse ;
N'y perdez point de temps.

SCÈNE VI.

LÆLIUS, ÉRYXE, BARCÉE.

LÆLIUS.

Et vous, grande princesse,
Si des restes d'amour ont surpris un vainqueur,
Quand il devoit au vôtre et son trône et son cœur,
Nous vous en avons fait assez prompte justice
Pour obtenir de vous que ce trouble finisse,
Et que vous fassiez grace à ce prince inconstant,
Qui se vouloit trahir lui-même en vous quittant.

ÉRYXE.

Vous auroit-il prié, seigneur, de me le dire?

LÆLIUS.

De l'effort qu'il s'est fait il gémit, il soupire;
Et je crois que son cœur, encore outré d'ennui,
Pour retourner à vous n'est pas assez à lui :
Mais si cette bonté qu'eut pour lui votre flamme
Aidoit à sa raison à rentrer dans son ame,
Nous aurions peu de peine à rallumer des feux
Que n'a pas bien éteints cette erreur de ses vœux.

ÉRYXE.

Quand d'une telle erreur vous punissez l'audace,
Il vous sied mal pour lui de me demander grace :
Non que je la refuse à ce perfide tour;
L'hymen des rois doit être au-dessus de l'amour;
Et je sais qu'en un prince heureux et magnanime
Mille infidélités ne sauroient faire un crime :
Mais, si tout inconstant il est digne de moi,
Il a cessé de l'être en cessant d'être roi.

LÆLIUS.
Ne l'est-il plus, madame? et si la Gétulie
Par votre illustre hymen à son trône s'allie,
Si celui de Syphax s'y joint dès aujourd'hui,
En est-il sur la terre un plus puissant que lui?
ÉRYXE.
Et de quel front, seigneur, prend-il une couronne,
S'il ne peut disposer de sa propre personne,
S'il lui faut pour aimer attendre votre choix,
Et que jusqu'en son lit vous lui fassiez des lois?
Un sceptre compatible avec un joug si rude
N'a rien à me donner que de la servitude;
Et si votre prudence ose en faire un vrai roi,
Il est à Sophonisbe, et ne peut être à moi.
Jalouse seulement de la grandeur royale,
Je la regarde en reine, et non pas en rivale;
Je vois dans son destin le mien enveloppé,
Et du coup qui la perd tout mon cœur est frappé.
Par votre ordre on la quitte; et cet ami fidèle
Me pourroit, au même ordre, abandonner comme elle.
Disposez de mon sceptre, il est entre vos mains :
Je veux bien le porter au gré de vos Romains.
Je suis femme, et mon sexe accablé d'impuissance
Ne reçoit point d'affront par cette dépendance;
Mais je n'aurai jamais à rougir d'un époux
Qu'on voie ainsi que moi ne régner que sous vous.
LÆLIUS.
Détrompez-vous, madame; et voyez dans l'Asie
Nos dignes alliés régner sans jalousie,
Avec l'indépendance, avec l'autorité
Qu'exige de leur rang toute la majesté.
Regardez Prusias, considérez Attale,

Et ce que souffre en eux la dignité royale :
Massinisse avec vous, et toute autre moitié,
Recevra même honneur et pareille amitié.
Mais quant à Sophonisbe, il m'est permis de dire
Qu'elle est Carthaginoise ; et ce mot doit suffire.
 Je dirois qu'à la prendre ainsi sans notre aveu,
Tout notre ami qu'il est, il nous bravoit un peu ;
Mais, comme je lui veux conserver votre estime,
Autant que je le puis je déguise son crime[1],
Et nomme seulement imprudence d'état
Ce que nous aurions droit de nommer attentat.

SCÈNE VII.

LÆLIUS, ÉRYXE, LÉPIDE, BARCÉE.

LÆLIUS.

Mais Lépide déja revient de chez la reine.
Qu'avez-vous obtenu de cette ame hautaine ?

LÉPIDE.

Elle avoit trop d'orgueil pour en rien obtenir :
De sa haine pour nous elle a su se punir.

LÆLIUS.

Je l'avois bien prévu, je vous l'ai dit moi-même,
Que ce dessein de vivre étoit un stratagème,
Qu'elle voudroit mourir : mais ne pouviez-vous pas... ?

LÉPIDE.

Ma présence n'a fait que hâter son trépas.
 A peine elle m'a vu, que d'un regard farouche,

---

[1] Ces deux vers manquent dans l'édition de 1682 ; on les trouve dans les premières éditions et dans celle de 1692. (Lef....)

Portant je ne sais quoi de sa main à sa bouche,
« Parlez, m'a-t-elle dit, je suis en sûreté,
« Et recevrai votre ordre avec tranquillité. »
Surpris d'un tel discours, je l'ai pourtant flattée ;
J'ai dit qu'en grande reine elle seroit traitée,
Que Scipion et vous en prendriez souci ;
Et j'en voyois déja son regard adouci,
Quand d'un souris amer me coupant la parole,
« Qu'aisément, reprend-elle, une ame se console !
« Je sens vers cet espoir tout mon cœur s'échapper,
« Mais il est hors d'état de se laisser tromper ;
« Et d'un poison ami le secourable office
« Vient de fermer la porte à tout votre artifice.
 « Dites à Scipion qu'il peut dès ce moment
« Chercher à son triomphe un plus rare ornement.
« Pour voir de deux grands rois la lâcheté punie,
« J'ai dû livrer leur femme à cette ignominie ;
« C'est ce que méritoit leur amour conjugal :
« Mais j'en ai dû sauver la fille d'Asdrubal.
« Leur bassesse aujourd'hui de tous deux me dégage ;
« Et, n'étant plus qu'à moi, je meurs toute à Carthage :
« Digne sang d'un tel père, et digne de régner,
« Si la rigueur du sort eût voulu m'épargner ! »
 A ces mots, la sueur lui montant au visage,
Les sanglots de sa voix saisissent le passage ;
Une morte pâleur s'empare de son front ;
Son orgueil s'applaudit d'un remède si prompt :
De sa haine aux abois la fierté se redouble ;
Elle meurt à mes yeux, mais elle meurt sans trouble,
Et soutient en mourant la pompe d'un courroux
Qui semble moins mourir que triompher de nous[1].

[1] *La pompe d'un courroux qui semble moins mourir que triompher !*

ÉRYXE.

Le dirai-je, seigneur ? je la plains et l'admire.
Une telle fierté méritoit un empire;
Et j'aurois en sa place eu même aversion
De me voir attachée au char de Scipion.
La fortune jalouse et l'amour infidèle
Ne lui laissoient ici que son grand cœur pour elle :
Il a pris le dessus de toutes leurs rigueurs,
Et son dernier soupir fait honte à ses vainqueurs.

LÆLIUS.

Je dirai plus, madame, en dépit de sa haine,
Une telle fierté devoit naître romaine.
Mais allons consoler un prince généreux,
Que sa seule imprudence a rendu malheureux.
Allons voir Scipion, allons voir Massinisse;
Souffrez qu'en sa faveur le temps vous adoucisse;
Et préparez votre ame à le moins dédaigner,
Lorsque vous aurez vu comme il saura régner.

ÉRYXE.

En l'état où je suis, je fais ce qu'on m'ordonne.
Mais ne disposez point, seigneur, de ma personne;
Et si de ce héros les desirs inconstants....

LÆLIUS.

Madame, encore un coup, laissons-en faire au temps[1].

On voit assez que c'est là de l'enflure dépourvue du mot propre, et qu'un courroux n'est pas pompeux. Éryxe répond avec noblesse et avec convenance. Il eût été à desirer que la pièce finît par ce discours d'Éryxe, ou que Lælius eût mieux parlé; car qu'importe qu'on *aille voir Scipion et Massinisse?* (V.)

[1]   Madame, encore un coup, laissons-en faire au temps,

n'est pas une fin heureuse. Les meilleures sont celles qui laissent dans l'ame du spectateur quelque idée sublime, quelque maxime vertueuse et importante, convenable au sujet : mais tous les sujets n'en sont pas susceptibles.

On n'a point remarqué tous les défauts dans les détails, que le lecteur remarque assez. La pièce en est pleine. Elle est très froide, très mal conçue, et très mal écrite. (V.)

Voltaire n'en a que trop remarqué; et lui-même, ayant fait une *Sophonisbe* qui ne réussit pas, aurait dû s'abstenir, sur-tout en parlant de la *Sophonisbe* de Corneille, de ces expressions dédaigneuses auxquelles il revient toujours : *galimatias absurde, galimatias hérissé de solécismes.* Voilà les fleurs qu'il se plaît à répandre sur la cendre d'un grand homme. Il est vrai qu'il répète souvent qu'on doit pardonner bien des fautes à l'auteur de *Cinna;* mais qu'aurait-il dit d'un critique qui, après avoir épuisé tous les traits du ridicule sur *les Guèbres,* sur *les Pélopides,* en un mot, sur ses dernières pièces, si inférieures à ses belles tragédies, se serait contenté de dire froidement qu'on devait beaucoup d'indulgence à l'auteur de *Mérope?* (P.)

FIN.

OTHON,

TRAGÉDIE.

1665.

AU LECTEUR.

Si mes amis ne me trompent, cette pièce égale ou passe la meilleure des miennes[1]. Quantité de suffrages illustres et solides se sont déclarés pour elle ; et, si j'ose y mêler le mien, je vous dirai que vous y trouverez quelque justesse dans la conduite, et un peu de bon sens dans le raisonnement. Quant aux vers, on n'en a point vu de moi que j'aie travaillés avec plus de soin. Le sujet est tiré de Tacite, qui commence ses histoires par celle-ci ; et je n'en ai encore mis aucune sur le théâtre à qui j'aie gardé plus de fidélité, et prêté plus d'invention. Les caractères de ceux que j'y fais parler y sont les mêmes que chez cet incomparable auteur, que j'ai traduit tant qu'il m'a été possible. J'ai tâché de faire paroître les vertus de mon héros en tout leur éclat, sans en dissimuler les vices, non plus que lui ; et je me suis contenté de les attribuer à une politique de cour, où, quand le souverain se plonge dans les débauches, et que sa faveur

---

[1] Il ne faut guère en croire sur un ouvrage ni l'auteur ni ses amis, encore moins les critiques précipitées qu'on en fait dans la nouveauté. En vain Corneille dit que cette pièce égale ou passe la meilleure des siennes ; en vain Fontenelle fait l'éloge d'*Othon* : le temps seul est juge souverain ; il a banni cette pièce du théâtre. Il y en a sans doute une raison qu'il faut chercher ; je n'en connais point de meilleure que l'exemple de *Britannicus*. Le temps nous a appris que quand on veut mettre la politique sur le théâtre, il faut la traiter comme Racine, y jeter de grands intérêts, des passions vraies, et de grands mouvements d'éloquence ; et que rien n'est plus nécessaire qu'un style pur, noble, coulant, et égal, qui se soutienne d'un bout de la pièce à l'autre : voilà tout ce qui manque à *Othon*. (V.)

n'est qu'à ce prix, il y a presse à qui sera de la partie. J'y ai conservé les événements, et pris la liberté de changer la manière dont ils arrivent, pour en jeter tout le crime sur un méchant homme, qu'on soupçonna dès-lors d'avoir donné des ordres secrets pour la mort de Vinius, tant leur inimitié étoit forte et déclarée! Othon avoit promis à ce consul d'épouser sa fille, s'il le pouvoit faire choisir à Galba pour successeur; et comme il se vit empereur sans son ministère, il se crut dégagé de cette promesse, et ne l'épousa point. Je n'ai pas voulu aller plus loin que l'histoire; et je puis dire qu'on n'a point encore vu de pièce où il se propose tant de mariages pour n'en conclure aucun. Ce sont intrigues de cabinet qui se détruisent les unes les autres. J'en dirai davantage quand mes libraires joindront celle-ci aux recueils qu'ils ont faits de celles de ma façon qui l'ont précédée.

ACTEURS.

GALBA, empereur de Rome.
VINIUS, consul.
OTHON, sénateur romain, amant de Plautine.
LACUS, préfet du prétoire.
CAMILLE, nièce de Galba.
PLAUTINE, fille de Vinius, amante d'Othon.
MARTIAN, affranchi de Galba.
ALBIN, ami d'Othon.
ALBIANE, sœur d'Albin, et dame d'honneur de Camille.
FLAVIE, amie de Plautine.
ATTICUS,
RUTILE, } soldats romains.

La scène est à Rome, dans le palais impérial.

OTHON.

ACTE PREMIER.

SCÈNE I[1].

OTHON, ALBIN.

ALBIN.
Votre amitié, seigneur, me rendra téméraire :
J'en abuse, et je sais que je vais vous déplaire,
Que vous condamnerez ma curiosité ;
Mais je croirois vous faire une infidélité,
Si je vous cachois rien de ce que j'entends dire
De votre amour nouveau sous ce nouvel empire.
　On s'étonne de voir qu'un homme tel qu'Othon,
Othon, dont les hauts faits soutiennent le grand nom,
Daigne d'un Vinius se réduire à la fille,
S'attache à ce consul, qui ravage, qui pille,
Qui peut tout, je l'avoue, auprès de l'empereur,
Mais dont tout le pouvoir ne sert qu'à faire horreur,
Et détruit d'autant plus, que plus on le voit croître,

---

[1] Il y a peu de pièces qui commencent plus heureusement que celle-ci ; je crois même que, de toutes les expositions, celle d'*Othon* peut passer pour la plus belle ; et je ne connais que l'exposition de *Bajazet* qui lui soit supérieure. (V.)

Ce que l'on doit d'amour aux vertus de son maître.

OTHON.

Ceux qu'on voit s'étonner de ce nouvel amour
N'ont jamais bien conçu ce que c'est que la cour.
Un homme tel que moi jamais ne s'en détache;
Il n'est point de retraite ou d'ombre qui le cache;
Et, si du souverain la faveur n'est pour lui,
Il faut, ou qu'il périsse, ou qu'il prenne un appui.

Quand le monarque agit par sa propre conduite,
Mes pareils sans péril se rangent à sa suite;
Le mérite et le sang nous y font discerner :
Mais quand le potentat se laisse gouverner,
Et que de son pouvoir les grands dépositaires
N'ont pour raison d'état que leurs propres affaires[1],
Ces lâches ennemis de tous les gens de cœur
Cherchent à nous pousser avec toute rigueur,
A moins que notre adroite et prompte servitude
Nous dérobe aux fureurs de leur inquiétude.

Sitôt que de Galba le sénat eut fait choix,
Dans mon gouvernement j'en établis les lois,
Et je fus le premier qu'on vit au nouveau prince
Donner toute une armée et toute une province :
Ainsi je me comptois de ses premiers suivants.
Mais déja Vinius avoit pris les devants;
Martian l'affranchi, dont tu vois les pillages,
Avoit avec Lacus fermé tous les passages;
On n'approchoit de lui que sous leur bon plaisir.
J'eus donc pour m'y produire un des trois à choisir.
Je les voyois tous trois se hâter sous un maître[2]

---

[1] VAR. N'ont pour raisons d'état que leurs propres affaires. (1665.)

[2] Je les voyois tous trois se hâter sous un maître.
Avec quelle force Corneille nous peint les trois favoris du

ACTE I, SCÈNE I.

Qui, chargé d'un long âge, a peu de temps à l'être,
Et tous trois à l'envi s'empresser ardemment
A qui dévoreroit ce règne d'un moment.
J'eus horreur des appuis qui restoient seuls à prendre.
J'espérai quelque temps de m'en pouvoir défendre;

vieux Galba! Ses expressions sont encore plus fortes que celles de Tacite : *Servorum manus avidas, et tanquam apud senem festinantes.* Quel autre avait dit avant Corneille : *dévorer un règne?* (L. Racine.)

Dévorer un règne! Quelle effrayante énergie d'expression! et cependant elle est claire, juste, et naturelle : c'est le sublime. (La H.)

Corneille n'a jamais fait quatre vers plus forts, plus pleins, plus sublimes ; et c'est en partie ce qui justifie la liberté que je prends de préférer cette exposition à celles de toutes ses autres pièces. A la vérité, il y a quelques vers familiers et négligés dans cette première scène, quelques expressions vicieuses, comme, *Le mérite et le sang font un éclat en vous :* on ne dit point *faire un éclat dans quelqu'un.*

A qui dévoreroit ce règne d'un moment.

La beauté de ce vers consiste dans cette métaphore rapide du mot *dévorer ;* tout autre terme eût été faible : c'est là un de ces mots que Despréaux appelait trouvés. Racine est plein de ces expressions dont il a enrichi la langue. Mais qu'arrive-t-il? bientôt ces termes neufs et originaux, employés par les écrivains les plus médiocres, perdent le premier éclat qui les distinguait ; ils deviennent familiers : alors les hommes de génie sont obligés de chercher d'autres expressions, qui souvent ne sont pas si heureuses ; c'est ce qui produit le style forcé et sauvage dont nous sommes inondés. Il en est à-peu-près comme des modes : on invente pour une princesse une parure nouvelle, toutes les femmes l'adoptent; on veut ensuite renchérir, et on invente du bizarre plutôt que de l'agréable. (V.)

Voilà, de l'aveu de Voltaire, quatre vers sublimes ; et véritablement nous n'en connaissons pas de plus beaux. Cependant quel est le peintre qui eût fait un tableau de cette métaphore si hardie?

Mais quand Nymphidius dans Rome assassiné
Fit place au favori qui l'avoit condamné,
Que Lacus par sa mort fut préfet du prétoire,
Que pour couronnement d'une action si noire
Les mêmes assassins furent encor percer
Varron, Turpilian, Capiton, et Macer,
Je vis qu'il étoit temps de prendre mes mesures,
Qu'on perdoit de Néron toutes les créatures,
Et que, demeuré seul de toute cette cour,
A moins d'un protecteur j'aurois bientôt mon tour.
Je choisis Vinius dans cette défiance ;
Pour plus de sûreté j'en cherchai l'alliance.
Les autres n'ont ni sœur ni fille à me donner ;
Et d'eux sans ce grand nœud tout est à soupçonner.

ALBIN.

Vos vœux furent reçus ?

OTHON.

Oui ; déja l'hyménée
Auroit avec Plautine uni ma destinée,
Si ces rivaux d'état n'en savoient divertir

---

comment représenter trois courtisans avides qui s'empressent *à dévorer un règne d'un moment ?* Ce seul exemple aurait dû faire abjurer à Voltaire son système antipoétique sur la justesse des métaphores. Toutes celles dont Racine abonde plus qu'aucun de nos poëtes, ont la même hardiesse : ce sont, comme dans la tragédie de *Bérénice,* des yeux *armés de tous leurs charmes* qui viendront *accabler Titus de leurs larmes.* Voltaire, s'il eût trouvé ces expressions dans Corneille, eût demandé sans doute comment des yeux pouvaient accabler avec des larmes ; et, convaincu que ni la toile ni le burin ne pouvaient exprimer de pareilles images, il n'eût pas balancé à les proscrire. En vérité, plus nous y réfléchissons, plus nous sommes étonnés que Voltaire poëte, et grand poëte, ait pu se familiariser avec des opinions si étranges. (P.)

Un maître qui sans eux n'ose rien consentir.

ALBIN.

Ainsi tout votre amour n'est qu'une politique,
Et le cœur ne sent point ce que la bouche explique?

OTHON.

Il ne le sentit pas, Albin, du premier jour;
Mais cette politique est devenue amour :
Tout m'en plaît, tout m'en charme, et mes premiers scrupules
Près d'un si cher objet passent pour ridicules.
Vinius est consul, Vinius est puissant;
Il a de la naissance; et, s'il est agissant,
S'il suit des favoris la pente trop commune,
Plautine hait en lui ces soins de sa fortune :
Son cœur est noble et grand.

ALBIN.

Quoi qu'elle ait de vertu,
Vous devriez dans l'ame être un peu combattu.
La nièce de Galba pour dot aura l'empire,
Et vaut bien que pour elle à ce prix on soupire :
Son oncle doit bientôt lui choisir un époux.
Le mérite et le sang font un éclat en vous,
Qui pour y joindre encor celui du diadème....

OTHON.

Quand mon cœur se pourroit soustraire à ce que j'aime,
Et que pour moi Camille auroit tant de bonté
Que je dusse espérer de m'en voir écouté,
Si, comme tu le dis, sa main doit faire un maître,
Aucun de nos tyrans n'est encor las de l'être;
Et ce seroit tous trois les attirer sur moi,
Qu'aspirer sans leur ordre à recevoir sa foi.
Sur-tout de Vinius le sensible courage
Feroit tout pour me perdre après un tel outrage,

Il en faut une preuve, et non pas seulement
Qui consiste aux devoirs dont s'empresse un amant ;
Il la faut plus solide, il la faut d'un grand homme,
D'un cœur digne en effet de commander à Rome.
Il faut ne plus l'aimer.

OTHON.
Quoi ! pour preuve d'amour....

jet ; ce qui le prouve, c'est que *Théodore, Sophonisbe, la Toison d'Or, Pertharite, Othon, Agésilas, Suréna, Pulchérie, Bérénice, Attila*, pièces que le public a proscrites, sont écrites à-peu-près du même style que *Rodogune*, dont on revoit le cinquième acte et quelques autres morceaux avec tant de plaisir. Ce sont quelquefois les mêmes beautés, et toujours les mêmes défauts dans l'élocution. Par-tout vous trouverez des pensées fortes et des idées alambiquées, de la hauteur et de la familiarité, de l'amour mêlé de politique, quelques vers heureux et beaucoup de mal faits, des raisonnements, des contestations, des bravades. Il est impossible de ne pas reconnaître la même main. D'où peut donc venir la différence du succès, si ce n'est du fond même du dessin ? Les défauts de style, qui ne se remarquent pas dans le beau spectacle du cinquième acte de *Rodogune*, se font sentir quand le sujet ne les couvre pas, quand l'esprit du spectateur refroidi a la liberté d'examiner la diction, l'inconvenance, l'irrégularité des phrases, les solécismes. Je sais bien qu'OEdipe était un très beau sujet ; mais ce n'est pas le sujet de Sophocle que Corneille a traité, c'est l'amour de Thésée et de Dircé mêlé avec la fable d'OEdipe ; c'est une froide politique jointe à un froid amour qui rend tant de pièces insipides.

Une fille qui fait prendre intérêt en toute la famille ; des devoirs dont s'empresse un amant ; Galba qui refuse son ordre à l'effet de nos vœux ; de l'air dont nous nous regardons ; une vérité qu'on voit trop manifeste ; du tumulte excité ; Vitellius qui arrive avec sa force unie ; ce qu'il a de vieux corps ; de qui se l'immola ; ramener les esprits par un jeune empereur ; il a remis exprès à tantôt d'en résoudre ; il ira du côté de Lacus ; ces grands jaloux ; un œil bas ; une princesse qui s'est mise à sourire ; tout cela est, à la vérité, très défectueux. Le fond du

ACTE I, SCÈNE II.

VINIUS.

Il faut faire encor plus, seigneur, en ce grand jour;
Il faut aimer ailleurs.

OTHON.

Ah! que m'osez-vous dire?

VINIUS.

Je sais qu'à son hymen tout votre cœur aspire;
Mais elle, et vous, et moi, nous allons tous périr;
Et votre change seul nous peut tous secourir.
Vous me devez, seigneur, peut-être quelque chose :
Sans moi, sans mon crédit qu'à leurs desseins j'oppose,
Lacus et Martian vous auroient peu souffert;
Il faut à votre tour rompre un coup qui me perd,
Et qui, si votre cœur ne s'arrache à Plautine,
Vous enveloppera tous deux en ma ruine.

OTHON.

Dans le plus doux espoir de mes vœux acceptés,
M'ordonner que je change! et vous-même!

VINIUS.

Écoutez.
L'honneur que nous feroit votre illustre hyménée
Des deux que j'ai nommés tient l'ame si gênée,
Que jusqu'ici Galba, qu'ils obsèdent tous deux,
A refusé son ordre à l'effet de nos vœux.
L'obstacle qu'ils y font vous peut montrer sans peine
Quelle est pour vous et moi leur envie et leur haine;
Et qu'aujourd'hui, de l'air que nous nous regardons,
Ils nous perdront bientôt si nous ne les perdons.
C'est une vérité qu'on voit trop manifeste;
Et sur ce fondement, seigneur, je passe au reste.

discours de Vinius est raisonnable; mais ce n'est pas assez. (V.)

Galba, vieil et cassé, qui se voit sans enfants,
Croit qu'on méprise en lui la foiblesse des ans,
Et qu'on ne peut aimer à servir sous un maître
Qui n'aura pas loisir de le bien reconnoître [1].
Il voit de toutes parts du tumulte excité :
Le soldat en Syrie est presque révolté ;
Vitellius avance avec la force unie
Des troupes de la Gaule et de la Germanie ;
Ce qu'il a de vieux corps le souffre avec ennui ;
Tous les prétoriens murmurent contre lui.
De leur Nymphidius l'indigne sacrifice
De qui se l'immola leur demande justice :
Il le sait, et prétend par un jeune empereur
Ramener les esprits, et calmer leur fureur.
Il espère un pouvoir ferme, plein, et tranquille,
S'il nomme pour César un époux de Camille ;
Mais il balance encor sur ce choix d'un époux,
Et je ne puis, seigneur, m'assurer que sur vous.
J'ai donc pour ce grand choix vanté votre courage,
Et Lacus à Pison a donné son suffrage.
Martian n'a parlé qu'en termes ambigus,
Mais sans doute il ira du côté de Lacus,
Et l'unique remède est de gagner Camille :
Si sa voix est pour nous, la leur est inutile.
Nous serons pareil nombre, et dans l'égalité,
Galba pour cette nièce aura de la bonté.
Il a remis exprès à tantôt d'en résoudre.
De nos têtes sur eux détournez cette foudre ;
Je vous le dis encor, contre ces grands jaloux
Je ne me puis, seigneur, assurer que sur vous.

---

[1] Var. Qui n'aura pas le temps de le bien reconnoître. (1665.)

De votre premier choix quoi que je doive attendre,
Je vous aime encor mieux pour maître que pour gendre;
Et je ne vois pour nous qu'un naufrage certain,
S'il nous faut recevoir un prince de leur main.

OTHON.

Ah! seigneur, sur ce point c'est trop de confiance;
C'est vous tenir trop sûr de mon obéissance.
Je ne prends plus de lois que de ma passion;
Plautine est l'objet seul de mon ambition;
Et, si votre amitié me veut détacher d'elle,
La haine de Lacus me seroit moins cruelle.
Que m'importe, après tout, si tel est mon malheur,
De mourir par son ordre, ou mourir de douleur?

VINIUS.

Seigneur, un grand courage, à quelque point qu'il aime,
Sait toujours au besoin se posséder soi-même.
Poppée avoit pour vous du moins autant d'appas;
Et quand on vous l'ôta vous n'en mourûtes pas.

OTHON.

Non, seigneur; mais Poppée étoit une infidèle,
Qui n'en vouloit qu'au trône, et qui m'aimoit moins qu'elle;
Ce peu qu'elle eut d'amour ne fit du lit d'Othon
Qu'un degré pour monter à celui de Néron;
Elle ne m'épousa qu'afin de s'y produire,
D'y ménager sa place au hasard de me nuire :
Aussi j'en fus banni sous un titre d'honneur;
Et pour ne me plus voir on me fit gouverneur.
Mais j'adore Plautine, et je règne en son ame :
Nous ordonner d'éteindre une si belle flamme,
C'est.... je n'ose le dire. Il est d'autres Romains¹,

---

¹ . . . . Il est d'autres Romains,

OTHON.

Seigneur, qui sauront mieux appuyer vos desseins,
Il en est dont le cœur pour Camille soupire,
Et qui seront ravis de vous devoir l'empire.

VINIUS.

Je veux que cet espoir à d'autres soit permis;
Mais êtes-vous fort sûr qu'ils soient de nos amis?
Savez-vous mieux que moi s'ils plairont à Camille?

OTHON.

Et croyez-vous pour moi qu'elle soit plus facile,
Pour moi, que d'autres vœux....

> Seigneur, qui sauront mieux appuyer vos desseins....
> Et qui seront ravis de vous devoir l'empire....
> . . . . Sans Plautine,
> L'amour m'est un poison, le bonheur m'assassine....
> . . . . Les douceurs du pouvoir souverain
> Me sont d'affreux tourments, s'il m'en coûte sa main....
> Vous voulez que je règne, et je ne sais qu'aimer.

Je ne remarquerai pas ces étranges vers dans cette scène; ils sont en partie le sujet de la pièce. Othon est amoureux : car, quoi qu'on en dise, encore une fois, il n'y a aucun des héros de Corneille qui ne le soit; mais il est amoureux froidement. Il n'a d'abord demandé la fille de Vinius que par politique; il n'a pas de ces passions violentes qui seules réussissent au théâtre, et qui seules font pardonner le refus d'un empire. Il a commencé par étaler la profondeur d'un courtisan habile; il parle à présent comme un jeune homme passionné et tendre. Il dément le caractère qu'il a fait paraître dans la première scène; et le même homme qui se fera nommer empereur, et qui détrônera Galba, renonce ici à l'empire. Le spectateur ne croit guère à cet amour; il ne s'y intéresse pas. Un des meilleurs connaisseurs, en lisant *Othon* pour la première fois, dit à cette seconde scène : *Il est impossible que la pièce ne soit froide;* et il ne se trompa point. En effet, ces craintes éloignées que montre Vinius de ce qui peut arriver un jour ne sont point un assez grand ressort. Il faut craindre des périls présents et véritables dans la tragédie, sans quoi tout languit, tout ennuie. (V.)

VINIUS.

A ne vous rien celer,
Sortant d'avec Galba, j'ai voulu lui parler;
J'ai voulu sur ce point pressentir sa pensée;
J'en ai nommé plusieurs pour qui je l'ai pressée.
A leurs noms, un grand froid, un front triste, un œil bas,
M'ont fait voir aussitôt qu'ils ne lui plaisoient pas :
Au vôtre elle a rougi, puis s'est mise à sourire,
Et m'a soudain quitté sans me vouloir rien dire.
C'est à vous, qui savez ce que c'est que d'aimer,
A juger de son cœur ce qu'on doit présumer.

OTHON.

Je n'en veux rien juger, seigneur; et sans Plautine
L'amour m'est un poison, le bonheur m'assassine;
Et toutes les douceurs du pouvoir souverain
Me sont d'affreux tourments, s'il m'en coûte sa main.

VINIUS.

De tant de fermeté j'aurois l'ame ravie,
Si cet excès d'amour nous assuroit la vie;
Mais il nous faut le trône, ou renoncer au jour;
Et quand nous périrons, que servira l'amour?

OTHON.

A de vaines frayeurs un noir soupçon vous livre :
Pison n'est point cruel, et nous laissera vivre.

VINIUS.

Il nous laissera vivre, et je vous ai nommé!
Si de nous voir dans Rome il n'est point alarmé,
Nos communs ennemis, qui prendront sa conduite,
En préviendront pour lui la dangereuse suite.
Seigneur, quand pour l'empire on s'est vu désigner,
Il faut, quoi qu'il arrive, ou périr, ou régner.
Le posthume Agrippa vécut peu sous Tibère;

Mais quand Nymphidius dans Rome assassiné
Fit place au favori qui l'avoit condamné,
Que Lacus par sa mort fut préfet du prétoire,
Que pour couronnement d'une action si noire
Les mêmes assassins furent encor percer
Varron, Turpilian, Capiton, et Macer,
Je vis qu'il étoit temps de prendre mes mesures,
Qu'on perdoit de Néron toutes les créatures,
Et que, demeuré seul de toute cette cour,
A moins d'un protecteur j'aurois bientôt mon tour.
Je choisis Vinius dans cette défiance ;
Pour plus de sûreté j'en cherchai l'alliance.
Les autres n'ont ni sœur ni fille à me donner ;
Et d'eux sans ce grand nœud tout est à soupçonner.

ALBIN.

Vos vœux furent reçus?

OTHON.

Oui ; déja l'hyménée
Auroit avec Plautine uni ma destinée,
Si ces rivaux d'état n'en savoient divertir

---

comment représenter trois courtisans avides qui s'empressent *à dévorer un règne d'un moment ?* Ce seul exemple aurait dû faire abjurer à Voltaire son système antipoétique sur la justesse des métaphores. Toutes celles dont Racine abonde plus qu'aucun de nos poëtes, ont la même hardiesse : ce sont, comme dans la tragédie de *Bérénice,* des yeux *armés de tous leurs charmes* qui viendront *accabler Titus de leurs larmes.* Voltaire, s'il eût trouvé ces expressions dans Corneille, eût demandé sans doute comment des yeux pouvaient accabler avec des larmes ; et, convaincu que ni la toile ni le burin ne pouvaient exprimer de pareilles images, il n'eût pas balancé à les proscrire. En vérité, plus nous y réfléchissons, plus nous sommes étonnés que Voltaire poëte, et grand poëte, ait pu se familiariser avec des opinions si étranges. (P.)

Un maître qui sans eux n'ose rien consentir.

ALBIN.

Ainsi tout votre amour n'est qu'une politique,
Et le cœur ne sent point ce que la bouche explique?

OTHON.

Il ne le sentit pas, Albin, du premier jour;
Mais cette politique est devenue amour :
Tout m'en plaît, tout m'en charme, et mes premiers scrupules
Près d'un si cher objet passent pour ridicules.
Vinius est consul, Vinius est puissant;
Il a de la naissance; et, s'il est agissant,
S'il suit des favoris la pente trop commune,
Plautine hait en lui ces soins de sa fortune :
Son cœur est noble et grand.

ALBIN.

Quoi qu'elle ait de vertu,
Vous devriez dans l'ame être un peu combattu.
La nièce de Galba pour dot aura l'empire,
Et vaut bien que pour elle à ce prix on soupire :
Son oncle doit bientôt lui choisir un époux.
Le mérite et le sang font un éclat en vous,
Qui pour y joindre encor celui du diadème....

OTHON.

Quand mon cœur se pourroit soustraire à ce que j'aime,
Et que pour moi Camille auroit tant de bonté
Que je dusse espérer de m'en voir écouté,
Si, comme tu le dis, sa main doit faire un maître,
Aucun de nos tyrans n'est encor las de l'être;
Et ce seroit tous trois les attirer sur moi,
Qu'aspirer sans leur ordre à recevoir sa foi.
Sur-tout de Vinius le sensible courage
Feroit tout pour me perdre après un tel outrage,

Et se vengeroit même à la face des dieux [1],
Si j'avois sur Camille osé tourner les yeux.

ALBIN.

Pensez-y toutefois : ma sœur est auprès d'elle;
Je puis vous y servir, l'occasion est belle;
Tout autre amant que vous s'en laisseroit charmer;
Et je vous dirois plus, si vous osiez l'aimer.

OTHON.

Porte à d'autres qu'à moi cette amorce inutile;
Mon cœur, tout à Plautine, est fermé pour Camille.
La beauté de l'objet, la honte de changer,
Le succès incertain, l'infaillible danger,
Tout fait à tes projets d'invincibles obstacles.

ALBIN.

Seigneur, en moins de rien il se fait des miracles [2] :

---

[1] *A la face des dieux* est ce qu'on appelle une cheville; il ne s'agit point ici de dieux et d'autels. Ces malheureux hémistiches, qui ne disent rien parcequ'ils semblent en trop dire, n'ont été que trop souvent imités. (V.)

[2] Seigneur, en moins de rien il se fait des miracles,

est un vers comique; mais ces petits défauts, qui rendraient une mauvaise scène encore plus mauvaise, n'empêchent pas que celle-ci ne soit claire, vigoureuse, attachante; trois mérites très rares dans les expositions.

Cette première scène d'*Othon* prouve que Corneille avait encore beaucoup de génie. Je crois qu'il ne lui a manqué que d'être sévère pour lui-même, et d'avoir des amis sévères. Un homme capable de faire une telle scène pouvait assurément faire encore de bonnes pièces. C'est un très grand malheur, il faut le redire, que personne ne l'avertit qu'il choisissait mal ses sujets, que ces dissertations politiques n'étaient pas propres au théâtre, qu'il fallait parler au cœur, observer les règles de la langue, s'exprimer avec clarté et avec élégance, ne jamais rien dire de trop, préférer le sentiment au raisonnement : il le pouvait; il

A ces deux grands rivaux peut-être il seroit doux
D'ôter à Vinius un gendre tel que vous;
Et si l'un par bonheur à Galba vous propose....
Ce n'est pas qu'après tout j'en sache aucune chose;
Je leur suis trop suspect pour s'en ouvrir à moi :
Mais, si je vous puis dire enfin ce que j'en croi,
Je vous proposerois, si j'étois en leur place.

OTHON.

Aucun d'eux ne fera ce que tu veux qu'il fasse;
Et s'ils peuvent jamais trouver quelque douceur
A faire que Galba choisisse un successeur,
Ils voudront par ce choix se mettre en assurance,
Et n'en proposeront que de leur dépendance.
Je sais.... Mais Vinius que j'aperçois venir....
Laissez-nous seuls, Albin; je veux l'entretenir.

SCÈNE II[1].

VINIUS, OTHON.

VINIUS.

Je crois que vous m'aimez, seigneur, et que ma fille
Vous fait prendre intérêt en toute la famille.

ne l'a fait dans aucune de ses dernières pièces. Elles donnent de grands regrets. (V.)

[1] La pièce commence à faiblir dès cette seconde scène. On voit trop que la tragédie ne sera qu'une intrigue de cour, une cabale pour donner un successeur à Galba. C'est là de quoi fournir une douzaine de lignes à un historien, et quelques pages à des écrivains d'anecdotes; mais ce n'est pas là un sujet de tragédie. *Othon* est beaucoup moins théâtral que *Sophonisbe,* et bien moins heureux encore que *Sertorius. Agésilas,* qui suit, est moins théâtral encore qu'*Othon.* Le succès est presque toujours dans le su-

ACTE I, SCÈNE II.

VINIUS.

A ne vous rien celer,
Sortant d'avec Galba, j'ai voulu lui parler;
J'ai voulu sur ce point pressentir sa pensée;
J'en ai nommé plusieurs pour qui je l'ai pressée.
A leurs noms, un grand froid, un front triste, un œil bas,
M'ont fait voir aussitôt qu'ils ne lui plaisoient pas :
Au vôtre elle a rougi, puis s'est mise à sourire,
Et m'a soudain quitté sans me vouloir rien dire.
C'est à vous, qui savez ce que c'est que d'aimer,
A juger de son cœur ce qu'on doit présumer.

OTHON.

Je n'en veux rien juger, seigneur; et sans Plautine
L'amour m'est un poison, le bonheur m'assassine;
Et toutes les douceurs du pouvoir souverain
Me sont d'affreux tourments, s'il m'en coûte sa main.

VINIUS.

De tant de fermeté j'aurois l'ame ravie,
Si cet excès d'amour nous assuroit la vie;
Mais il nous faut le trône, ou renoncer au jour;
Et quand nous périrons, que servira l'amour?

OTHON.

A de vaines frayeurs un noir soupçon vous livre :
Pison n'est point cruel, et nous laissera vivre.

VINIUS.

Il nous laissera vivre, et je vous ai nommé !
Si de nous voir dans Rome il n'est point alarmé,
Nos communs ennemis, qui prendront sa conduite,
En préviendront pour lui la dangereuse suite.
Seigneur, quand pour l'empire on s'est vu désigner,
Il faut, quoi qu'il arrive, ou périr, ou régner.
Le posthume Agrippa vécut peu sous Tibère;

Seigneur, qui sauront mieux appuyer vos desseins,
Il en est dont le cœur pour Camille soupire,
Et qui seront ravis de vous devoir l'empire.

VINIUS.

Je veux que cet espoir à d'autres soit permis ;
Mais êtes-vous fort sûr qu'ils soient de nos amis ?
Savez-vous mieux que moi s'ils plairont à Camille ?

OTHON.

Et croyez-vous pour moi qu'elle soit plus facile,
Pour moi, que d'autres vœux....

> Seigneur, qui sauront mieux appuyer vos desseins....
> Et qui seront ravis de vous devoir l'empire....
> . . . . Sans Plautine,
> L'amour m'est un poison, le bonheur m'assassine....
> . . . . Les douceurs du pouvoir souverain
> Me sont d'affreux tourments, s'il m'en coûte sa main....
> Vous voulez que je règne, et je ne sais qu'aimer.

Je ne remarquerai pas ces étranges vers dans cette scène ; ils sont en partie le sujet de la pièce. Othon est amoureux : car, quoi qu'on en dise, encore une fois, il n'y a aucun des héros de Corneille qui ne le soit ; mais il est amoureux froidement. Il n'a d'abord demandé la fille de Vinius que par politique ; il n'a pas de ces passions violentes qui seules réussissent au théâtre, et qui seules font pardonner le refus d'un empire. Il a commencé par étaler la profondeur d'un courtisan habile ; il parle à présent comme un jeune homme passionné et tendre. Il dément le caractère qu'il a fait paraître dans la première scène ; et le même homme qui se fera nommer empereur, et qui détrônera Galba, renonce ici à l'empire. Le spectateur ne croit guère à cet amour ; il ne s'y intéresse pas. Un des meilleurs connaisseurs, en lisant *Othon* pour la première fois, dit à cette seconde scène : *Il est impossible que la pièce ne soit froide* ; et il ne se trompa point. En effet, ces craintes éloignées que montre Vinius de ce qui peut arriver un jour ne sont point un assez grand ressort. Il faut craindre des périls présents et véritables dans la tragédie, sans quoi tout languit, tout ennuie. (V.)

ACTE I, SCÈNE II.

De votre premier choix quoi que je doive attendre,
Je vous aime encor mieux pour maître que pour gendre;
Et je ne vois pour nous qu'un naufrage certain,
S'il nous faut recevoir un prince de leur main.

OTHON.

Ah! seigneur, sur ce point c'est trop de confiance;
C'est vous tenir trop sûr de mon obéissance.
Je ne prends plus de lois que de ma passion;
Plautine est l'objet seul de mon ambition;
Et, si votre amitié me veut détacher d'elle,
La haine de Lacus me seroit moins cruelle.
Que m'importe, après tout, si tel est mon malheur,
De mourir par son ordre, ou mourir de douleur?

VINIUS.

Seigneur, un grand courage, à quelque point qu'il aime,
Sait toujours au besoin se posséder soi-même.
Poppée avoit pour vous du moins autant d'appas;
Et quand on vous l'ôta vous n'en mourûtes pas.

OTHON.

Non, seigneur; mais Poppée étoit une infidèle,
Qui n'en vouloit qu'au trône, et qui m'aimoit moins qu'elle;
Ce peu qu'elle eut d'amour ne fit du lit d'Othon
Qu'un degré pour monter à celui de Néron;
Elle ne m'épousa qu'afin de s'y produire,
D'y ménager sa place au hasard de me nuire :
Aussi j'en fus banni sous un titre d'honneur;
Et pour ne me plus voir on me fit gouverneur.
Mais j'adore Plautine, et je règne en son ame :
Nous ordonner d'éteindre une si belle flamme,
C'est.... je n'ose le dire. Il est d'autres Romains[1],

---

[1] . . . . Il est d'autres Romains,

Galba, vieil et cassé, qui se voit sans enfants,
Croit qu'on méprise en lui la foiblesse des ans,
Et qu'on ne peut aimer à servir sous un maître
Qui n'aura pas loisir de le bien reconnoître [1].
Il voit de toutes parts du tumulte excité :
Le soldat en Syrie est presque révolté ;
Vitellius avance avec la force unie
Des troupes de la Gaule et de la Germanie ;
Ce qu'il a de vieux corps le souffre avec ennui ;
Tous les prétoriens murmurent contre lui.
De leur Nymphidius l'indigne sacrifice
De qui se l'immola leur demande justice :
Il le sait, et prétend par un jeune empereur
Ramener les esprits, et calmer leur fureur.
Il espère un pouvoir ferme, plein, et tranquille,
S'il nomme pour César un époux de Camille ;
Mais il balance encor sur ce choix d'un époux,
Et je ne puis, seigneur, m'assurer que sur vous.
J'ai donc pour ce grand choix vanté votre courage,
Et Lacus à Pison a donné son suffrage.
Martian n'a parlé qu'en termes ambigus,
Mais sans doute il ira du côté de Lacus,
Et l'unique remède est de gagner Camille :
Si sa voix est pour nous, la leur est inutile.
Nous serons pareil nombre, et dans l'égalité,
Galba pour cette nièce aura de la bonté.
Il a remis exprès à tantôt d'en résoudre.
De nos têtes sur eux détournez cette foudre ;
Je vous le dis encor, contre ces grands jaloux
Je ne me puis, seigneur, assurer que sur vous.

---

[1] Var. Qui n'aura pas le temps de le bien reconnoître. (1665.)

ACTE I, SCÈNE II.

VINIUS.

Il faut faire encor plus, seigneur, en ce grand jour ;
Il faut aimer ailleurs.

OTHON.

Ah ! que m'osez-vous dire ?

VINIUS.

Je sais qu'à son hymen tout votre cœur aspire ;
Mais elle, et vous, et moi, nous allons tous périr ;
Et votre change seul nous peut tous secourir.
Vous me devez, seigneur, peut-être quelque chose :
Sans moi, sans mon crédit qu'à leurs desseins j'oppose,
Lacus et Martian vous auroient peu souffert ;
Il faut à votre tour rompre un coup qui me perd,
Et qui, si votre cœur ne s'arrache à Plautine,
Vous enveloppera tous deux en ma ruine.

OTHON.

Dans le plus doux espoir de mes vœux acceptés,
M'ordonner que je change ! et vous-même !

VINIUS.

Écoutez.

L'honneur que nous feroit votre illustre hyménée
Des deux que j'ai nommés tient l'ame si gênée,
Que jusqu'ici Galba, qu'ils obsèdent tous deux,
A refusé son ordre à l'effet de nos vœux.
L'obstacle qu'ils y font vous peut montrer sans peine
Quelle est pour vous et moi leur envie et leur haine ;
Et qu'aujourd'hui, de l'air que nous nous regardons,
Ils nous perdront bientôt si nous ne les perdons.
C'est une vérité qu'on voit trop manifeste ;
Et sur ce fondement, seigneur, je passe au reste.

---

discours de Vinius est raisonnable ; mais ce n'est pas assez. (V.)

Il en faut une preuve, et non pas seulement
Qui consiste aux devoirs dont s'empresse un amant;
Il la faut plus solide, il la faut d'un grand homme,
D'un cœur digne en effet de commander à Rome.
Il faut ne plus l'aimer.

OTHON.

Quoi! pour preuve d'amour....

jet; ce qui le prouve, c'est que *Théodore, Sophonisbe, la Toison d'Or, Pertharite, Othon, Agésilas, Suréna, Pulchérie, Bérénice, Attila*, pièces que le public a proscrites, sont écrites à-peu-près du même style que *Rodogune*, dont on revoit le cinquième acte et quelques autres morceaux avec tant de plaisir. Ce sont quelquefois les mêmes beautés, et toujours les mêmes défauts dans l'élocution. Par-tout vous trouverez des pensées fortes et des idées alambiquées, de la hauteur et de la familiarité, de l'amour mêlé de politique, quelques vers heureux et beaucoup de mal faits, des raisonnements, des contestations, des bravades. Il est impossible de ne pas reconnaître la même main. D'où peut donc venir la différence du succès, si ce n'est du fond même du dessin? Les défauts de style, qui ne se remarquent pas dans le beau spectacle du cinquième acte de *Rodogune*, se font sentir quand le sujet ne les couvre pas, quand l'esprit du spectateur refroidi a la liberté d'examiner la diction, l'inconvenance, l'irrégularité des phrases, les solécismes. Je sais bien qu'OEdipe était un très beau sujet; mais ce n'est pas le sujet de Sophocle que Corneille a traité, c'est l'amour de Thésée et de Dircé mêlé avec la fable d'OEdipe; c'est une froide politique jointe à un froid amour qui rend tant de pièces insipides.

Une fille qui fait prendre intérêt en toute la famille; des devoirs dont s'empresse un amant; Galba qui refuse son ordre à l'effet de nos vœux; de l'air dont nous nous regardons; une vérité qu'on voit trop manifeste; du tumulte excité; Vitellius qui arrive avec sa force unie; ce qu'il a de vieux corps; de qui se l'immola; ramener les esprits par un jeune empereur; il a remis exprès à tantôt d'en résoudre; il ira du côté de Lacus; ces grands jaloux; un œil bas; une princesse qui s'est mise à sourire; tout cela est, à la vérité, très défectueux. Le fond du

232   OTHON.

Néron n'épargna point le sang de son beau-frère ;
Et Pison vous perdra par la même raison,
Si vous ne vous hâtez de prévenir Pison.
Il n'est point de milieu qu'en saine politique....
                    OTHON.
Et l'amour est la seule où tout mon cœur s'applique.
Rien ne vous a servi, seigneur, de me nommer :
Vous voulez que je règne, et je ne sais qu'aimer.
Je pourrois savoir plus, si l'astre qui domine
Me vouloit faire un jour régner avec Plautine ;
Mais dérober son ame à de si doux appas,
Pour attacher sa vie à ce qu'on n'aime pas !
                    VINIUS.
Eh bien, si cet amour a sur vous tant de force,
Régnez : qui fait des lois peut bien faire un divorce.
Du trône on considère enfin ses vrais amis ;
Et quand vous pourrez tout, tout vous sera permis.

SCÈNE III[1].

VINIUS, OTHON, PLAUTINE.

PLAUTINE.

Non pas, seigneur, non pas : quoi que le ciel m'envoie,

---

[1] Cette troisième scène justifie déja ce qu'on doit prévoir, que ce n'est pas là une tragédie. Plautine écoutait à la porte, et elle vient interrompre son père pour dire, en vers durs et obscurs, qu'elle ne voudrait point un jour épouser son amant, si cet amant marié à une autre ne pouvait revenir à elle que par un divorce. Non seulement c'est manquer à la bienséance, mais quel faible intérêt, quel froid sujet d'une scène, qu'une fille qui, sans être appelée, vient dire à son père, devant son amant,

ACTE I, SCÈNE III.

Je ne veux rien tenir d'une honteuse voie;
Et cette lâcheté qui me rendroit son cœur
Sentiroit le tyran, et non pas l'empereur.
A votre sûreté, puisque le péril presse,
J'immolerai ma flamme et toute ma tendresse;
Et je vaincrai l'horreur d'un si cruel devoir [1]
Pour conserver le jour à qui me l'a fait voir :
Mais ce qu'à mes desirs je fais de violence
Fuit les honteux appas d'une indigne espérance;
Et la vertu qui dompte et bannit mon amour
N'en souffrira jamais qu'un vertueux retour.

OTHON.

Ah! que cette vertu m'apprête un dur supplice,
Seigneur! et le moyen que je vous obéisse?
Voyez; et, s'il se peut, pour voir tout mon tourment,
Quittez vos yeux de père, et prenez-en d'amant [2].

VINIUS.

L'estime de mon sang ne m'est pas interdite;
Je lui vois des attraits, je lui vois du mérite;
Je crois qu'elle en a même assez pour engager,
Si quelqu'un nous perdoit, quelque autre à nous venger.
Par-là nos ennemis la tiendront redoutable;

---

ce qu'elle ferait un jour, si ce froid amant voulait l'épouser en troisièmes noces! Elle serait, en effet, la troisième femme d'Othon, qui l'épouserait après avoir répudié Poppée et Camille. (V.)

[1] *Vaincre l'horreur d'un cruel devoir; ce qu'à ses desirs elle fait de violence, pour fuir les appas honteux d'une espérance indigne; la vertu qui dompte et bannit l'amour, et qui n'en souffre qu'un vertueux retour* : ce sont là des expressions qui affaibliraient les plus beaux sentiments. (V.)

[2] Ce vers ne prépare pas un intérêt tragique, et ce défaut revient souvent dans toutes ces dernières tragédies. (V.)

Et sa perte par-là devient inévitable.
Je vois de plus, seigneur, que je n'obtiendrai rien,
Tant que votre œil blessé rencontrera le sien,
Que le temps se va perdre en répliques frivoles ;
Et pour les éviter j'achève en trois paroles.
Si vous manquez le trône, il faut périr tous trois.
Prévenez, attendez cet ordre à votre choix.
Je me remets à vous de ce qui vous regarde ;
Mais en ma fille et moi ma gloire se hasarde ;
De ses jours et des miens je suis maître absolu ;
Et j'en disposerai comme j'ai résolu.
Je ne crains point la mort, mais je hais l'infamie
D'en recevoir la loi d'une main ennemie ;
Et je saurai verser tout mon sang en Romain,
Si le choix que j'attends ne me retient la main.
C'est dans une heure ou deux que Galba se déclare.
Vous savez l'un et l'autre à quoi je me prépare,
Résolvez-en ensemble.

SCÈNE IV.

OTHON, PLAUTINE.

OTHON.

Arrêtez donc, seigneur ;
Et, s'il faut prévenir ce mortel déshonneur,
Recevez-en l'exemple, et jugez si la honte[1]....

---

[1] Othon, qui veut se tuer ainsi au premier acte pour une crainte imaginaire, et pour une maîtresse, excite plutôt le rire que la terreur : rien n'est jamais plus mal reçu au théâtre qu'un désespoir mal placé, et qu'on n'attendait pas d'un homme qui n'a d'abord parlé que de politique. Ajoutons que cette scène

PLAUTINE.

Quoi! seigneur, à mes yeux une fureur si prompte!
Ce noble désespoir, si digne des Romains,
Tant qu'ils ont du courage est toujours en leurs mains;
Et pour vous et pour moi, fût-il digne d'un temple,
Il n'est pas encor temps de m'en donner l'exemple.
Il faut vivre, et l'amour nous y doit obliger,
Pour me sauver un père, et pour me protéger.
Quand vous voyez ma vie à la vôtre attachée,
Faut-il que malgré moi votre ame effarouchée
Pour m'ouvrir le tombeau hâte votre trépas,

entre Othon et Plautine est très faible. Je remarque que Plautine conseille ici à Othon précisément la même chose qu'Atalide à Bajazet : mais quelle différence de situation, de sentiments, et de style! Bajazet est réellement en danger de sa vie, et Othon ne court ici qu'un danger chimérique. Plautine est raisonneuse et froide : Atalide est touchante, et a autant de délicatesse que d'amour. Enfin, ce qui est de la plus grande importance, les vers de Corneille ne valent rien, et ceux de Racine sont parfaits dans leur genre. Comparez, rien ne forme plus le goût, comparez aux vers d'Atalide ces vers de Plautine :

> Et n'aspire qu'au bien d'aimer et d'être aimé....
> Qu'un tel épurement demande un grand courage!....
> Et se croit mal aimé, s'il n'en a l'assurance....
> Et que de votre cœur vos yeux indépendants
> Triomphent, comme moi, des troubles du dedans....
> Conservez-moi toujours l'estime et l'amitié.

C'est le style, c'est la diction qui fait tout dans les scènes où le spectateur est assez tranquille pour réfléchir sur les vers; et encore est-il nécessaire de ne point négliger la diction dans les situations les plus frappantes du théâtre : en un mot, il faut toujours bien écrire. (V.)

Les deux premiers vers de la citation ne sont pas de Plautine, mais d'Othon; il est vrai que ceux de Plautine ne sont pas meilleurs. (P.)

236   OTHON.

Et m'avance un destin où je ne consens pas?
OTHON.

Quand il faut m'arracher tout cet amour de l'ame,
Puis-je que dans mon sang en éteindre la flamme?
Puis-je sans le trépas....?
PLAUTINE.

Et vous ai-je ordonné
D'éteindre tout l'amour que je vous ai donné?
Si l'injuste rigueur de notre destinée
Ne permet plus l'espoir d'un heureux hyménée,
Il est un autre amour dont les vœux innocents
S'élèvent au-dessus du commerce des sens [1].
Plus la flamme en est pure, et plus elle est durable;
Il rend de son objet le cœur inséparable;
Il a de vrais plaisirs dont ce cœur est charmé,
Et n'aspire qu'au bien d'aimer et d'être aimé.
OTHON.

Qu'un tel épurement demande un grand courage!
Qu'il est même aux plus grands d'un difficile usage!
Madame, permettez que je die à mon tour
Que tout ce que l'honneur peut souffrir à l'amour,
Un amant le souhaite, il en veut l'espérance,
Et se croit mal aimé s'il n'en a l'assurance.
PLAUTINE.

Aimez-moi toutefois sans l'attendre de moi,
Et ne m'enviez point l'honneur que j'en reçoi.
Quelle gloire à Plautine, ô ciel! de pouvoir dire

---

[1] Encore des dissertations métaphysiques sur l'amour! quel mauvais goût! C'était l'esprit du temps, dit-on; mais il faut dire encore que la nation française est la seule qui ait eu cette malheureuse espèce d'esprit. Cela est bien pis que les *concetti* qu'on reprochait aux Italiens. (V.)

Que le choix de son cœur fut digne de l'empire ;
Qu'un héros destiné pour maître à l'univers
Voulut borner ses vœux à vivre dans ses fers ;
Et qu'à moins que d'un ordre absolu d'elle-même
Il auroit renoncé pour elle au diadème !

OTHON.

Ah ! qu'il faut aimer peu pour faire son bonheur,
Pour tirer vanité d'un si fatal honneur !
Si vous m'aimiez, madame, il vous seroit sensible
De voir qu'à d'autres vœux mon cœur fût accessible ;
Et la nécessité de le porter ailleurs
Vous auroit fait déjà partager mes douleurs.
Mais tout mon désespoir n'a rien qui vous alarme.
Vous pouvez perdre Othon sans verser une larme.
Vous en témoignez joie, et vous-même aspirez
A tout l'excès des maux qui me sont préparés.

PLAUTINE.

Que votre aveuglement a pour moi d'injustice !
Pour épargner vos maux j'augmente mon supplice ;
Je souffre, et c'est pour vous que j'ose m'imposer
La gêne de souffrir, et de le déguiser.
Tout ce que vous sentez, je le sens dans mon ame ;
J'ai mêmes déplaisirs comme j'ai même flamme ;
J'ai mêmes désespoirs : mais je sais les cacher,
Et paroître insensible afin de moins toucher.
Faites à vos desirs pareille violence,
Retenez-en l'éclat, sauvez-en l'apparence ;
Au péril qui nous presse immolez le dehors,
Et pour vous faire aimer montrez d'autres transports.
Je ne vous défends point une douleur muette,
Pourvu que votre front n'en soit point l'interprète,
Et que de votre cœur vos yeux indépendants

Triomphent comme moi des troubles du dedans.
Suivez, passez l'exemple, et portez à Camille
Un visage content, un visage tranquille,
Qui lui laisse accepter ce que vous offrirez,
Et ne démente rien de ce que vous direz.

OTHON.

Hélas! madame, hélas! que pourrai-je lui dire?

PLAUTINE.

Il y va de ma vie, il y va de l'empire;
Réglez-vous là-dessus. Le temps se perd, seigneur.
Adieu : donnez la main, mais gardez-moi le cœur;
Ou, si c'est trop pour moi, donnez et l'un et l'autre,
Emportez mon amour, et retirez le vôtre :
Mais, dans ce triste état si je vous fais pitié,
Conservez-moi toujours l'estime et l'amitié;
Et n'oubliez jamais, quand vous serez le maître,
Que c'est moi qui vous force et qui vous aide à l'être.

OTHON, seul.

Que ne m'est-il permis d'éviter par ma mort
Les barbares rigueurs d'un si cruel effort!

FIN DU PREMIER ACTE.

ACTE SECOND.

SCÈNE I.

PLAUTINE, FLAVIE.

PLAUTINE.

Dis-moi donc, lorsque Othon s'est offert à Camille,
A-t-il paru contraint? a-t-elle été facile?
Son hommage auprès d'elle a-t-il eu plein effet?
Comment l'a-t-elle pris, et comment l'a-t-il fait [1]?

---

[1] Racine a encore pris entièrement cette situation dans sa tragédie de *Bajazet*. Atalide a envoyé son amant à Roxane ; elle s'informe en tremblant du succès de cette entrevue qu'elle a ordonnée elle-même, et qui doit causer sa mort. La délicatesse de ses sentiments, les combats de son cœur, ses craintes, ses douleurs, sont exprimés en vers si naturels, si aisés, si tendres, que ces vraies beautés charment tous les lecteurs.

Mais ici Corneille commence sa scène par quatre vers dont le ridicule est si extrême, qu'on n'ose plus même les citer dans des ouvrages sérieux : *Dis-moi donc, lorsque Othon,* etc.

Plautine exprime les mêmes sentiments qu'Atalide :

> En regardant son change ainsi que mon ouvrage, etc.

Atalide est dans des circonstances absolument semblables : mais c'est précisément dans ces mêmes situations qu'on voit la prodigieuse différence qu'il y a entre le sentiment et le raisonnement, entre l'élégance et la dureté du style, entre cet art charmant qui développe avec une vérité si touchante tous les replis du cœur, et la vaine déclamation ou la sécheresse. (V.)

FLAVIE.

J'ai tout vu : mais enfin votre humeur curieuse
A vous faire un supplice est trop ingénieuse.
Quelque reste d'amour qui vous parle d'Othon,
Madame, oubliez-en, s'il se peut, jusqu'au nom.
Vous vous êtes vaincue en faveur de sa gloire,
Goûtez un plein triomphe après votre victoire :
Le dangereux récit que vous me commandez
Est un nouveau combat où vous vous hasardez.
Votre ame n'en est pas encor si détachée
Qu'il puisse aimer ailleurs sans qu'elle en soit touchée.
Prenez moins d'intérêt à l'y voir réussir,
Et fuyez le chagrin de vous en éclaircir.

PLAUTINE.

Je le force moi-même à se montrer volage ;
Et, regardant son change ainsi que mon ouvrage,
J'y prends un intérêt qui n'a rien de jaloux :
Qu'on l'accepte, qu'il règne, et tout m'en sera doux.

FLAVIE.

J'en doute ; et rarement une flamme si forte
Souffre qu'à notre gré ses ardeurs....

PLAUTINE.

Que t'importe?
Laisse-m'en le hasard ; et, sans dissimuler,
Dis de quelle manière il a su lui parler.

FLAVIE.

N'imputez donc qu'à vous si votre ame inquiète
En ressent malgré moi quelque gêne secrète.
Othon à la princesse a fait un compliment [1],

---

[1] Toute cette tirade est entièrement du style de la comédie, mais de la comédie froide et dénuée d'intérêt. *L'amour qui est*

Plus en homme de cour qu'en véritable amant.
Son éloquence accorte, enchaînant avec grace
L'excuse du silence à celle de l'audace,
En termes trop choisis accusoit le respect
D'avoir tant retardé cet hommage suspect.
Ses gestes concertés, ses regards de mesure[1]
N'y laissoient aucun mot aller à l'aventure :
On ne voyoit que pompe en tout ce qu'il peignoit ;
Jusque dans ses soupirs la justesse régnoit,
Et suivoit pas à pas un effort de mémoire
Qu'il étoit plus aisé d'admirer que de croire.
    Camille sembloit même assez de cet avis ;
Elle auroit mieux goûté des discours moins suivis ;
Je l'ai vu dans ses yeux : mais cette défiance
Avoit avec son cœur trop peu d'intelligence.
De ces justes soupçons ses souhaits indignés
Les ont tout aussitôt détruits ou dédaignés ;
Elle a voulu tout croire ; et, quelque retenue
Qu'ait su garder l'amour dont elle est prévenue,
On a vu, par ce peu qu'il laissoit échapper,
Qu'elle prenoit plaisir à se laisser tromper ;

civilité dans Othon, et la civilité qui est amour dans Camille, est si éloigné de la tragédie, qu'on ne conçoit guère comment Corneille a pu y faire entrer de pareilles phrases et de pareilles idées. (V.)

[1] Qu'est-ce que *des regards de mesure*, et *la justesse qui règne dans des soupirs?* et comment cette *justesse de soupirs* peut-elle suivre un *effort de mémoire ?* Othon a-t-il appris par cœur un long compliment? de tels vers ne seraient tolérables en aucun genre de poésie. Que veut dire madame de Sévigné quand elle dit : *Racine n'ira pas loin; pardonnons de mauvais vers à Corneille?* Non, il ne faut pas pardonner des pensées fausses très mal exprimées : il faut être juste. (V.)

Et que si quelquefois l'horreur de la contrainte
Forçoit le triste Othon à soupirer sans feinte,
Soudain l'avidité de régner sur son cœur
Imputoit à l'amour ces soupirs de douleur.

PLAUTINE.

Et sa réponse enfin?

FLAVIE.

Elle a paru civile;
Mais la civilité n'est qu'amour en Camille,
Comme en Othon l'amour n'est que civilité.

PLAUTINE.

Et n'a-t-elle rien dit de sa légèreté,
Rien de la foi qu'il semble avoir si mal gardée?

FLAVIE.

Elle a su rejeter cette fâcheuse idée,
Et n'a pas témoigné qu'elle sût seulement
Qu'on l'eût vu pour vos yeux soupirer un moment.

PLAUTINE.

Mais qu'a-t-elle promis?

FLAVIE.

Que son devoir fidèle
Suivroit ce que Galba voudroit ordonner d'elle;
Et, de peur d'en trop dire et d'ouvrir trop son cœur,
Elle l'a renvoyé soudain vers l'empereur.
Il lui parle à présent. Qu'en dites-vous, madame,
Et de cet entretien que souhaite votre ame?
Voulez-vous qu'on l'accepte, ou qu'il n'obtienne rien?

PLAUTINE.

Moi-même, à dire vrai, je ne le sais pas bien.
Comme des deux côtés le coup me sera rude,
J'aimerois à jouir de cette inquiétude,
Et tiendrois à bonheur le reste de mes jours

ACTE II, SCÈNE II.

De n'en sortir jamais, et de douter toujours.

FLAVIE.
Mais il faut se résoudre, et vouloir quelque chose.

PLAUTINE.
Souffre sans m'alarmer que le ciel en dispose :
Quand son ordre une fois en aura résolu,
Il nous faudra vouloir ce qu'il aura voulu.
Ma raison cependant cède Othon à l'empire :
Il est de mon honneur de ne m'en pas dédire ;
Et, soit ce grand souhait volontaire ou forcé,
Il est beau d'achever comme on a commencé.
Mais je vois Martian.

SCÈNE II.

MARTIAN, PLAUTINE, FLAVIE.

PLAUTINE.
Que venez-vous m'apprendre [1] ?

---

[1] Corneille, qu'on a voulu faire passer pour un poëte qui dédaignait d'introduire l'amour sur la scène, était tellement accoutumé à faire parler d'amour ses héros, qu'il représente ici un vieux ministre d'état comme amoureux de Plautine ; et cette Plautine lui répond par des injures. On peut, dans les mouvements violents d'une passion trahie, et dans l'excès du malheur, s'emporter en reproches ; mais Plautine n'a aucune raison de parler ainsi au premier ministre de l'empereur qui la demande en mariage : ce trait est contre la bienséance et contre la raison. Ce qui est bien plus extraordinaire, c'est que Martian, à qui Plautine fait le plus sanglant outrage, en lui reprochant très mal-à-propos sa naissance, lui dise ensuite, *Madame, encore un coup, souffrez que je vous aime*. L'amour de ce ministre, les réponses de Plautine, et tout ce dialogue, révoltent et refroidis-

MARTIAN.

Que de votre seul choix l'empire va dépendre,
Madame.

PLAUTINE.

Quoi! Galba voudroit suivre mon choix?

MARTIAN.

Non : mais de son conseil nous ne sommes que trois :
Et si pour votre Othon vous voulez mon suffrage,
Je vous le viens offrir avec un humble hommage.

PLAUTINE.

Avec?

MARTIAN.

Avec des vœux sincères et soumis,
Qui feront encor plus si l'espoir m'est permis.

PLAUTINE.

Quels vœux, et quel espoir?

MARTIAN.

Cet important service,
Qu'un si profond respect vous offre en sacrifice....

PLAUTINE.

Eh bien, il remplira mes desirs les plus doux;
Mais pour reconnoissance enfin que voulez-vous?

MARTIAN.

La gloire d'être aimé.

PLAUTINE.

De qui?

MARTIAN.

De vous, madame.

---

sent. Ce n'est là ni peindre les hommes comme ils sont, ni comme
ils doivent être, ni les faire parler comme ils doivent parler.
(V.)

PLAUTINE.
De moi-même?

MARTIAN.
De vous : j'ai des yeux; et mon ame....

PLAUTINE.
Votre ame, en me faisant cette civilité [1],
Devroit l'accompagner de plus de vérité.
On n'a pas grande foi pour tant de déférence,
Lorsqu'on voit que la suite a si peu d'apparence.
L'offre sans doute est belle, et bien digne d'un prix;
Mais en le choisissant vous vous êtes mépris.
Si vous me connoissiez, vous feriez mieux paroître....

MARTIAN.
Hélas! mon mal ne vient que de vous trop connoître.
Mais vous-même, après tout, ne vous connoissez pas,
Quand vous croyez si peu l'effet de vos appas.
Si vous daigniez savoir quel est votre mérite,
Vous ne douteriez point de l'amour qu'il excite.
Othon m'en sert de preuve : il n'avoit rien aimé
Depuis que de Poppée il s'étoit vu charmé;
Bien que d'entre ses bras Néron l'eût enlevée,
L'image dans son cœur s'en étoit conservée;

---

[1] *Une ame qui fait une civilité; le mal qui vient à un vieux ministre d'état* (et c'est le mal d'amour); et Plautine qui répond à ce ministre *qu'il n'a point changé de visage;* et l'autre qui réplique *qu'il a l'oreille du grand maître!*

Que dire d'un tel dialogue? On est obligé de faire un commentaire : que ce commentaire au moins serve à faire connaître que son auteur rend justice; il ne connait aucune occasion où l'on doive déguiser la vérité. Plautine montre de la hauteur; et si cette hauteur menait à quelque chose de tragique, elle pourrait faire impression. Remarquons encore que de la hauteur n'est pas de la grandeur. (V.)

La mort même, la mort n'avoit pu l'en chasser :
A vous seule étoit dû l'honneur de l'effacer.
Vous seule d'un coup d'œil emportâtes la gloire
D'en faire évanouir la plus douce mémoire,
Et d'avoir su réduire à de nouveaux souhaits
Ce cœur impénétrable aux plus charmants objets.
Et vous vous étonnez que pour vous je soupire !
                    PLAUTINE.
Je m'étonne bien plus que vous me l'osiez dire ;
Je m'étonne de voir qu'il ne vous souvient plus
Que l'heureux Martian fut l'esclave Icélus,
Qu'il a changé de nom sans changer de visage.
                    MARTIAN.
C'est ce crime du sort qui m'enfle le courage.
Lorsqu'en dépit de lui je suis ce que je suis,
On voit ce que je vaux, voyant ce que je puis.
Un pur hasard sans nous règle notre naissance ;
Mais comme le mérite est en notre puissance,
La honte d'un destin qu'on vit mal assorti
Fait d'autant plus d'honneur quand on en est sorti.
Quelque tache en mon sang que laissent mes ancêtres,
Depuis que nos Romains ont accepté des maîtres,
Ces maîtres ont toujours fait choix de mes pareils
Pour les premiers emplois et les secrets conseils :
Ils ont mis en nos mains la fortune publique ;
Ils ont soumis la terre à notre politique ;
Patrobe, Polyclète, et Narcisse, et Pallas,
Ont déposé des rois, et donné des états.
On nous élève au trône au sortir de nos chaînes ;
Sous Claude on vit Félix le mari de trois reines :
Et, quand l'amour en moi vous présente un époux,
Vous me traitez d'esclave, et d'indigne de vous !

Madame, en quelque rang que vous ayez pu naître,
C'est beaucoup que d'avoir l'oreille du grand-maître.
Vinius est consul, et Lacus est préfet;
Je ne suis l'un ni l'autre, et suis plus en effet;
Et de ces consulats, et de ces préfectures,
Je puis quand il me plaît faire des créatures :
Galba m'écoute enfin; et c'est être aujourd'hui,
Quoique sans ces grands noms, le premier d'après lui.

PLAUTINE.

Pardonnez donc, seigneur, si je me suis méprise[1] :
Mon orgueil dans vos fers n'a rien qui l'autorise.
Je viens de me connoître, et me vois à mon tour
Indigne des honneurs qui suivent votre amour.
Avoir brisé ces fers fait un degré de gloire
Au-dessus des consuls, des préfets du prétoire;
Et si de cet amour je n'ose être le prix,
Le respect m'en empêche, et non plus le mépris.
On m'avoit dit pourtant que souvent la nature
Gardoit en vos pareils sa première teinture,
Que ceux de nos Césars qui les ont écoutés
Ont tous souillé leurs noms par quelques lâchetés,
Et que pour dérober l'empire à cette honte
L'univers a besoin qu'un vrai héros y monte.
C'est ce qui me faisoit y souhaiter Othon :

[1] Quoi qu'en dise Voltaire, cette hauteur ne déplaît pas, et l'on aime à voir humilier d'insolents parvenus, tels que Martian. Ceux qui ont été à portée d'observer parmi nous les valets grands seigneurs, qu'on nommait courtisans, les reconnaîtront sans peine à la bassesse des Martian et des Lacus, et verront que, malgré l'orgueil de leur naissance, ils auraient pu fournir à Corneille les modèles de ces vils personnages. L'avilissement où étaient tombés les Romains est d'ailleurs parfaitement peint dans cette scène. (P.)

Mais à ce que j'apprends ce souhait n'est pas bon.
Laissons-en faire aux dieux, et faites-vous justice;
D'un cœur vraiment romain dédaignez le caprice.
Cent reines à l'envi vous prendront pour époux ;
Félix en eut bien trois, et valoit moins que vous.

MARTIAN.

Madame, encore un coup, souffrez que je vous aime.
Songez que dans ma main j'ai le pouvoir suprême,
Qu'entre Othon et Pison mon suffrage incertain,
Suivant qu'il penchera, va faire un souverain.
Je n'ai fait jusqu'ici qu'empêcher l'hyménée
Qui d'Othon avec vous eût joint la destinée :
J'aurois pu hasarder quelque chose de plus;
Ne m'y contraignez point à force de refus.
Quand vous cédez Othon, me souffrir en sa place,
Peut-être ce sera faire plus d'une grace :
Car de vous voir à lui ne l'espérez jamais.

SCÈNE III.

PLAUTINE, LACUS, MARTIAN, FLAVIE.

LACUS.

Madame, enfin Galba s'accorde à vos souhaits ;
Et j'ai tant fait sur lui, que, dès cette journée [1],
De vous avec Othon il consent l'hyménée.

---

[1] Tout ce qu'on peut remarquer, c'est que *j'ai tant fait sur lui* est un barbarisme et une expression basse ; que le *qu'en dites-vous* de Plautine est une ironie comique ; que *sa grande ame qui fait un présent de sa flamme* est très vicieux ; qu'*il fait bon s'expliquer* est bourgeois, et que la scène est très froide. (V.)

PLAUTINE, à Martian.

Qu'en dites-vous, seigneur? Pourrez-vous bien souffrir
Cet hymen que Lacus de sa part vient m'offrir?
Le grand maître a parlé, voudrez-vous l'en dédire,
Vous qu'on voit après lui le premier de l'empire?
Dois-je me ravaler jusques à cet époux?
Ou dois-je par votre ordre aspirer jusqu'à vous?

LACUS.

Quel énigme [1] est-ce-cy, madame?

PLAUTINE.

Sa grande ame
Me faisoit tout-à-l'heure un présent de sa flamme;
Il m'assuroit qu'Othon jamais ne m'obtiendroit,
Et disoit à demi qu'un refus nous perdroit.
Vous m'osez cependant assurer du contraire;
Et je ne sais pas bien quelle réponse y faire.
Comme en de certains temps il fait bon s'expliquer,
En d'autres il vaut mieux ne s'y point embarquer.
Grands ministres d'état, accordez-vous ensemble,
Et je pourrai vous dire après ce qui m'en semble.

SCÈNE IV.

LACUS, MARTIAN.

LACUS.

Vous aimez donc Plautine, et c'est là cette foi
Qui contre Vinius vous attachoit à moi?

MARTIAN.

Si les yeux de Plautine ont pour moi quelque charme,

---

[1] *Énigme* était alors des deux genres. (PAR.)

Y trouvez-vous, seigneur, quelque sujet d'alarme?
Le moment bienheureux qui m'en feroit l'époux,
Réuniroit par moi Vinius avec vous.
Par-là de nos trois cœurs l'amitié ressaisie,
En déracineroit et haine et jalousie.
Le pouvoir de tous trois, par tous trois affermi,
Auroit pour nœud commun son gendre en votre ami;
Et quoi que contre vous il osât entreprendre....

LACUS.

Vous seriez mon ami, mais vous seriez son gendre;
Et c'est un foible appui des intérêts de cour
Qu'une vieille amitié contre un nouvel amour.
Quoi que veuille exiger une femme adorée,
La résistance est vaine ou de peu de durée;
Elle choisit ses temps, et les choisit si bien,
Qu'on se voit hors d'état de lui refuser rien.
Vous-même êtes-vous sûr que ce nœud la retienne
D'ajouter, s'il le faut, votre perte à la mienne?
Apprenez que des cœurs séparés à regret
Trouvent de se rejoindre aisément le secret.
Othon n'a pas pour elle éteint toutes ses flammes;
Il sait comme aux maris on arrache les femmes;
Cet art sur son exemple est commun aujourd'hui,
Et son maître Néron l'avoit appris de lui.
Après tout, je me trompe, ou près de cette belle....

MARTIAN.

J'espère en Vinius, si je n'espère en elle;
Et l'offre pour Othon de lui donner ma voix
Soudain en ma faveur emportera son choix.

LACUS.

Quoi! vous nous donneriez vous-même Othon pour maître?

MARTIAN.

Et quel autre dans Rome est plus digne de l'être?

LACUS.

Ah! pour en être digne, il l'est, et plus que tous;
Mais aussi, pour tout dire, il en sait trop pour nous.
Il sait trop ménager ses vertus et ses vices [1].
Il étoit sous Néron de toutes ses délices :
Et la Lusitanie a vu ce même Othon
Gouverner en César, et juger en Caton.
Tout favori dans Rome, et tout maître en province,
De lâche courtisan il s'y montra grand prince;
Et son ame ployante, attendant l'avenir,
Sait faire également sa cour, et la tenir.
Sous un tel souverain nous sommes peu de chose;
Son soin jamais sur nous tout-à-fait ne repose :
Sa main seule départ ses libéralités;
Son choix seul distribue états et dignités.
Du timon qu'il embrasse il se fait le seul guide,
Consulte et résout seul, écoute et seul décide;
Et, quoi que nos emplois puissent faire du bruit,

---

[1] Le portrait d'Othon est très beau dans cette scène. Il est permis à un auteur dramatique d'ajouter des traits aux caractères qu'il dépeint, et d'aller plus loin que l'histoire. Tacite dit d'Othon, *pueritiam incuriose, adolescentiam petulanter egerat, gratus Neroni æmulatione luxus... in provinciam specie legationis seposuit... comiter administrata provincia.* Son enfance fut paresseuse, sa jeunesse débauchée; il plut à Néron en imitant ses vices et son luxe. S'étant exilé lui-même dans la Lusitanie, dont il était gouverneur, il s'y comporta avec humanité.

Cette scène serait intéressante si elle produisait de grands événements. Les fautes sont, *l'amitié ressaisie de trois cœurs*, que ce *nœud la retienne d'ajouter*, ou *près de cette belle*, et quelques autres expressions qui ne sont ni assez nobles ni assez correctes. (V.)

Sitôt qu'il nous veut perdre, un coup d'œil nous détruit.
Voyez d'ailleurs Galba, quel pouvoir il nous laisse,
En quel poste sous lui nous a mis sa foiblesse.
Nos ordres règlent tout, nous donnons, retranchons;
Rien n'est exécuté dès que nous l'empêchons :
Comme par un de nous il faut que tout s'obtienne,
Nous voyons notre cour plus grosse que la sienne;
Et notre indépendance iroit au dernier point,
Si l'heureux Vinius ne la partageoit point :
Notre unique chagrin est qu'il nous la dispute.
L'âge met cependant Galba près de sa chute;
De peur qu'il nous entraîne il faut un autre appui,
Mais il le faut pour nous aussi foible que lui.
Il nous en faut prendre un qui, satisfait des titres,
Nous laisse du pouvoir les suprêmes arbitres.
Pison a l'ame simple et l'esprit abattu;
S'il a grande naissance, il a peu de vertu [1] :
Non de cette vertu qui déteste le crime;
Sa probité sévère est digne qu'on l'estime;
Elle a tout ce qui fait un grand homme de bien :
Mais en un souverain c'est peu de chose, ou rien.
Il faut de la prudence, il faut de la lumière,

---

[1] *S'il a grande naissance; une vigueur adroite et fière qui sème des appas; et c'est là justement; moquons-nous du reste; il nous devra le tout; s'il vient par nous à bout,* etc. Il n'est pas nécessaire de dire que toutes ces façons de parler sont ou vicieuses ou ignobles. (V.)

Certainement elles seraient vicieuses aujourd'hui; mais Voltaire, en les accumulant sans ordre et sans suite, en les isolant du texte, comme il le fait dans ses remarques, les fait paraître plus vicieuses encore. Et c'est une des perfidies de son commentaire. (P.)

Il faut de la vigueur adroite autant que fière [1],
Qui pénètre, éblouisse, et sème des appas....
Il faut mille vertus enfin qu'il n'aura pas.
Lui-même il nous priera d'avoir soin de l'empire,
Et saura seulement ce qu'il nous plaira dire :
Plus nous l'y tiendrons bas, plus il nous mettra haut;
Et c'est là justement le maître qu'il nous faut.

MARTIAN.

Mais, seigneur, sur le trône élever un tel homme,
C'est mal servir l'état, et faire opprobre à Rome.

LACUS.

Et qu'importe à tous deux de Rome et de l'état?
Qu'importe qu'on leur voie ou plus ou moins d'éclat?
Faisons nos sûretés, et moquons-nous du reste.
Point, point de bien public s'il nous devient funeste.
De notre grandeur seule ayons des cœurs jaloux;
Ne vivons que pour nous, et ne pensons qu'à nous.
Je vous le dis encor : mettre Othon sur nos têtes,
C'est nous livrer tous deux à d'horribles tempêtes.
Si nous l'en voulons croire, il nous devra le tout :
Mais de ce grand projet s'il vient par nous à bout,
Vinius en aura lui seul tout l'avantage.
Comme il l'a proposé, ce sera son ouvrage;
Et la mort, ou l'exil, ou les abaissements,
Seront pour vous et moi ses vrais remercîments.

MARTIAN.

Oui, notre sûreté veut que Pison domine :
Obtenez-en pour moi qu'il m'assure Plautine;
Je vous promets pour lui mon suffrage à ce prix.
La violence est juste après de tels mépris.

---

[1] VAR. Il faut une vigueur adroite autant que fière. (1665.)

Commençons à jouir par-là de son empire,
Et voyons s'il est homme à nous oser dédire.

LACUS.

Quoi! votre amour toujours fera son capital
Des attraits de Plautine et du nœud conjugal [1]?
Eh bien, il faudra voir qui sera plus utile
D'en croire.... Mais voici la princesse Camille.

SCÈNE V.

CAMILLE, LACUS, MARTIAN, ALBIANE.

CAMILLE.

Je vous rencontre ensemble ici fort à propos,
Et voulois à tous deux vous dire quatre mots [2].

Si j'en crois certain bruit que je ne puis vous taire,

---

[1] Cela seul suffirait pour avilir un héros, et détruit tout ce que cette scène promettait. (V.)

[2] *A propos* et *quatre mots* auraient gâté le rôle de Cornélie; mais une fille qui vient parler ainsi de son mariage à deux ministres est bien loin d'être une Cornélie. Camille emploie cette figure froide de l'ironie, qu'il faut employer si sobrement; elle parle en bourgeoise en parlant de l'empire. *Je sais ce qui m'est propre; je m'aime un peu moi-même; je n'ai pas grande envie.* L'insipidité de l'intrigue et la bassesse de l'expression sont égales. Ces fautes trop souvent répétées sont cause que cette pièce, admirablement commencée, faiblit de scène en scène, et ne peut plus être représentée. (V.)

Voltaire traite toujours l'ironie de figure froide, et véritablement elle peut l'être ici; mais il oublie qu'elle a été employée avec succès par les plus grands poëtes dans le feu des passions les plus violentes. Clytemnestre elle-même (et dans quel moment!) en donne un exemple dans *Iphigénie*, qui prouve bien que Racine ne regardait pas cette figure comme déplacée dans

ACTE II, SCÈNE V.

Vous poussez un peu loin l'orgueil du ministère :
On dit que sur mon rang vous étendez sa loi,
Et que vous vous mêlez de disposer de moi.

MARTIAN.

Nous, madame?

CAMILLE.

Faut-il que je vous obéisse,
Moi, dont Galba prétend faire une impératrice?

LACUS.

L'un et l'autre sait trop quel respect vous est dû.

CAMILLE.

Le crime en est plus grand si vous l'avez perdu.
Parlez, qu'avez-vous dit à Galba l'un et l'autre?

MARTIAN.

Sa pensée a voulu s'assurer sur la nôtre;

les situations les plus fortement tragiques : Venez, dit Clytemnestre à sa fille,

> . . . . On n'attend plus que vous ;
> Venez remercier un père qui vous aime,
> Et qui veut à l'autel vous conduire lui-même.

Est-il une ironie plus amère que celle que prête à Roxane le même poëte, lorsque, parlant à sa rivale, dans le plus vif emportement de sa jalousie, et au moment même où elle vient d'ordonner la mort de Bajazet, elle lui dit :

> Je ne mérite pas un si grand sacrifice :
> Je me connois, madame, et je me fais justice.
> Loin de vous séparer, je prétends aujourd'hui,
> Par des nœuds éternels, vous unir avec lui :
> Vous jouirez bientôt de son aimable vue.

Racine, comme on pourrait le prouver par d'autres exemples, a souvent employé cette figure ; et cependant Voltaire, qui le connaissait si bien, a dit, par inadvertance, que depuis *Andromaque* on n'en trouvait plus dans ses tragédies. Il faut quelquefois se méfier du ton beaucoup trop décisif que prend Voltaire dans ses assertions. (P.)

Et s'étant proposé le choix d'un successeur,
Pour laisser à l'empire un digne possesseur,
Sur ce don imprévu qu'il fait du diadème,
Vinius a parlé, Lacus a fait de même.

CAMILLE.

Et ne savez-vous point, et Vinius, et vous,
Que ce grand successeur doit être mon époux,
Que le don de ma main suit ce don de l'empire?
Galba, par vos conseils, voudroit-il s'en dédire?

LACUS.

Il est toujours le même, et nous avons parlé
Suivant ce qu'à tous deux le ciel a révélé :
En ces occasions, lui qui tient les couronnes
Inspire les avis sur le choix des personnes.
Nous avons cru d'ailleurs pouvoir sans attentat
Faire vos intérêts de ceux de tout l'état.
Vous ne voudriez pas en avoir de contraires.

CAMILLE.

Vous n'avez, vous ni lui, pensé qu'à vos affaires;
Et nous offrir Pison, c'est assez témoigner....

LACUS.

Le trouvez-vous, madame, indigne de régner?
Il a de la vertu, de l'esprit, du courage;
Il a de plus....

CAMILLE.

De plus, il a votre suffrage;
Et c'est assez de quoi mériter mes refus.
Par respect de son sang, je ne dis rien de plus.

MARTIAN.

Aimeriez-vous Othon, que Vinius propose,
Othon, dont vous savez que Plautine dispose,
Et qui n'aspire ici qu'à lui donner sa foi?

ACTE II, SCÈNE V.

CAMILLE.

Qu'il brûle encor pour elle, ou la quitte pour moi,
Ce n'est pas votre affaire ; et votre exactitude
Se charge en ma faveur de trop d'inquiétude.

LACUS.

Mais l'empereur consent qu'il l'épouse aujourd'hui ;
Et moi-même je viens de l'obtenir pour lui.

CAMILLE.

Vous en a-t-il prié? dites, ou si l'envie....

LACUS.

Un véritable ami n'attend point qu'on le prie.

CAMILLE.

Cette amitié me charme, et je dois avouer
Qu'Othon a jusqu'ici tout lieu de s'en louer,
Que l'heureux contre-temps d'un si rare service....

LACUS.

Madame.....

CAMILLE.

Croyez-moi, mettez bas l'artifice.
Ne vous hasardez point à faire un empereur.
Galba connoît l'empire, et je connois mon cœur :
Je sais ce qui m'est propre; il voit ce qu'il doit faire,
Et quel prince à l'état est le plus salutaire.
Si le ciel vous inspire, il aura soin de nous,
Et saura sur ce point nous accorder sans vous.

LACUS.

Si Pison vous déplaît, il en est quelques autres....

CAMILLE.

N'attachez point ici mes intérêts aux vôtres.
Vous avez de l'esprit, mais j'ai des yeux perçants.
Je vois qu'il vous est doux d'être les tout-puissants;
Et je n'empêche point qu'on ne vous continue

Votre toute-puissance au point qu'elle est venue ;
Mais quant à cet époux, vous me ferez plaisir
De trouver bon qu'enfin je puisse le choisir.
Je m'aime un peu moi-même, et n'ai pas grande envie
De vous sacrifier le repos de ma vie.

MARTIAN.

Puisqu'il doit avec vous régir tout l'univers....

CAMILLE.

Faut-il vous dire encor que j'ai des yeux ouverts?
Je vois jusqu'en vos cœurs, et m'obstine à me taire ;
Mais je pourrois enfin dévoiler le mystère.

MARTIAN.

Si l'empereur nous croit....

CAMILLE.

Sans doute il vous croira ;
Sans doute je prendrai l'époux qu'il m'offrira,
Soit qu'il plaise à mes yeux, soit qu'il me choque en l'ame.
Il sera votre maître, et je serai sa femme ;
Le temps me donnera sur lui quelque pouvoir,
Et vous pourrez alors vous en apercevoir.
Voilà les quatre mots que j'avois à vous dire,
Pensez-y.

SCÈNE VI.

LACUS, MARTIAN.

MARTIAN.

Ce courroux que Pison nous attire....

LACUS.

Vous vous en alarmez? Laissons-la discourir,
Et ne nous perdons pas, de crainte de périr.

MARTIAN.
Vous voyez quel orgueil contre nous l'intéresse.
LACUS.
Plus elle m'en fait voir, plus je vois sa foiblesse.
Faisons régner Pison; et, malgré ce courroux,
Vous verrez qu'elle-même aura besoin de nous.

FIN DU SECOND ACTE.

ACTE TROISIÈME.

SCÈNE I[1].

CAMILLE, ALBIANE.

CAMILLE.

Ton frère te l'a dit, Albiane ?

ALBIANE.

Oui, madame ;

[1] L'intrigue n'est pas ici plus intéressante et plus tragique qu'auparavant. Cette confidente, qui apprend à sa maîtresse qu'elle va être femme de Pison, et que son amant Othon sera sacrifié, pourrait émouvoir le spectateur, si le péril d'Othon était bien certain : mais qui a dit à cette confidente qu'un jour Pison, étant César, se déferait d'Othon ? Premièrement, Camille devrait apprendre son mariage de la bouche de l'empereur, et non de celle d'une confidente ; et ce serait du moins une espèce de situation, une petite surprise, quelque chose de ressemblant à un coup de théâtre, si Camille, espérant d'obtenir Othon de l'empereur, recevait inopinément de la bouche de l'empereur l'ordre d'en épouser un autre.

Secondement, de longs discours d'une suivante, qui dit que *les princesses doivent faire les avances,* jetteraient du froid sur le rôle de Phèdre, et sur les tragédies d'*Andromaque* et d'*Iphigénie*.

Troisièmement, s'il y a quelque chose d'aussi comique et d'aussi insipide qu'une suivante qui dit, *c'est la gêne où réduit celles de votre sorte... Si je n'avois fait enhardir votre amant, il ne vous auroit pas parlé,* etc. ; c'est une princesse qui répond : *Tu le crois donc qu'il m'aime ?* Le lecteur sent assez *qu'un devoir qui passe du côté de l'amour... se faire en la cour un accès pour un plus digne amour ;*

ACTE III, SCÈNE I.

Galba choisit Pison, et vous êtes sa femme,
Ou, pour en mieux parler, l'esclave de Lacus,
A moins d'un éclatant et généreux refus.

CAMILLE.

Et que devient Othon?

ALBIANE.

Vous allez voir sa tête
De vos trois ennemis affermir la conquête,
Je veux dire assurer votre main à Pison,
Et l'empire aux tyrans qui font régner son nom.
Car comme il n'a pour lui qu'une suite d'ancêtres,
Lacus et Martian vont être nos vrais maîtres;
Et Pison ne sera qu'un idole sacré [1]
Qu'ils tiendront sur l'autel pour répondre à leur gré
Sa probité stupide autant comme farouche
A prononcer leurs lois asservira sa bouche;
Et le premier arrêt qu'ils lui feront donner
Les défera d'Othon, qui les peut détrôner.

CAMILLE.

O dieux! que je le plains!

ALBIANE.

Il est sans doute à plaindre,
Si vous l'abandonnez à tout ce qu'il doit craindre;
Mais comme enfin la mort finira son ennui,
Je crains fort de vous voir plus à plaindre que lui.

CAMILLE.

L'hymen sur un époux donne quelque puissance.

---

en un mot, tout ce dialogue n'est pas ce qu'on doit attendre dans une tragédie. (V.)

[1] *Idole*, depuis Corneille, a changé de genre, et n'est plus que du féminin. (P.)

ALBIANE.

Octavie a péri sur cette confiance.
Son sang, qui fume encor, vous montre à quel destin
Peut exposer vos jours un nouveau Tigellin.
Ce grand choix vous en donne à craindre deux ensemble;
Et pour moi, plus j'y songe, et plus pour vous je tremble.

CAMILLE.

Quel remède, Albiane?

ALBIANE.

Aimer, et faire voir....

CAMILLE.

Que l'amour est sur moi plus fort que le devoir?

ALBIANE.

Songez moins à Galba qu'à Lacus qui vous brave,
Et qui vous fait encor braver par un esclave.
Songez à vos périls; et peut-être à son tour
Ce devoir passera du côté de l'amour.
Bien que nous devions tout aux puissances suprêmes,
Madame, nous devons quelque chose à nous-mêmes,
Sur-tout quand nous voyons des ordres dangereux,
Sous ces grands souverains, partir d'autres que d'eux.

CAMILLE.

Mais Othon m'aime-t-il?

ALBIANE.

S'il vous aime? Ah, madame!

CAMILLE.

On a cru que Plautine avoit toute son ame.

ALBIANE.

On l'a dû croire aussi, mais on s'est abusé;
Autrement, Vinius l'auroit-il proposé?
Auroit-il pu trahir l'espoir d'en faire un gendre?

CAMILLE.

En feignant de l'aimer que pouvoit-il prétendre?

ALBIANE.

De s'approcher de vous, et se faire en la cour
Un accès libre et sûr pour un plus digne amour.
De Vinius par-là gagnant la bienveillance,
Il a su le jeter dans une autre espérance,
Et le flatter d'un rang plus haut et plus certain,
S'il devenoit par vous empereur de sa main.
Vous voyez à ces soins que Vinius s'applique,
En même temps qu'Othon auprès de vous s'explique.

CAMILLE.

Mais à se déclarer il a bien attendu.

ALBIANE.

Mon frère jusque-là vous en a répondu.

CAMILLE.

Tandis[1], tu m'as réduite à faire un peu d'avance,
A consentir qu'Albin combattît son silence;
Et même Vinius, dès qu'il me l'a nommé,
A pu voir aisément qu'il pourroit être aimé.

ALBIANE.

C'est la gêne où réduit celles de votre sorte
La scrupuleuse loi du respect qu'on leur porte.
Il arrête les vœux, captive les desirs,
Abaisse les regards, étouffe les soupirs,
Dans le milieu du cœur enchaîne la tendresse ;
Et tel est en aimant le sort d'une princesse,
Que, quelque amour qu'elle ait, et qu'elle ait pu donner,

---

[1] Nous avons déja eu l'occasion de remarquer que, du temps de Corneille, *tandis* pouvait encore s'employer pour *cependant*. (P.ᴀʀ.)

Il faut qu'elle devine, et force à deviner.
Quelque peu qu'on lui die, on craint de lui trop dire;
A peine on se hasarde à jurer qu'on l'admire;
Et pour apprivoiser ce respect ennemi,
Il faut qu'en dépit d'elle elle s'offre à demi.
Voyez-vous comme Othon sauroit encor se taire,
Si je ne l'avois fait enhardir par mon frère?

CAMILLE.

Tu le crois donc, qu'il m'aime?

ALBIANE.

Et qu'il lui seroit doux
Que vous eussiez pour lui l'amour qu'il a pour vous.

CAMILLE.

Hélas! que cet amour croit tôt ce qu'il souhaite!
En vain la raison parle, en vain elle inquiète,
En vain la défiance ose ce qu'elle peut;
Il veut croire, et ne croit que parcequ'il le veut.
Pour Plautine ou pour moi je vois du stratagème,
Et m'obstine avec joie à m'aveugler moi-même.
Je plains cette abusée, et c'est moi qui la suis
Peut-être, et qui me livre à d'éternels ennuis;
Peut-être, en ce moment qu'il m'est doux de te croire,
De ses vœux à Plautine il assure la gloire :
Peut-être....

SCÈNE II.

CAMILLE, ALBIN, ALBIANE.

ALBIN.

L'empereur vient ici vous trouver
Pour vous dire son choix, et le faire approuver.

S'il vous déplaît, madame, il faut de la constance;
Il faut une fidèle et noble résistance;
Il faut....

CAMILLE.

De mon devoir je saurai prendre soin.
Allez chercher Othon pour en être témoin.

SCÈNE III[1].

GALBA, CAMILLE, ALBIANE.

GALBA.

Quand la mort de mes fils désola ma famille,
Ma nièce, mon amour vous prit dès-lors pour fille;
Et, regardant en vous les restes de mon sang,
Je flattai ma douleur en vous donnant leur rang.
Rome, qui m'a depuis chargé de son empire,
Quand sous le poids de l'âge à peine je respire,
A vu ce même amour me le faire accepter,
Moins pour me seoir si haut, que pour vous y porter.
Non que si jusque-là Rome pouvoit renaître,
Qu'elle fût en état de se passer de maître,
Je ne me crusse digne, en cet heureux moment,
De commencer par moi son rétablissement :
Mais cet empire immense est trop vaste pour elle.

[1] On ne voit jamais dans cette pièce qu'une fille à marier. Il n'est pas contre la convenance que Galba tâche d'ennoblir la petitesse de cette intrigue par un discours politique ; mais il est contre toute bienséance, tranchons le mot, il est intolérable que Camille dise à l'empereur qu'il serait bon *que son mari eût quelque chose de propre à donner de l'amour*. Galba dit à sa nièce que ce raisonnement est fort délicat. (V.)

A moins que d'une tête un si grand corps chancelle ;
Et pour le nom des rois son invincible horreur
S'est d'ailleurs si bien faite aux lois d'un empereur,
Qu'elle ne peut souffrir, après cette habitude,
Ni pleine liberté, ni pleine servitude.
Elle veut donc un maître, et Néron condamné
Fait voir ce qu'elle veut en un front couronné.
Vindex, Rufus, ni moi, n'avons causé sa perte ;
Ses crimes seuls l'ont faite ; et le ciel l'a soufferte
Pour marque aux souverains qu'ils doivent par l'effet
Répondre dignement au grand choix qu'il en fait.
Jusques à ce grand coup, un honteux esclavage
D'une seule maison nous faisoit l'héritage.
Rome n'en a repris, au lieu de liberté,
Qu'un droit de mettre ailleurs la souveraineté ;
Et laisser après moi dans le trône un grand homme,
C'est tout ce qu'aujourd'hui je puis faire pour Rome.
Prendre un si noble soin, c'est en prendre de vous.
Ce maître qu'il lui faut vous est dû pour époux ;
Et mon zèle s'unit à l'amour paternelle
Pour vous en donner un digne de vous et d'elle.
Jule et le grand Auguste ont choisi dans leur sang,
Ou dans leur alliance, à qui laisser ce rang.
Moi, sans considérer aucun nœud domestique,
J'ai fait ce choix comme eux, mais dans la république :
Je l'ai fait de Pison ; c'est le sang de Crassus,
C'est celui de Pompée, il en a les vertus ;
Et ces fameux héros dont il suivra la trace
Joindront de si grands noms aux grands noms de ma race,
Qu'il n'est point d'hyménée en qui l'égalité
Puisse élever l'empire à plus de dignité.

CAMILLE.

J'ai tâché de répondre à cet amour de père
Par un tendre respect qui chérit et révère,
Seigneur; et je vois mieux encor par ce grand choix,
Et combien vous m'aimez, et combien je vous dois.
Je sais ce qu'est Pison, et quelle est sa noblesse;
Mais, si j'ose à vos yeux montrer quelque foiblesse,
Quelque digne qu'il soit et de Rome et de moi,
Je tremble à lui promettre et mon cœur et ma foi;
Et j'avouerai, seigneur, que pour mon hyménée
Je crois tenir un peu de Rome où je suis née.
Je ne demande point la pleine liberté,
Puisqu'elle en a mis bas l'intrépide fierté;
Mais si vous m'imposez la pleine servitude,
J'y trouverai, comme elle, un joug un peu bien rude.
Je suis trop ignorante en matière d'état
Pour savoir quel doit être un si grand potentat;
Mais Rome dans ses murs n'a-t-elle qu'un seul homme,
N'a-t-elle que Pison qui soit digne de Rome?
Et dans tous ses états n'en sauroit-on voir deux
Que puissent vos bontés hasarder à mes vœux?
   Néron fit aux vertus une cruelle guerre,
S'il en a dépeuplé les trois parts de la terre,
Et si, pour nous donner de dignes empereurs,
Pison seul avec vous échappe à ses fureurs.
Il est d'autres héros dans un si vaste empire,
Il en est qu'après vous on se plairoit d'élire,
Et qui sauroient mêler, sans vous faire rougir,
L'art de gagner les cœurs au grand art de régir.
D'une vertu sauvage on craint un dur empire;
Souvent on s'en dégoûte au moment qu'on l'admire;
Et, puisque ce grand choix me doit faire un époux,

Il seroit bon qu'il eût quelque chose de doux,
Qu'on vît en sa personne également paroître
Les graces d'un amant et les hauteurs d'un maître,
Et qu'il fût aussi propre à donner de l'amour
Qu'à faire ici trembler sous lui toute sa cour [1].
Souvent un peu d'amour dans les cœurs des monarques
Accompagne assez bien leurs plus illustres marques.
Ce n'est pas qu'après tout je pense à résister;
J'aime à vous obéir, seigneur, sans contester.
Pour prix d'un sacrifice où mon cœur se dispose,
Permettez qu'un époux me doive quelque chose.
Dans cette servitude où se plaît mon desir,
C'est quelque liberté qu'un ou deux à choisir.
Votre Pison peut-être aura de quoi me plaire
Quand il ne sera plus un mari nécessaire;
Et son amour pour moi sera plus assuré,
S'il voit à quels rivaux je l'aurai préféré.

GALBA.

Ce long raisonnement dans sa délicatesse
A vos tendres respects mêle beaucoup d'adresse.
Si le refus n'est juste, il est doux et civil.
Parlez donc, et sans feinte : Othon vous plairoit-il?
On me l'a proposé, qu'y trouvez-vous à dire?

CAMILLE.

L'avez-vous cru d'abord indigne de l'empire,
Seigneur?

GALBA.

Non : mais depuis, consultant ma raison,
J'ai trouvé qu'il falloit lui préférer Pison.
Sa vertu plus solide et toute inébranlable

---

[1] Var. Qu'à faire ici trembler sous lui toute la cour. (1665.)

Nous fera, comme Auguste, un siècle incomparable,
Où l'autre, par Néron dans le vice abymé,
Ramènera ce luxe où sa main l'a formé,
Et tous les attentats de l'infame licence
Dont il osa souiller la suprême puissance.

CAMILLE.

Othon près d'un tel maître a su se ménager,
Jusqu'à ce que le temps ait pu l'en dégager.
Qui sait faire sa cour se fait aux mœurs du prince ;
Mais il fut tout à soi quand il fut en province ;
Et sa haute vertu par d'illustres effets
Y dissipa soudain ces vices contrefaits.
Chaque jour a sous vous grossi sa renommée ;
Mais Pison n'eut jamais de charge ni d'armée ;
Et comme il a vécu jusqu'ici sans emploi,
On ne sait ce qu'il vaut que sur sa bonne foi.
Je veux croire en faveur des héros de sa race
Qu'il en a les vertus, qu'il en suivra la trace,
Qu'il en égalera les plus illustres noms ;
Mais j'en croirois bien mieux de grandes actions.
Si dans un long exil il a paru sans vice,
La vertu des bannis souvent n'est qu'artifice.
Sans vous avoir servi vous l'avez ramené :
Mais l'autre est le premier qui vous ait couronné ;
Dès qu'il vit deux partis, il se rangea du vôtre :
Ainsi l'un vous doit tout, et vous devez à l'autre.

GALBA.

Vous prendrez donc le soin de m'acquitter vers lui ;
Et comme pour l'empire il faut un autre appui,
Vous croirez que Pison est plus digne de Rome ;
Pour ne plus en douter, suffit que je le nomme.

CAMILLE.

Pour Rome et son empire, après vous je le croi;
Mais je doute si l'autre est moins digne de moi.

GALBA.

Doutez-en; un tel doute est bien digne d'une ame
Qui voudroit de Néron revoir le siècle infame,
Et qui voyant qu'Othon lui ressemble le mieux....

CAMILLE.

Choisissez de vous-même, et je ferme les yeux.
Que vos seules bontés de tout mon sort ordonnent :
Je me donne en aveugle à qui qu'elles me donnent.
Mais quand vous consultez Lacus et Martian,
Un époux de leur main me paroît un tyran;
Et, si j'ose tout dire en cette conjoncture,
Je regarde Pison comme leur créature,
Qui, régnant par leur ordre et leur prêtant sa voix,
Me forcera moi-même à recevoir leurs lois:
Je ne veux point d'un trône où je sois leur captive,
Où leur pouvoir m'enchaîne, et, quoi qu'il en arrive,
J'aime mieux un mari qui sache être empereur,
Qu'un mari qui le soit et souffre un gouverneur.

GALBA.

Ce n'est pas mon dessein de contraindre les ames.
N'en parlons plus : dans Rome il sera d'autres femmes
A qui Pison en vain n'offrira pas sa foi[1].
Votre main est à vous, mais l'empire est à moi.

---

[1] Si on faisait paraître un vieillard de comédie entre sa nièce et un amant qu'elle veut épouser, on ne pourrait guère s'exprimer autrement que dans cette scène :

> N'en parlons plus :... il sera d'autres femmes
> A qui Pison en vain, etc.

Otez les noms, toute cette tragédie n'est qu'une comédie sans

SCÈNE IV.

GALBA, OTHON, CAMILLE, ALBIN, ALBIANE.

GALBA.

Othon, est-il bien vrai que vous aimiez Camille [1]?

OTHON.

Cette témérité m'est sans doute inutile :
Mais si j'osois, seigneur, dans mon sort adouci....

GALBA.

Non, non ; si vous l'aimez, elle vous aime aussi.
Son amour près de moi vous rend de tels offices,
Que je vous en fais don pour prix de vos services.
Ainsi, bien qu'à Lacus j'aie accordé pour vous
Qu'aujourd'hui de Plautine on vous verra l'époux [2],
L'illustre et digne ardeur d'une flamme si belle

---

intérêt, et aussi froidement écrite que durement. Je le répète, on a voulu un commentaire sur toutes les pièces de Corneille : mais que dire d'un mauvais ouvrage, sinon qu'il est mauvais, en montrant aux étrangers et aux jeunes gens pourquoi il est si mauvais ? (V.)

On peut, on doit même dire que ce qui est mauvais est mauvais ; mais il est, dans les termes, une bienséance dont il ne faut jamais s'écarter lorsqu'on juge les hommes supérieurs. (P.)

[1] Le vice de cette scène est la suite des défauts précédents. La petite ironie de Galba, *Est-il bien vrai que vous aimiez Camille? si vous l'aimez, elle vous aime aussi; son cœur aspire à votre hymen d'une telle force; choisissez des charges à communs sentiments; tenez-vous assuré qu'elle aura tout mon bien :* y a-t-il dans tout cela un seul mot qui ne soit, même pour le fond, convenable au seul genre comique ? (V.)

[2] Var. Qu'aujourd'hui de Plautine on vous verroit l'époux. (1665

M'en fait révoquer l'ordre, et vous obtient pour elle.
OTHON.
Vous m'en voyez de joie interdit et confus.
Quand je me prononçois moi-même un prompt refus,
Que j'attendois l'effet d'une juste colère,
Je suis assez heureux pour ne vous pas déplaire!
Et, loin de condamner des vœux trop élevés...
GALBA.
Vous savez mal encor combien vous lui devez.
Son cœur de telle force à votre hymen aspire,
Que pour mieux être à vous il renonce à l'empire.
Choisissez donc ensemble, à communs sentiments,
Des charges dans ma cour, ou des gouvernements;
Vous n'avez qu'à parler.
OTHON.
Seigneur, si la princesse....
GALBA.
Pison n'en voudra pas dédire ma promesse.
Je l'ai nommé César, pour le faire empereur :
Vous savez ses vertus, je réponds de son cœur.
Adieu. Pour observer la forme accoutumée,
Je le vais de ma main présenter à l'armée.
Pour Camille, en faveur de cet heureux lien,
Tenez-vous assuré qu'elle aura tout mon bien :
Je la fais dès ce jour mon unique héritière.

SCÈNE V[1].

OTHON, CAMILLE, ALBIN, ALBIANE.

CAMILLE.
Vous pouvez voir par-là mon ame tout entière,

[1] Cette scène sort du ton de la comédie; mais l'impression déja reçue empêche le spectateur de voir de l'élévation dans un sujet qui, pendant près de trois actes, n'a presque rien eu de noble et de grand. Tous les discours artificieux que tient Othon pour se débarrasser de l'amour de Camille, toutes ses craintes de l'avenir, ne peuvent faire naître d'autre sentiment que celui de l'indifférence. Camille, à la fin de la scène, est jalouse de Plautine, mais elle est froidement jalouse. Othon ne peut guère intéresser personne en parlant de sa première femme Poppée, qui a été maîtresse de Néron. Camille peut-elle intéresser davantage en disant qu'*elle ne sait point faire valoir les choses,* qu'*elle ne sait pas quel amour elle a pu donner;* mais qu'*Othon aime à raisonner sur l'empire; elle l'y trouve assez fort, et même d'une force à montrer qu'il connaît ce que l'empire a d'amorce.*

Je crois que cet acte était impraticable. Tout manque, quand l'intérêt manque. C'est précisément ce que dit l'auteur de l'*Histoire du Théâtre français*, à l'article OTHON : *La partie la plus nécessaire y manque; l'intérêt est l'ame d'une pièce, et le spectateur n'en prend ici pour aucun des personnages.* (V.)

Plaisante autorité que celle de l'historien du Théâtre français pour juger Corneille, même dans ce qu'il a de plus faible! En traitant le sujet d'*Othon*, il est bien évident que ce grand homme n'avait pas eu le projet de faire une tragédie où, selon la loi trop générale qu'en fait Voltaire, il y eût des combats du cœur et des infortunes intéressantes. Il avait voulu peindre des mœurs et des caractères fidèlement tracés; et, dans cette partie, il est toujours un grand peintre. Il ne circonscrivait pas la tragédie dans un seul genre; et Voltaire lui-même, qui n'avait fait, à ce qu'il avoue, sa tragédie du *Triumvirat* que pour y appliquer des notes

Seigneur; et je voudrois en vain la déguiser
Après ce que pour vous l'amour me fait oser.
Ce que Galba pour moi prend le soin de vous dire....

OTHON.

Quoi donc, madame! Othon vous coûteroit l'empire?
Il sait mieux ce qu'il vaut, et n'est pas d'un tel prix
Qu'il le faille acheter par ce noble mépris.
Il se doit opposer à cet effort d'estime
Où s'abaisse pour lui ce cœur trop magnanime,
Et, par un même effort de magnanimité,
Rendre une ame si haute au trône mérité.
D'un si parfait amour quelles que soient les causes....

CAMILLE.

Je ne sais point, seigneur, faire valoir les choses :
Et, dans ce prompt succès dont nos cœurs sont charmés,
Vous me devez bien moins que vous ne présumez.
Il semble que pour vous je renonce à l'empire,
Et qu'un amour aveugle ait su me le prescrire.
Je vous aime, il est vrai; mais si l'empire est doux,
Je crois m'en assurer quand je me donne à vous.
Tant que vivra Galba, le respect de son âge,
Du moins apparemment, soutiendra son suffrage;
Pison croira régner : mais peut-être qu'un jour
Rome se permettra de choisir à son tour.
A faire un empereur alors quoi qui l'excite,
Qu'elle en veuille la race, ou cherche le mérite,
Notre union aura des voix de tous côtés,

historiques, ne s'éloignait pas de cette façon de penser, et devait la pardonner à Corneille. *Othon* n'est susceptible que d'un seul intérêt, l'intérêt de curiosité ; et nous avons éprouvé en relisant la pièce, et en y admirant encore plusieurs détails, ce genre d'intérêt. (P.)

ACTE III, SCÈNE V.

Puisque j'en ai le sang, et vous les qualités.
Sous un nom si fameux qui vous rend préférable,
L'héritier de Galba sera considérable ;
On aimera ce titre en un si digne époux ;
Et l'empire est à moi si l'on me voit à vous.

OTHON.

Ah, madame! quittez cette vaine espérance
De nous voir quelque jour remettre en la balance :
S'il faut que de Pison on accepte la loi,
Rome, tant qu'il vivra, n'aura plus d'yeux pour moi.
Elle a beau murmurer contre un indigne maître ;
Elle en souffre, pour lâche ou méchant qu'il puisse être.
Tibère étoit méchant, Caligule brutal,
Claude foible, Néron en forfaits sans égal.
Il se perdit lui-même à force de grands crimes ;
Mais le reste a passé pour princes légitimes.
Claude même, ce Claude et sans cœur et sans yeux,
A peine les ouvrit qu'il devint furieux ;
Et Narcisse et Pallas l'ayant mis en furie,
Firent sous son aveu régner la barbarie.
Il régna toutefois, bien qu'il se fît haïr,
Jusqu'à ce que Néron se fâcha d'obéir :
Et ce monstre ennemi de la vertu romaine
N'a succombé que tard sous la commune haine.
Par ce qu'ils ont osé, jugez sur vos refus
Ce qu'osera Pison gouverné par Lacus.
Il aura peine à voir, lui qui pour vous soupire,
Que votre hymen chez moi laisse un droit à l'empire.
Chacun sur ce penchant voudra faire sa cour ;
Et le pouvoir suprême enhardit bien l'amour.
Si Néron qui m'aimoit osa m'ôter Poppée,
Jugez, pour ressaisir votre main usurpée,

Quel scrupule on aura du plus noir attentat
Contre un rival ensemble et d'amour et d'état.
Il n'est point ni d'exil, ni de Lusitanie,
Qui dérobe à Pison le reste de ma vie ;
Et je sais trop la cour pour douter un moment,
Ou des soins de sa haine, ou de l'événement.

CAMILLE.

Et c'est là ce grand cœur qu'on croyoit intrépide !
Le péril, comme un autre, à mes yeux l'intimide !
Et pour monter au trône, et pour me posséder,
Son espoir le plus beau n'ose rien hasarder !
Il redoute Pison ! Dites-moi donc, de grace,
Si d'aimer en lieu même on vous a vu l'audace,
Si pour vous et pour lui le trône eut même appas,
Êtes-vous moins rivaux pour ne m'épouser pas ?
A quel droit voulez-vous que cette haine cesse
Pour qui lui disputa ce trône et sa maîtresse,
Et qu'il veuille oublier, se voyant souverain,
Que vous pouvez dans l'ame en garder le dessein ?
Ne vous y trompez plus : il a vu dans cette ame
Et votre ambition et toute votre flamme,
Et peut tout contre vous, à moins que contre lui
Mon hymen chez Galba vous assure un appui.

OTHON.

Eh bien, il me perdra pour vous avoir aimée ;
Sa haine sera douce à mon ame enflammée ;
Et tout mon sang n'a rien que je veuille épargner,
Si ce n'est que par-là que vous pouvez régner.
Permettez cependant à cet amour sincère
De vous redire encor ce qu'il n'ose vous taire.
En l'état qu'est Pison, il vous faut aujourd'hui
Renoncer à l'empire, ou le prendre avec lui.

Avant qu'en décider, pensez-y bien, madame;
C'est votre intérêt seul qui fait parler ma flamme.
Il est mille douceurs dans un grade si haut,
Où peut-être avez-vous moins pensé qu'il ne faut.
Peut-être en un moment serez-vous détrompée;
Et si j'osois encor vous parler de Poppée,
Je dirois que sans doute elle m'aimoit un peu,
Et qu'un trône alluma bientôt un autre feu.
Le ciel vous a fait l'ame et plus grande et plus belle;
Mais vous êtes princesse, et femme enfin comme elle.
L'horreur de voir une autre au rang qui vous est dû,
Et le juste chagrin d'avoir trop descendu,
Presseront en secret cette ame de se rendre
Même au plus foible espoir de le pouvoir reprendre.
Les yeux ne veulent pas en tout temps se fermer;
Mais l'empire en tout temps a de quoi les charmer.
L'amour passe, ou languit; et, pour fort qu'il puisse être,
De la soif de régner il n'est pas toujours maître.

CAMILLE.

Je ne sais quel amour je vous ai pu donner,
Seigneur; mais sur l'empire il aime à raisonner:
Je l'y trouve assez fort, et même d'une force
A montrer qu'il connoît tout ce qu'il a d'amorce,
Et qu'à ce qu'il me dit touchant un si grand choix,
Il a daigné penser un peu plus d'une fois.
Je veux croire avec vous qu'il est ferme et sincère,
Qu'il me dit seulement ce qu'il n'ose me taire;
Mais, à parler sans feinte....

OTHON.

Ah, madame! croyez....

CAMILLE.

Oui, j'en croirai Pison à qui vous m'envoyez;

Et vous, pour vous donner quelque peu plus de joie,
Vous en croirez Plautine à qui je vous renvoie.
Je n'en suis point jalouse, et le dis sans courroux :
Vous n'aimez que l'empire, et je n'aimois que vous.
N'en appréhendez rien, je suis femme, et princesse,
Sans en avoir pourtant l'orgueil ni la foiblesse ;
Et votre aveuglement me fait trop de pitié
Pour l'accabler encor de mon inimitié.

(Elle sort.)

OTHON.

Que je vois d'appareils, Albin, pour ma ruine !

ALBIN.

Seigneur, tout est perdu, si vous voyez Plautine.

OTHON.

Allons-y toutefois : le trouble où je me voi
Ne peut souffrir d'avis que d'un cœur tout à moi.

FIN DU TROISIÈME ACTE.

ACTE QUATRIÈME.

SCÈNE I[1].

OTHON, PLAUTINE.

PLAUTINE.

Que voulez-vous, seigneur, qu'enfin je vous conseille ?
Je sens un trouble égal d'une douleur pareille ;
Et mon cœur tout à vous n'est pas assez à soi
Pour trouver un remède aux maux que je prévoi.
Je ne sais que pleurer, je ne sais que vous plaindre.
Le seul choix de Pison nous donne tout à craindre.
Mon père vous a dit qu'il ne laisse à tous trois
Que l'espoir de mourir ensemble à notre choix ;
Et nous craignons de plus une amante irritée
D'une offre en moins d'un jour reçue et rétractée,
D'un hommage où la suite a si peu répondu,
Et d'un trône qu'en vain pour vous elle a perdu.
Pour vous avec ce trône elle étoit adorable,
Pour vous elle y renonce, et n'a plus rien d'aimable.
Où ne portera point un si juste courroux

---

[1] Cette scène pourrait faire quelque effet, si Othon était véritablement en danger ; mais cette crainte prématurée que Pison ne le fasse mourir un jour n'a rien de réel, comme on l'a déja remarqué. Tout l'édifice de la pièce tombe par cette seule raison ; et je crois que c'est une loi qui ne souffre aucune exception, que jamais un danger éloigné ne doit faire le nœud d'une tragédie. (V.)

La honte de se voir sans l'empire et sans vous ?
Honte d'autant plus grande, et d'autant plus sensible,
Qu'elle s'y promettait un retour infaillible,
Et que sa main par vous croyoit tôt regagner [1]
Ce que son cœur pour vous paroissoit dédaigner !

OTHON.

Je n'ai donc qu'à mourir. Je l'ai voulu, madame,
Quand je l'ai pu sans crime, en faveur de ma flamme;
Et je le dois vouloir, quand votre arrêt cruel
Pour mourir justement m'a rendu criminel.
Vous m'avez commandé de m'offrir à Camille;
Graces à nos malheurs, ce crime est inutile.
Je mourrai tout à vous; et si pour obéir
J'ai paru mal aimer, j'ai semblé vous trahir,
Ma main, par ce même ordre à vos yeux enhardie,
Lavera dans mon sang ma fausse perfidie.
N'enviez pas, madame, à mon sort inhumain
La gloire de finir du moins en vrai Romain,
Après qu'il vous a plu de me rendre incapable
Des douceurs de mourir en amant véritable.

PLAUTINE.

Bien loin d'en condamner la noble passion,
J'y veux borner ma joie et mon ambition.
Pour de moindres malheurs on renonce à la vie.
Soyez sûr de ma part de l'exemple d'Arrie;
J'ai la main aussi ferme et le cœur aussi grand,
Et quand il le faudra, je sais comme on s'y prend.
Si vous daigniez, seigneur, jusque-là vous contraindre,
Peut-être espérerois-je en voyant tout à craindre.
Camille est irritée, et se peut apaiser.

---

[1] Var. Et que sa main par vous croyoit trop regagner. (1665.)

OTHON.
Me condamneriez-vous, madame, à l'épouser?
PLAUTINE.
Que n'y puis-je moi-même opposer ma défense!
Mais si vos jours enfin n'ont point d'autre assurance,
S'il n'est point d'autre asile....
OTHON.
Ah! courons à la mort;
Ou, si pour l'éviter il nous faut faire effort,
Subissons de Lacus toute la tyrannie,
Avant que me soumettre à cette ignominie.
J'en saurai préférer les plus barbares coups
A l'affront de me voir sans l'empire et sans vous,
Aux hontes d'un hymen qui me rendroit infame,
Puisqu'on fait pour Camille un crime de sa flamme,
Et qu'on lui vole un trône en haine d'une foi
Qu'a voulu son amour ne promettre qu'à moi.
Non que pour moi sans vous ce trône eût aucuns charmes;
Pour vous je le cherchois, mais non pas sans alarmes :
Et si tantôt Galba ne m'eût point dédaigné,
J'aurois porté le sceptre, et vous auriez régné;
Vos seules volontés, mes dignes souveraines,
D'un empire si vaste auroient tenu les rênes.
Vos lois....
PLAUTINE.
C'est donc à moi de vous faire empereur.
Je l'ai pu : les moyens d'abord m'ont fait horreur;
Mais je saurai la vaincre, et, me donnant moi-même,
Vous assurer ensemble et vie et diadème,
Et réparer par-là le crime d'un orgueil
Qui vous dérobe un trône, et vous ouvre un cercueil.
De Martian pour vous j'aurois eu le suffrage;

Si j'avois pu souffrir son insolent hommage,
Son amour....

OTHON.
Martian se connoîtroit si peu
Que d'oser....

PLAUTINE.
Il n'a pas encore éteint son feu;
Et du choix de Pison quelles que soient les causes,
Je n'ai qu'à dire un mot pour brouiller bien des choses.

OTHON.
Vous vous ravaleriez jusques à l'écouter?

PLAUTINE.
Pour vous j'irai, seigneur, jusques à l'accepter.

OTHON.
Consultez votre gloire, elle saura vous dire....

PLAUTINE.
Qu'il est de mon devoir de vous rendre l'empire.

OTHON.
Qu'un front encor marqué des fers qu'il a portés....

PLAUTINE.
A droit de me charmer, s'il fait vos sûretés.

OTHON.
En concevez-vous bien toute l'ignominie?

PLAUTINE.
Je n'en puis voir, seigneur, à vous sauver la vie.

OTHON.
L'épouser à ma vue! et pour comble d'ennui....

PLAUTINE.
Donnez-vous à Camille, ou je me donne à lui.

OTHON.
Périssons, périssons, madame, l'un pour l'autre,
Avec toute ma gloire, avec toute la vôtre.

ACTE IV, SCÈNE II.

Pour nous faire un trépas dont les dieux soient jaloux,
Rendez-vous toute à moi, comme moi tout à vous ;
Ou si, pour conserver en vous tout ce que j'aime,
Mon malheur vous obstine à vous donner vous-même,
Du moins de votre gloire ayez un soin égal,
Et ne me préférez qu'un illustre rival.
J'en mourrai de douleur ; mais je mourrois de rage,
Si vous me préfériez un reste d'esclavage.

SCÈNE II[1].

VINIUS, OTHON, PLAUTINE.

OTHON.

Ah ! seigneur, empêchez que Plautine....

VINIUS.

Seigneur,
Vous empêcherez tout si vous avez du cœur.
Malgré de nos destins la rigueur importune,
Le ciel met en vos mains toute notre fortune.

PLAUTINE.

Seigneur, que dites-vous ?

VINIUS.

Ce que je viens de voir,

[1] Le consul Vinius vient ici apprendre à Othon une grande nouvelle. Une partie de l'armée desire Othon pour empereur : mais cela même rend Othon et Vinius des personnages froids et inutiles ; ni l'un ni l'autre n'ont eu la moindre part au grand changement qui se va faire dans l'empire romain. Ce sont quatre soldats qui sont venus avertir Vinius des sentiments de l'armée ; les personnages principaux n'ont rien fait du tout. C'est un défaut capital qu'il faut éviter dans quelque sujet que ce puisse être. (V.)

OTHON.

Que pour être empereur il n'a qu'à le vouloir.

OTHON.

Ah! seigneur, plus d'empire, à moins qu'avec Plautine.

VINIUS.

Saisissez-vous d'un trône où le ciel vous destine ;
Et, pour choisir vous-même avec qui le remplir,
A vos heureux destins aidez à s'accomplir.
  L'armée a vu Pison, mais avec un murmure
Qui sembloit mal goûter ce qu'on vous fait d'injure[1].
Galba ne l'a produit qu'avec sévérité,
Sans faire aucun espoir de libéralité.
Il pouvoit, sous l'appât d'une feinte promesse,
Jeter dans les soldats un moment d'allégresse ;
Mais il a mieux aimé hautement protester
Qu'il savoit les choisir, et non les acheter.
Ces hautes duretés, à contre-temps poussées,
Ont rappelé l'horreur des cruautés passées,
Lorsque d'Espagne à Rome il sema son chemin
De Romains immolés à son nouveau destin,
Et qu'ayant de leur sang souillé chaque contrée,
Par un nouveau carnage il y fit son entrée.
Aussi, durant le temps qu'a harangué Pison,
Ils ont de rang en rang fait courir votre nom.
Quatre des plus zélés sont venus me le dire,
Et m'ont promis pour vous les troupes et l'empire.
Courez donc à la place, où vous les trouverez ;
Suivez-les dans leur camp, et vous en assurez :
Un temps bien pris peut tout.

OTHON.

                Si cet astre contraire

---

[1] VAR. Qui sembloit mal goûter ce qu'on nous fait d'injure. (1665.)

ACTE IV, SCÈNE III.

Qui m'a....

VINIUS.

Sans discourir, faites ce qu'il faut faire ;
Un moment de séjour peut tout déconcerter,
Et le moindre soupçon vous va faire arrêter.

OTHON.

Avant que de partir souffrez que je proteste....

VINIUS.

Partez; en empereur vous nous direz le reste.

SCÈNE III[1].

VINIUS, PLAUTINE.

VINIUS.

Ce n'est pas tout, ma fille; un bonheur plus certain,
Quoi qu'il puisse arriver, met l'empire en ta main.

PLAUTINE.

Flatteriez-vous Othon d'une vaine chimère?

VINIUS.

Non ; tout ce que j'ai dit n'est qu'un rapport sincère.
Je crois te voir régner avec ce cher Othon :
Mais n'espère pas moins du côté de Pison ;
Galba te donne à lui. Piqué contre Camille,
Dont l'amour a rendu son projet inutile,
Il veut que cet hymen, punissant ses refus,
Réunisse avec moi Martian et Lacus,
Et trompe heureusement les présages sinistres

---

[1] Vinius joue ici le rôle d'un intrigant, et rien de plus ; il ne se soucie point d'Othon ; il lui importe peu qui sa fille épousera : ses sentiments sont bas, lorsque même il parle de l'empire, et il se fait mépriser par sa propre fille inutilement. (V.)

De la division qu'il voit en ses ministres.
Ainsi des deux côtés on combattra pour toi.
Le plus heureux des chefs t'apportera sa foi.
Sans part à ses périls tu l'auras à sa gloire,
Et verras à tes pieds l'une ou l'autre victoire.

PLAUTINE.

Quoi! mon cœur, par vous-même à ce héros donné,
Pourroit ne l'aimer plus s'il n'est point couronné?
Et s'il faut qu'à Pison son mauvais sort nous livre,
Pour ce même Pison je pourrois vouloir vivre?

VINIUS.

Si nos communs souhaits ont un contraire effet,
Tu te peux faire encor l'effort que tu t'es fait;
Et qui vient de donner Othon au diadème,
Pour régner à son tour, peut se donner soi-même.

PLAUTINE.

Si pour le couronner j'ai fait un noble effort,
Dois-je en faire un honteux pour jouir de sa mort?
Je me privois de lui sans me vendre à personne,
Et vous voulez, seigneur, que son trépas me donne;
Que mon cœur, entraîné par la splendeur du rang,
Vole après une main fumante de son sang,
Et que de ses malheurs triomphante et ravie
Je sois l'infâme prix d'avoir tranché sa vie!
Non, seigneur : nous aurons même sort aujourd'hui;
Vous me verrez régner ou périr avec lui;
Ce n'est qu'à l'un des deux que tout ce cœur aspire.

VINIUS.

Que tu vois mal encor ce que c'est que l'empire!
Si deux jours seulement tu pouvois l'essayer,
Tu ne croirois jamais le pouvoir trop payer;
Et tu verrois périr mille amants avec joie,

S'il falloit tout leur sang pour t'y faire une voie.
Aime Othon, si tu peux t'en faire un sûr appui;
Mais, s'il en est besoin, aime-toi plus que lui;
Et, sans t'inquiéter où fondra la tempête,
Laisse aux dieux à leur choix écraser une tête.
Prends le sceptre aux dépens de qui succombera,
Et règne sans scrupule avec qui régnera.
PLAUTINE.
Que votre politique a d'étranges maximes!
Mon amour, s'il l'osoit, y trouveroit des crimes.
Je sais aimer, seigneur, je sais garder ma foi,
Je sais pour un amant faire ce que je doi,
Je sais à son bonheur m'offrir en sacrifice,
Et je saurai mourir si je vois qu'il périsse :
Mais je ne sais point l'art de forcer ma douleur
A pouvoir recueillir les fruits de son malheur.
VINIUS.
Tiens pourtant l'ame prête à le mettre en usage;
Change de sentiments, ou du moins de langage;
Et, pour mettre d'accord ta fortune et ton cœur,
Souhaite pour l'amant, et te garde au vainqueur.
Adieu : je vois entrer la princesse Camille.
Quelque trouble où tu sois, montre une ame tranquille;
Profite de sa faute, et tiens l'œil mieux ouvert
Au vif et doux éclat du trône qu'elle perd.

SCÈNE IV[1].

CAMILLE, PLAUTINE, ALBIANE.

CAMILLE.

Agréerez-vous, madame, un fidèle service
Dont je viens faire hommage à mon impératrice?

PLAUTINE.

Je crois n'avoir pas droit de vous en empêcher;
Mais ce n'est pas ici qu'il vous la faut chercher.

CAMILLE.

Lorsque Galba vous donne à Pison pour épouse....

PLAUTINE.

Il n'est pas encor temps de vous en voir jalouse.

CAMILLE.

Si j'aimois toutefois ou l'empire ou Pison,
Je pourrois déja l'être avec quelque raison.

PLAUTINE.

Et si j'aimois, madame, ou Pison ou l'empire,
J'aurois quelque raison de ne m'en pas dédire.

---

[1] Ces petites picoteries de deux femmes, ces ironies, ces bravades continuelles, qui ne produisent rien du tout, seraient mauvaises quand même elles produiraient quelque chose. Ces petites scènes de remplissage sont fréquentes dans les dernières pièces de Corneille. Jamais Racine n'est tombé dans ce défaut; et quand il fait parler Hermione à Andromaque, Iphigénie à Ériphile, Roxane à Atalide, il n'emploie point ces froides ironies, ces petits reproches comiques, ce ton bourgeois, ces expressions de la conversation la plus familière; il fait parler ces femmes avec noblesse et avec sentiment; il touche le cœur, il arrache même quelquefois des larmes : mais que Corneille est loin d'en faire répandre! (V.)

ACTE IV, SCÈNE IV.

Mais votre exemple apprend aux cœurs comme le mien
Qu'un généreux mépris quelquefois leur sied bien.

CAMILLE.

Quoi ! l'empire et Pison n'ont rien pour vous d'aimable ?

PLAUTINE.

Ce que vous dédaignez je le tiens méprisable ;
Ce qui plaît à vos yeux aux miens semble aussi doux :
Tant je trouve de gloire à me régler sur vous !

CAMILLE.

Donc si j'aimois Othon....

PLAUTINE.

Je l'aimerois de même,
Si ma main avec moi donnoit le diadème.

CAMILLE.

Ne peut-on sans le trône être digne de lui ?

PLAUTINE.

Je m'en rapporte à vous, qu'il aime d'aujourd'hui.

CAMILLE.

Vous pouvez mieux qu'une autre en dire des nouvelles ;
Et comme vos ardeurs ont été mutuelles,
Votre exemple ne laisse à personne à douter
Qu'à moins de la couronne on peut le mériter.

PLAUTINE.

Mon exemple ne laisse à douter à personne
Qu'il pourra vous quitter à moins de la couronne.

CAMILLE.

Il a trouvé sans elle à vos yeux tant d'appas....

PLAUTINE.

Toutes les passions ne se ressemblent pas.

CAMILLE.

En effet, vous avez un mérite si rare....

PLAUTINE.

Mérite à part, l'amour est quelquefois bizarre;
Selon l'objet divers le goût est différent :
Aux unes on se donne, aux autres on se vend.

CAMILLE.

Qui connoissoit Othon pouvoit à la pareille
M'en donner en amie un avis à l'oreille.

PLAUTINE.

Et qui l'estime assez pour l'élever si haut
Peut, quand il lui plaira, m'apprendre ce qu'il vaut;
Afin que si mes feux ont ordre de renaître....

CAMILLE.

J'en ai fait quelque estime avant que le connoître,
Et vous l'ai renvoyé dès que je l'ai connu.

PLAUTINE.

Qui vient de votre part est toujours bien venu.
J'accepte le présent, et crois pouvoir sans honte,
L'ayant de votre main, en tenir quelque compte.

CAMILLE.

Pour vous rendre son ame il vous est venu voir?

PLAUTINE.

Pour négliger votre ordre il sait trop son devoir.

CAMILLE.

Il vous a tôt quittée, et son ingratitude....

PLAUTINE.

Vous met-elle, madame, en quelque inquiétude?

CAMILLE.

Non; mais j'aime à savoir comment on m'obéit.

PLAUTINE.

La curiosité quelquefois nous trahit,
Et, par un demi-mot que du cœur elle tire,
Souvent elle dit plus qu'elle ne pense dire.

CAMILLE.
La mienne ne dit pas tout ce que vous pensez.
PLAUTINE.
Sur tout ce que je pense elle s'explique assez.
CAMILLE.
Souvent trop d'intérêt que l'amour force à prendre
Entend plus qu'on ne dit et qu'on ne doit entendre.
Si vous saviez quel est mon plus ardent desir...
PLAUTINE.
D'Othon et de Pison je vous donne à choisir.
Mon peu d'ambition vous rend l'un avec joie :
Et pour l'autre, s'il faut que je vous le renvoie,
Mon amour, je l'avoue, en pourra murmurer;
Mais vous savez qu'au vôtre il aime à déférer.
CAMILLE.
Je pourrai me passer de cette déférence.
PLAUTINE.
Sans doute; et toutefois, si j'en crois l'apparence....
CAMILLE.
Brisons là; ce discours deviendroit ennuyeux.
PLAUTINE.
Martian que je vois vous entretiendra mieux.
Agréez ma retraite, et souffrez que j'évite
Un esclave insolent de qui l'amour m'irrite.

SCÈNE V[1].

CAMILLE, MARTIAN, ALBIANE.

CAMILLE.
A ce qu'elle me dit, Martian, vous l'aimez?

[1] Que dire de cette scène, sinon qu'elle est aussi froide que les

MARTIAN.

Malgré ses fiers mépris mes yeux en sont charmés.
Cependant pour l'empire, il est à vous encore :
Galba s'est laissé vaincre, et Pison vous adore.

CAMILLE.

De votre haut crédit c'est donc un pur effet?

MARTIAN.

Ne désavouez point ce que mon zèle a fait.
Mes soins de l'empereur ont fléchi la colère,
Et renvoyé Plautine obéir chez son père.
Notre nouveau César la vouloit épouser;
Mais j'ai su le résoudre à s'en désabuser;
Et Galba, que le sang presse pour sa famille,
Permet à Vinius de mettre ailleurs sa fille.
L'un vous rend la couronne, et l'autre tout son cœur.
Voyez mieux quelle en est la gloire et la douceur,
Quelle félicité vous vous étiez ôtée
Par une aversion un peu précipitée;
Et pour vos intérêts daignez considérer....

CAMILLE.

Je vois quelle est ma faute, et puis la réparer;
Mais je veux, car jamais on ne m'a vue ingrate,
Que ma reconnoissance auparavant éclate,
Et n'accorderai rien qu'on ne vous fasse heureux.
Vous aimez, dites-vous, cet objet rigoureux;
Et Pison dans sa main ne verra point la mienne
Qu'il n'ait réduit Plautine à vous donner la sienne,
Si pourtant le mépris qu'elle fait de vos feux

autres? Camille croit tromper Martian, et Martian croit tromper Camille, sans qu'il y ait encore le moindre danger pour personne, sans qu'il y ait eu aucun événement, sans qu'il y ait eu un seul moment d'intérêt. (V.)

ACTE IV, SCÈNE V.

Ne vous a pu contraindre à former d'autres vœux.

MARTIAN.

Ah! madame, l'hymen a de si douces chaînes,
Qu'il lui faut peu de temps pour calmer bien des haines;
Et du moins mon bonheur sauroit avec éclat
Vous venger de Plautine et punir un ingrat.

CAMILLE.

Je l'avois préféré, cet ingrat, à l'empire;
Je l'ai dit, et trop haut pour m'en pouvoir dédire :
Et l'amour, qui m'apprend le foible des amants,
Unit vos plus doux vœux à mes ressentiments,
Pour me faire ébaucher ma vengeance en Plautine,
Et l'achever bientôt par sa propre ruine.

MARTIAN.

Ah! si vous la voulez, je sais des bras tout prêts;
Et j'ai tant de chaleur pour tous vos intérêts....

CAMILLE.

Ah! que c'est me donner une sensible joie!
Ces bras que vous m'offrez, faites que je les voie,
Que je leur donne l'ordre et prescrive le temps.
Je veux qu'aux yeux d'Othon vos desirs soient contents,
Que lui-même il ait vu l'hymen de sa maîtresse
Livrer entre vos bras l'objet de sa tendresse,
Qu'il ait ce désespoir avant que de mourir :
Après, à son trépas vous me verrez courir.
Jusque-là gardez-vous de rien faire entreprendre.
Du pouvoir qu'on me rend vous devez tout attendre.
Allez vous préparer à ces heureux moments;
Mais n'exécutez rien sans mes commandements.

SCÈNE VI.

CAMILLE, ALBIANE.

ALBIANE.
Vous voulez perdre Othon ! vous le pouvez, madame.
CAMILLE.
Que tu pénètres mal dans le fond de mon ame !
De son lâche rival voyant le noir projet,
J'ai su par cette adresse en arrêter l'effet,
M'en rendre la maîtresse ; et je serai ravie,
S'il peut savoir les soins que je prends de sa vie.
Va me chercher ton frère, et fais que de ma part
Il apprenne par lui ce qu'il court de hasard,
A quoi va l'exposer son aveugle conduite,
Et qu'il n'est plus pour lui de salut qu'en la fuite.
C'est tout ce qu'à l'amour peut souffrir mon courroux.
ALBIANE.
Du courroux à l'amour le retour seroit doux.

SCÈNE VII.

CAMILLE, RUTILE, ALBIANE.

RUTILE.
Ah ! madame, apprenez quel malheur nous menace.
Quinze ou vingt révoltés au milieu de la place
Viennent de proclamer Othon pour empereur.
CAMILLE.
Et de leur insolence Othon n'a point d'horreur,
Lui qui sait qu'aussitôt ces tumultes avortent ?

RUTILE.

Ils le mènent au camp, ou plutôt ils l'y portent :
Et ce qu'on voit de peuple autour d'eux s'amasser
Frémit de leur audace, et les laisse passer.

CAMILLE.

L'empereur le sait-il?

RUTILE.

Oui, madame; il vous mande :
Et, pour un prompt remède à ce qu'on appréhende,
Pison de ces mutins va courir sur les pas
Avec ce qu'on pourra lui trouver de soldats.

CAMILLE.

Puisqu'Othon veut périr, consentons qu'il périsse ;
Allons presser Galba pour son juste supplice.
Du courroux à l'amour si le retour est doux,
On repasse aisément de l'amour au courroux[1].

---

[1] Aucun personnage n'agit dans la pièce. Un subalterne apprend à Camille que quinze ou vingt soldats ont proclamé Othon ; et Camille, qui aimait cet Othon, consent tout d'un coup qu'on lui fasse couper la tête, et prononce une maxime de comédie sur le retour de l'amour au courroux, et du courroux à l'amour. (V.)

FIN DU QUATRIÈME ACTE.

ACTE CINQUIÈME[1].

SCÈNE I.

GALBA, CAMILLE, RUTILE, ALBIANE.

GALBA.
Je vous le dis encor, redoutez ma vengeance,
Pour peu que vous soyez de son intelligence.
On ne pardonne point en matière d'état;
Plus on chérit la main, plus on hait l'attentat;
Et lorsque la fureur va jusqu'au sacrilége,
Le sexe ni le rang n'ont point de privilége.
CAMILLE.
Cet indigne soupçon seroit bientôt détruit,
Si vous voyiez du crime où doit aller le fruit.
Othon, qui pour Plautine au fond du cœur soupire,
Othon, qui me dédaigne à moins que de l'empire,
S'il en fait sa conquête, et vous peut détrôner,
Laquelle de nous deux voudra-t-il couronner?
Pourrois-je de Pison conspirer la ruine,
Qui m'arrachant du trône y porteroit Plautine?
Croyez mes intérêts, si vous doutez de moi;

---

[1] Le cinquième acte est absolument dans le goût des quatre premiers, et fort au-dessous d'eux; aucun personnage n'agit, et tous discutent. Le vieux Galba, ayant menacé sa nièce, discute avec elle ses raisons, et se trompe comme un vieillard de comédie qu'on prend pour dupe; et le style n'est ni plus net, ni plus pur, ni plus noble que dans ce qu'on a déjà lu. (V.)

ACTE V, SCÈNE I.

Et, sur de tels garants assuré de ma foi,
Tournez sur Vinius toute la défiance
Dont veut ternir ma gloire une injuste croyance.

GALBA.

Vinius par son zèle est trop justifié.
Voyez ce qu'en un jour il m'a sacrifié :
Il m'offre Othon pour vous qu'il souhaitoit pour gendre ;
Je le rends à sa fille, il aime à le reprendre ;
Je la veux pour Pison, mon vouloir est suivi ;
Je vous mets en sa place, et l'en trouve ravi ;
Son ami se révolte, il presse ma colère ;
Il donne à Martian Plautine à ma prière :
Et je soupçonnerois un crime dans les vœux
D'un homme qui s'attache à tout ce que je veux ?

CAMILLE.

Qui veut également tout ce qu'on lui propose,
Dans le secret du cœur souvent veut autre chose,
Et, maître de son ame, il n'a point d'autre foi
Que celle qu'en soi-même il ne donne qu'à soi.

GALBA.

Cet hymen toutefois est l'épreuve dernière
D'une foi toujours pure, inviolable, entière.

CAMILLE.

Vous verrez à l'effet comment elle agira,
Seigneur, et comme enfin Plautine obéira.
Sûr de sa résistance, et se flattant peut-être
De voir bientôt ici son cher Othon le maître,
Dans l'état où pour vous il a mis l'avenir,
Il promet aisément plus qu'il ne veut tenir.

GALBA.

Le devoir désunit l'amitié la plus forte,
Mais l'amour aisément sur ce devoir l'emporte ;

Et son feu, qui jamais ne s'éteint qu'à demi,
Intéresse une amante autrement qu'un ami.
J'aperçois Vinius. Qu'on m'amène sa fille ;
J'en punirai le crime en toute la famille,
Si jamais je puis voir par où n'en point douter ;
Mais aussi jusque-là j'aurois tort d'éclater.

SCÈNE II.
GALBA, CAMILLE, VINIUS, LACUS, ALBIANE.

GALBA.

Je vois d'ailleurs Lacus. Eh bien, quelles nouvelles?
Qu'apprenez-vous tous deux du camp de nos rebelles?

VINIUS.

Que ceux de la marine et les Illyriens
Se sont avec chaleur joints aux prétoriens [1],
Et que des bords du Nil les troupes rappelées

---

[1] Après tous les mauvais vers précédents que nous n'avons point repris, nous ne dirons rien des soldats de la marine et des Illyriens qui *se sont avec chaleur joints aux prétoriens* ; mais nous remarquerons que cette scène pouvait être aussi belle que celle d'Auguste, de Cinna, et de Maxime, et qu'elle n'est qu'une scène froide de comédie. Pourquoi ? c'est qu'elle est écrite de ce style familier, bas, obscur, incorrect, auquel Corneille s'était accoutumé ; c'est qu'il n'y a ni noblesse dans les sentiments, ni éloquence dans les discours, ni rien qui attache.

On a dit quelquefois que Corneille ne cherchait pas à faire de beaux vers ; que la grandeur des sentiments l'occupait tout entier : mais il n'y a nulle grandeur dans aucune de ses dernières pièces ; et quant aux vers, il faut les faire excellents, ou ne se point mêler d'écrire. *Cinna* ne passe à la postérité qu'à cause de ses beaux vers ; ils sont dans la bouche de tous les connaisseurs. Le grand mérite de Corneille est d'avoir fait de très beaux vers

ACTE V, SCÈNE II.   299

Seules par leurs fureurs ne sont point ébranlées.

LACUS.

Tous ces mutins ne sont que de simples soldats;
Aucun des chefs ne trempe en leurs vains attentats :
Ainsi ne craignez rien d'une masse d'armée
Où déja la discorde est peut-être allumée.
Sitôt qu'on y saura que le peuple à grands cris
Veut que de ces complots les auteurs soient proscrits,
Que du perfide Othon il demande la tête,
La consternation calmera la tempête;
Et vous n'avez, seigneur, qu'à vous y faire voir,

dans ses premières pièces, c'est-à-dire d'avoir exprimé de très belles pensées en vers corrects et harmonieux.

Galba dit, *Eh bien, quelles nouvelles?* Cet empereur, au lieu d'agir comme il le doit, demande ce qui se passe, comme un nouvelliste. Vinius lui donne le conseil de persister à ne rien faire; conseil visiblement ridicule. Il lui dit : *Un salutaire avis agit avec lenteur.* Ce n'est pas certainement dans le moment d'une crise aussi forte, quand on proclame un autre empereur, que la lenteur est salutaire. Galba ne sait à quoi se déterminer, et se contente de faire remarquer à sa nièce qu'il est triste de régner quand les ministres d'état se contrarient. (V.)

N'y a-t-il pas un peu d'injustice à réduire presque toujours tout le mérite de Corneille au seul *Cinna*? Si l'on y prend garde, c'est toujours *Cinna*, et uniquement *Cinna*, que Voltaire oppose aux critiques violentes dont il a surchargé son commentaire. Il est vrai qu'ici il a la complaisance d'associer aux beaux vers de cette tragédie les beaux vers des premières pièces de ce grand poëte. Il veut parler sans doute du *Cid* et des *Horaces* qui précédèrent *Cinna*, et que nous lui croyons supérieurs; mais *Polyeucte, Pompée, Rodogune, Héraclius, Nicomède, Sertorius, Sophonisbe, Othon* même, n'offrent-ils pas de très belles pensées et de très beaux vers? Pourquoi donc cette affectation maligne de circonscrire dans des bornes étroites le génie de Corneille? (P.)

Pour rendre d'un coup d'œil chacun à son devoir.
GALBA.
Irons-nous, Vinius, hâter par ma présence
L'effet d'une si douce et si juste espérance?
VINIUS.
Ne hasardez, seigneur, que dans l'extrémité
Le redoutable effet de votre autorité.
Alors qu'il réussit, tout fait jour, tout lui cède;
Mais aussi quand il manque, il n'est plus de remède.
Il faut, pour déployer le souverain pouvoir,
Sûreté tout entière, ou profond désespoir;
Et nous ne sommes pas, seigneur, à ne rien feindre,
En état d'oser tout, non plus que de tout craindre.
Si l'on court au grand crime avec avidité,
Laissez-en ralentir l'impétuosité :
D'elle-même elle avorte, et la peur des supplices
Arme contre le chef ses plus zélés complices.
Un salutaire avis agit avec lenteur.
LACUS.
Un véritable prince agit avec hauteur :
Et je ne conçois point cet avis salutaire,
Quand on couronne Othon, de le regarder faire.
Si l'on court au grand crime avec avidité,
Il en faut réprimer l'impétuosité
Avant que les esprits qu'un juste effroi balance
S'y puissent enhardir sur notre nonchalance,
Et prennent le dessus de ces conseils prudents,
Dont on cherche l'effet quand il n'en est plus temps.
VINIUS.
Vous détruirez toujours mes conseils par les vôtres;
Le seul ton de ma voix vous en inspire d'autres;
Et tant que vous aurez ce rare et haut crédit,

Je n'aurai qu'à parler pour être contredit.
Pison, dont l'heureux choix est votre digne ouvrage,
Ne seroit que Pison s'il eût eu mon suffrage.
Vous n'avez soulevé Martian contre Othon
Que parceque ma bouche a proféré son nom ;
Et verriez comme un autre une preuve assez claire
De combien votre avis est le plus salutaire,
Si vous n'aviez fait vœu d'être jusqu'au trépas
L'ennemi des conseils que vous ne donnez pas.

LACUS.

Et vous l'ami d'Othon, c'est tout dire, et peut-être
Qui le vouloit pour gendre et l'a choisi pour maître,
Ne fait encor des vœux qu'en faveur de ce choix,
Pour l'avoir et pour maître et pour gendre à-la-fois.

VINIUS.

J'étois l'ami d'Othon, et le tenois à gloire
Jusqu'à l'indignité d'une action si noire,
Que d'autres nommeront l'effet du désespoir
Où l'a, malgré mes soins, plongé votre pouvoir.
Je l'ai voulu pour gendre, et choisi pour l'empire ;
A l'un ni l'autre choix vous n'avez pu souscrire.
Par-là de tout l'état le bonheur s'agrandit ;
Et vous voyez aussi comme il vous applaudit.

GALBA.

Qu'un prince est malheureux quand de ceux qu'il écoute
Le zèle cherche à prendre une diverse route,
Et que l'attachement qu'ils ont au propre sens
Pousse jusqu'à l'aigreur des conseils différents !
Ne me trompé-je point ? et puis-je nommer zèle
Cette haine à tous deux obstinément fidèle,
Qui peut-être, en dépit des maux qu'elle prévoit,
Seule en mes intérêts se consulte et se croit ?

Faites mieux; et croyez, en ce péril extrême,
Vous, que Lacus me sert, vous, que Vinius m'aime :
Ne haïssez qu'Othon, et songez qu'aujourd'hui
Vous n'avez à parler tous deux que contre lui.

VINIUS.

J'ose donc vous redire, en serviteur sincère,
Qu'il fait mauvais pousser tant de gens en colère;
Qu'il faut donner aux bons, pour s'entre-soutenir,
Le temps de se remettre et de se réunir,
Et laisser aux méchants celui de reconnoître
Quelle est l'impiété de se prendre à son maître.
Pison peut cependant amuser leur fureur,
De vos ressentiments leur donner la terreur,
Y joindre avec adresse un espoir de clémence
Au moindre repentir d'une telle insolence;
Et, s'il vous faut enfin aller à son secours,
Ce qu'on veut à présent on le pourra toujours.

LACUS.

J'en doute, et crois parler en serviteur sincère,
Moi qui n'ai point d'amis dans le parti contraire.
Attendrons-nous, seigneur, que Pison repoussé
Nous vienne ensevelir sous l'état renversé,
Qu'on descende en la place en bataille rangée,
Qu'on tienne en ce palais votre cour assiégée,
Que jusqu'au Capitole Othon aille à vos yeux
De l'empire usurpé rendre graces aux dieux,
Et que, le front paré de votre diadème,
Ce traître trop heureux ordonne de vous-même?
Allons, allons, seigneur, les armes à la main,
Soutenir le sénat et le peuple romain :
Cherchons aux yeux d'Othon un trépas à leur tête,
Pour lui plus odieux, et pour nous plus honnête :

Et par un noble effort allons lui témoigner....
GALBA.
Eh bien, ma nièce, eh bien, est-il doux de régner?
Est-il doux de tenir le timon d'un empire,
Pour en voir les soutiens toujours se contredire?
CAMILLE.
Plus on voit aux avis de contrariétés,
Plus à faire un bon choix on reçoit de clartés.
C'est ce que je dirois, si je n'étois suspecte :
Mais je suis à Pison, seigneur, et vous respecte,
Et ne puis toutefois retenir ces deux mots,
Que si l'on m'avoit crue on seroit en repos.
Plautine qu'on amène aura même pensée :
D'une vive douleur elle paroît blessée....

SCÈNE III [1].

GALBA, CAMILLE, VINIUS, LACUS, PLAUTINE, RUTILE, ALBIANE.

PLAUTINE.
Je ne m'en défends point, madame, Othon est mort;
De quiconque entre ici c'est le commun rapport;
Et son trépas pour vous n'aura pas tant de charmes,
Qu'à vos yeux comme aux miens il n'en coûte des larmes.
GALBA.
Dit-elle vrai, Rutile, ou m'en flatté-je en vain?

---

[1] Galba demandait tranquillement des nouvelles; on lui en donne une fausse. Il est vrai que cette fausse nouvelle est rapportée dans Tacite; mais c'est précisément parcequ'elle n'est qu'historique, parcequ'elle n'est point préparée, parceque c'est

RUTILE.

Seigneur, le bruit est grand, et l'auteur incertain.
Tous veulent qu'il soit mort, et c'est la voix publique;
Mais comment, et par qui, c'est ce qu'aucun n'explique.

GALBA.

Allez, allez, Lacus, vous-même prendre soin
De nous en faire voir un assuré témoin;
Et si de ce grand coup l'auteur se peut connoître....

SCÈNE IV[1].

GALBA, VINIUS, LACUS, CAMILLE, PLAUTINE, MARTIAN, ATTICUS, RUTILE, ALBIANE.

MARTIAN.

Qu'on ne le cherche plus, vous le voyez paroître.
Seigneur, c'est par sa main qu'un rebelle puni....

GALBA.

Par celle d'Atticus ce grand trouble a fini!

ATTICUS.

Mon zèle l'a poussée, et les dieux l'ont conduite;
Et c'est à vous, seigneur, d'en arrêter la suite,
D'empêcher le désordre, et borner les rigueurs
Où contre des vaincus s'emportent des vainqueurs.

---

un simple mensonge d'un nommé Atticus, qu'il fallait ne pas employer un dénouement si destitué d'art et d'intérêt. (V.)

[1] Cet Atticus, qui n'est pas un personnage de la pièce, vient en faire le dénouement, en faisant accroire qu'il a tué Othon. Ce pourrait être tout au plus le dénouement du *Menteur*. Le vieux Galba croit cette fausseté; il conseille à Plautine d'*évaporer ses soupirs*. Camille dit un petit mot d'ironie à Plautine, et va *dans son appartement*. (V.)

ACTE V, SCÈNE V.

GALBA.

Courons-y. Cependant consolez-vous, Plautine ;
Ne pensez qu'à l'époux que mon choix vous destine ;
Vinius vous le donne, et vous l'accepterez
Quand vos premiers soupirs seront évaporés.
    C'est à vous, Martian, que je la laisse en garde :
Comme c'est votre main que son hymen regarde,
Ménagez son esprit, et ne l'aigrissez pas.
    Vous pouvez, Vinius, ne suivre point mes pas ;
Et la vieille amitié, pour peu qu'il vous en reste....

VINIUS.

Ah ! c'est une amitié, seigneur, que je déteste.
Mon cœur est tout à vous, et n'a point eu d'amis
Qu'autant qu'on les a vus à vos ordres soumis.

GALBA.

Suivez ; mais gardez-vous de trop de complaisance.

CAMILLE.

L'entretien des amants hait toute autre présence,
Madame ; et je retourne en mon appartement
Rendre graces aux dieux d'un tel événement.

SCÈNE V[1].

MARTIAN, PLAUTINE, ATTICUS, SOLDATS.

PLAUTINE.

Allez-y renfermer les pleurs qui vous échappent ;

---

[1] Non seulement Plautine demeure sur la scène, et s'occupe à répondre par des injures à l'amour du ministre d'état Martian ; mais ce grand ministre d'état, qui devrait avoir par-tout des serviteurs et des émissaires, ne sait rien de ce qui s'est passé ; il croit une fausse nouvelle, lui qui devrait avoir tout fait pour

Les désastres d'Othon ainsi que moi vous frappent;
Et, si l'on avoit cru vos souhaits les plus doux,
Ce grand jour le verroit couronner avec vous.
Voilà, voilà le fruit de m'avoir trop aimée;
Voilà quel est l'effet....

MARTIAN.
Si votre ame enflammée....

PLAUTINE.
Vil esclave, est-ce à toi de troubler ma douleur?
Est-ce à toi de vouloir adoucir mon malheur,
A toi, de qui l'amour m'ose en offrir un pire?

MARTIAN.
Il est juste d'abord qu'un si grand cœur soupire;
Mais il est juste aussi de ne pas trop pleurer
Une perte facile et prête à réparer.
Il est temps qu'un sujet à son prince fidèle
Remplisse heureusement la place d'un rebelle :
Un monarque le veut; un père en est d'accord.
Vous devez pour tous deux vous faire un peu d'effort,
Et bannir de ce cœur la honteuse mémoire
D'un amour criminel qui souille votre gloire.

PLAUTINE.
Lâche! tu ne vaux pas que pour te démentir
Je daigne m'abaisser jusqu'à te repartir.
Tais-toi : laisse en repos une ame possédée
D'une plus agréable encor que triste idée;
N'interromps plus mes pleurs.

MARTIAN.
Tournez vers moi les yeux :

être informé de la vérité : il est pris pour dupe par cet Atticus,
comme l'empereur. (V.)

ACTE V, SCÈNE V. 307

Après la mort d'Othon, que pouvez-vous de mieux [1]?

PLAUTINE, *cependant que deux soldats entrent et parlent à Atticus à l'oreille.*

Quelque insolent espoir qu'ait ta folle arrogance,
Apprends que j'en saurai punir l'extravagance,
Et percer de ma main ou ton cœur ou le mien,
Plutôt que de souffrir cet infame lien.
Connois-toi, si tu peux, ou connois-moi [2].

ATTICUS.

De grace,
Souffrez....

PLAUTINE.

De me parler tu prends aussi l'audace,
Assassin d'un héros que je verrois sans toi
Donner des lois au monde, et les prendre de moi?
Toi, dont la main sanglante au désespoir me livre?

ATTICUS.

Si vous aimez Othon, madame, il va revivre;
Et vous verrez long-temps sa vie en sûreté,
S'il ne meurt que des coups dont je me suis vanté.

PLAUTINE.

Othon vivroit encore?

ATTICUS.

Il triomphe, madame;

---

[1] Enfin deux soldats terminent tout dans le propre palais de Galba; Martian et Plautine apprennent qu'Othon est empereur.

Si le lecteur peut aller jusqu'au bout de cette pièce et de ces remarques, il observera qu'il ne faut jamais introduire sur la fin d'une tragédie un personnage ignoré dans les premiers actes, un subalterne qui commande en maître. Il est impossible de s'intéresser à ce personnage, et il avilit tous les autres. (V.)

[2] Var. Connois-toi, si tu veux, ou connois-moi. (1665.)

20.

Et maître de l'état, comme vous de son ame,
Vous l'allez bientôt voir lui-même à vos genoux
Vous faire offre d'un sort qu'il n'aime que pour vous,
Et dont sa passion dédaigneroit la gloire,
Si vous ne vous faisiez le prix de sa victoire.
　L'armée à son mérite enfin a fait raison ;
On porte devant lui la tête de Pison ;
Et Camille tient mal ce qu'elle vient de dire,
Ou rend graces pour vous aux dieux d'un autre empire,
Et fatigue le ciel par des vœux superflus
En faveur d'un parti qu'il ne regarde plus.

MARTIAN.

Exécrable ! ainsi donc ta promesse frivole....

ATTICUS.

Qui promet de trahir peut manquer de parole.
Si je n'eusse promis ce lâche assassinat,
Un autre par ton ordre eût commis l'attentat ;
Et tout ce que j'ai dit n'étoit qu'un stratagème
Pour livrer en ses mains Lacus et Galba même.
Galba n'a rien à craindre : on respecte son nom ;
Et ce n'est que sous lui que veut régner Othon.
Quant à Lacus et toi, je vois peu d'apparence
Que vos jours à tous deux soient en même assurance,
Si ce n'est que madame ait assez de bonté
Pour fléchir un vainqueur justement irrité.
　Autour de ce palais nous avions deux cohortes
Qui déja pour Othon en ont saisi les portes ;
J'y commande, madame ; et mon ordre aujourd'hui
Est de vous obéir, et m'assurer de lui.
Qu'on l'emmène, soldats ! il blesse ici la vue.

MARTIAN.

Fut-il jamais disgrace, ô dieux ! plus imprévue !

ACTE V, SCÈNE VI.

PLAUTINE, seule.

Je me trouble, et ne sais par quel pressentiment
Mon cœur n'ose goûter ce bonheur pleinement;
Il semble avec chagrin se livrer à la joie;
Et bien qu'en ses douceurs mon déplaisir se noie,
Je ne passe de l'une à l'autre extrémité
Qu'avec un reste obscur d'esprit inquiété.
Je sais.... Mais que me veut Flavie épouvantée?

SCÈNE VI[1].

PLAUTINE, FLAVIE.

FLAVIE.

Vous dire que du ciel la colère irritée,

---

[1] Cette scène est aussi froide que tout le reste, parcequ'on ne s'intéresse point du tout à ce Vinius, qu'on jette par la fenêtre. Tout cet acte se passe à apprendre des nouvelles, sans qu'il y ait ni intrigue attachante, ni sentiments touchants, ni grands tableaux, ni beau dénouement, ni beaux vers. Othon l'empereur ne reparait que pour dire qu'il est *un malheureux amant;* Camille est oubliée : Galba n'a paru dans la pièce que pour être trompé et tué.

Puissent au moins ces réflexions persuader les jeunes auteurs qu'un sujet politique n'est point un sujet tragique; que ce qui est propre pour l'histoire l'est rarement pour le théâtre; qu'il faut dans la tragédie beaucoup de sentiment et peu de raisonnements; que l'ame doit être émue par degrés; que, sans terreur et sans pitié, nul ouvrage dramatique ne peut atteindre au but de l'art; et qu'enfin le style doit être pur, vif, majestueux, et facile!

Corneille, dans une épître au roi, dit qu'*Othon* et *Suréna*

Ne sont point des cadets indignes de *Cinna.*

Il y a, en effet, dans le commencement d'*Othon*, des vers aussi

Ou plutôt du destin la jalouse fureur....
PLAUTINE.
Auroient-ils mis Othon aux fers de l'empereur?

forts que les plus beaux de *Cinna*; mais la suite est bien loin d'y répondre : aussi cette pièce n'est point restée au théâtre.

On joua, la même année, l'*Astrate* de Quinault, célèbre par le ridicule que Despréaux lui a donné, mais plus célèbre alors par le prodigieux succès qu'elle eut. Ce qui fit ce succès, ce fut l'intérêt qui parut régner dans la pièce. Le public était las de tragédies en raisonnements, et de héros dissertateurs. Les cœurs se laissèrent toucher par l'*Astrate*, sans examiner si la pièce était vraisemblable, bien conduite, bien écrite. Les passions y parlaient, et c'en fut assez. Les acteurs s'animèrent; ils portèrent dans l'ame du spectateur un attendrissement auquel il n'était point accoutumé. Les excellents ouvrages de l'inimitable Racine n'avaient point encore paru; les véritables routes du cœur étaient ignorées; celles que présentait l'*Astrate* furent suivies avec transport. Rien ne prouve mieux qu'il faut intéresser, puisque l'intérêt le plus mal amené échauffa tout le public, que des intrigues froides de politique glaçaient depuis plusieurs années. (V.)

Voltaire savait très bien, et ne dit point assez, ce qui rendit si familières à Corneille ces idées politiques qu'il ne cesse de lui reprocher. Ce grand homme, presque voisin des derniers temps de la Ligue, et témoin, dans sa jeunesse, des guerres civiles qui eurent lieu sous Louis XIII et dans la minorité de Louis XIV., trouva, quand il commença à écrire, tous les esprits encore échauffés de ces idées politiques, et ne concevant rien au-dessus d'elles. Ce goût général décida nécessairement celui de Corneille, dont le génie d'ailleurs semblait appelé par la nature à traiter en maître ces grands objets; mais l'ambition de ceux qui aspiraient à se rendre importants dans l'état ayant été réprimée, ces mêmes idées qui avaient eu tant d'attrait pour eux firent place, sous le règne d'un jeune monarque qui en donna l'exemple à toute sa cour, aux sentiments tendres que Quinault tenta le premier d'introduire sur la scène : révolution qui prépara le succès de l'immortel Racine. (P.)

ACTE V, SCÈNE VI.

Et dans ce grand succès la fortune inconstante
Auroit-elle trompé notre plus douce attente?

FLAVIE.

Othon est libre, il règne; et toutefois, hélas!....

PLAUTINE.

Seroit-il si blessé qu'on craignît son trépas?

FLAVIE.

Non, par-tout à sa vue on a mis bas les armes;
Mais enfin son bonheur vous va coûter des larmes.

PLAUTINE.

Explique, explique donc ce que je dois pleurer.

FLAVIE.

Vous voyez que je tremble à vous le déclarer.

PLAUTINE.

Le mal est-il si grand?

FLAVIE.

D'un balcon, chez mon frère,
J'ai vu.... Que ne peut-on, madame, vous le taire!
Ou qu'à voir ma douleur n'avez-vous deviné
Que Vinius....

PLAUTINE.

Eh bien?

FLAVIE.

Vient d'être assassiné!

PLAUTINE.

Juste ciel!

FLAVIE.

De Lacus l'inimitié cruelle....

PLAUTINE.

O d'un trouble inconnu présage trop fidèle!
Lacus....

FLAVIE.

C'est de sa main que part ce coup fatal.
Tous deux près de Galba marchoient d'un pas égal,
Lorsque, tournant ensemble à la première rue,
Ils découvrent Othon maître de l'avenue.
Cet effroi ne les fait reculer quelques pas
Que pour voir ce palais saisi par vos soldats :
Et Lacus aussitôt, étincelant de rage
De voir qu'Othon par-tout leur ferme le passage [1],
Lance sur Vinius un furieux regard,
L'approche sans parler, et, tirant un poignard....

PLAUTINE.

Le traître! Hélas! Flavie, où me vois-je réduite!

FLAVIE.

Vous m'entendez, madame, et je passe à la suite.
Ce lâche, sur Galba portant même fureur :
« Mourez, seigneur, dit-il, mais mourez empereur;
« Et recevez ce coup comme un dernier hommage
« Que doit à votre gloire un généreux courage. »
Galba tombe; et ce monstre, enfin s'ouvrant le flanc,
Mêle un sang détestable à leur illustre sang.
En vain le triste Othon, à cet affreux spectacle,
Précipite ses pas pour y mettre un obstacle;
Tout ce que peut l'effort de ce cher conquérant,
C'est de verser des pleurs sur Vinius mourant,
De l'embrasser tout mort. Mais le voilà, madame,
Qui vous fera mieux voir les troubles de son ame.

---

[1] VAR. De voir qu'Othon par-tout lui ferme le passage. (1665.)

SCÈNE VII.

OTHON, PLAUTINE, FLAVIE.

OTHON.

Madame, savez-vous les crimes de Lacus?

PLAUTINE.

J'apprends en ce moment que mon père n'est plus.
Fuyez, seigneur, fuyez un objet de tristesse;
D'un jour si beau pour vous goûtez mieux l'allégresse.
Vous êtes empereur, épargnez-vous l'ennui
De voir qu'un père....

OTHON.

Hélas! je suis plus mort que lui;
Et si votre bonté ne me rend une vie
Qu'en lui perçant le cœur un traître m'a ravie,
Je ne reviens ici qu'en malheureux amant,
Faire hommage à vos yeux de mon dernier moment.
Mon amour pour vous seule a cherché la victoire;
Ce même amour sans vous n'en peut souffrir la gloire,
Et n'accepte le nom de maître des Romains
Que pour mettre avec moi l'univers en vos mains.
C'est à vous d'ordonner ce qui lui reste à faire.

PLAUTINE.

C'est à moi de gémir, et de pleurer mon père.
Non que je vous impute, en ma vive douleur,
Les crimes de Lacus et de notre malheur;
Mais enfin....

OTHON.

Achevez, s'il se peut, en amante :
Nos feux....

PLAUTINE.

Ne pressez point un trouble qui s'augmente.
Vous voyez mon devoir, et connoissez ma foi :
En ce funeste état répondez-vous pour moi ?
Adieu, seigneur.

OTHON.

De grace, encore une parole,
Madame.

SCÈNE VIII.

OTHON, ALBIN.

ALBIN.

On vous attend, seigneur, au Capitole;
Et le sénat en corps vient exprès d'y monter
Pour juger sur vos lois aux yeux de Jupiter.

OTHON.

J'y cours : mais, quelque honneur, Albin, qu'on m'y destine,
Comme il n'auroit pour moi rien de doux sans Plautine,
Souffre du moins que j'aille, en faveur de mon feu,
Prendre pour y courir son ordre ou son aveu ;
Afin qu'à mon retour, l'ame un peu plus tranquille,
Je puisse faire effort à consoler Camille,
Et lui jurer moi-même, en ce malheureux jour,
Une amitié fidèle, au défaut de l'amour [1].

---

[1] Avouons que cette tragédie n'est qu'un arrangement de famille ; on ne s'y intéresse pour personne : il y est beaucoup parlé d'amour, et cet amour même refroidit le lecteur. Lorsque ce ressort, qui devrait attacher, a manqué son effet, la pièce est perdue.

Il est dit dans l'histoire du théâtre, à l'article *Othon*, que Corneille refit trois fois le cinquième acte : j'ai de la peine à le croire ; mais si la chose est vraie, elle prouve qu'il fallait le refaire une quatrième fois, ou plutôt qu'il était impossible de tirer un cinquième acte intéressant d'un sujet ainsi arrangé. Corneille ne refit pas trois fois la première scène du premier acte, qui est pleine de très grandes beautés. Quand le sujet porte l'auteur, il vogue à pleines voiles ; mais quand l'auteur porte le sujet, quand il est accablé du poids de la difficulté, et refroidi par le défaut d'intérêt qu'il ne peut se dissimuler à lui-même, alors tous ses efforts sont inutiles. Corneille pouvait être d'abord échauffé par le beau portrait que fait Tacite de la cour de Galba, et par le discours qu'il prête à cet empereur.

Le nom de Rome était encore quelque chose d'important. Corneille avait assez d'invention pour former une intrigue de cinq actes ; mais tout cela n'avait rien d'attachant ni de tragique. Il le sentit sans doute plus d'une fois en composant ; et quand il fut au cinquième acte, il se vit arrêté : il s'aperçut trop tard que ce n'était pas là une tragédie. Racine lui-même aurait échoué dans un sujet pareil. (V.)

Voltaire est d'un excellent ton dans ce jugement : il ne fait aucune grace aux défauts de la pièce ; la stérilité du fond, la faiblesse du style, tout ce qui peut donner lieu enfin à une critique judicieuse, est remarqué avec autant de goût que d'impartialité. On n'y trouve ni sarcasmes, ni plaisanteries déplacées, ni expressions violentes ou amères ; c'est la raison qui juge, et qui seule avait le droit de juger Corneille ; et voilà le modèle que Voltaire aurait dû suivre constamment dans son commentaire : cependant il ne rend pas assez de justice à la prodigieuse fécondité d'invention que supposent, dans ce grand poëte, le nombre et la variété de ses plans, et à la manière, à-la-fois savante et fidèle, dont il a toujours saisi les différents caractères de ses personnages. (P.)

FIN.

AGÉSILAS,

TRAGÉDIE.

1666.

AU LECTEUR.

Il ne faut que parcourir les vies d'Agésilas et de Lysander chez Plutarque, pour démêler ce qu'il y a d'historique dans cette tragédie. La manière dont je l'ai traitée n'a point d'exemple parmi nos François, ni dans ces précieux restes de l'antiquité qui sont venus jusqu'à nous; et c'est ce qui me l'a fait choisir. Les premiers qui ont travaillé pour le théâtre, ont travaillé sans exemple; et ceux qui les ont suivis y ont fait voir quelques nouveautés de temps en temps. Nous n'avons pas moins de privilége. Aussi notre Horace, qui nous recommande tant la lecture des poëtes grecs par ces paroles,

Vos exemplaria græca
Nocturna versate manu, versate diurna,

ne laisse pas de louer hautement les Romains d'avoir osé quitter les traces de ces mêmes Grecs, et pris d'autres routes :

Nil intentatum nostri liquere poëtæ;
Nec minimum meruere decus, vestigia græca
Ausi deserere.

Leurs règles sont bonnes; mais leur méthode n'est pas de notre siècle : et qui s'attacheroit à ne marcher que sur leurs pas, feroit sans doute peu de progrès, et divertiroit mal son auditoire. On court, à la vérité, quelque risque de s'égarer, et même on s'égare assez souvent, quand on s'écarte du chemin battu; mais on ne s'égare pas toutes les fois qu'on s'en écarte : quelques uns en arrivent plus tôt où ils prétendent, et chacun peut hasarder à ses périls.

ACTEURS.

AGÉSILAS, roi de Sparte.
LYSANDER, fameux capitaine de Sparte.
COTYS, roi de Paphlagonie.
SPITRIDATE, grand seigneur persan.
MANDANE, sœur de Spitridate.
ELPINICE,
AGLATIDE, } filles de Lysander.
XÉNOCLÈS, lieutenant d'Agésilas.
CLÉON, orateur grec, natif d'Halicarnasse.

La scène est à Éphèse.

AGÉSILAS[1].

ACTE PREMIER.

SCÈNE I.

ELPINICE, AGLATIDE.

AGLATIDE.

Ma sœur, depuis un mois nous voilà dans Éphèse,
Prêtes à recevoir ces illustres époux
Que Lysander, mon père, a su choisir pour nous ;
Et ce choix bienheureux n'a rien qui ne vous plaise.
Dites-moi toutefois, et parlons librement :

---

[1] *Agésilas* n'est guère connu dans le monde que par le mot de Despréaux :

> J'ai vu l'*Agésilas* :
> Hélas !

Il eut tort sans doute de faire imprimer dans ses ouvrages ce mot, qui n'en valait pas la peine ; mais il n'eut pas tort de le dire.

Le lecteur doit trouver bon qu'on ne fasse aucun commentaire sur une pièce qu'on ne devrait pas même imprimer. Il serait mieux sans doute qu'on ne publiât que les bons ouvrages des bons auteurs ; mais le public veut tout avoir, soit par une vaine curiosité, soit par une malignité secrète qui aime à repaître ses yeux des fautes des grands hommes. (V.)

ACTEURS.

AGÉSILAS, roi de Sparte.
LYSANDER, fameux capitaine de Sparte.
COTYS, roi de Paphlagonie.
SPITRIDATE, grand seigneur persan.
MANDANE, sœur de Spitridate.
ELPINICE,
AGLATIDE, } filles de Lysander.
XÉNOCLÈS, lieutenant d'Agésilas.
CLÉON, orateur grec, natif d'Halicarnasse.

La scène est à Éphèse.

AGÉSILAS[1].

ACTE PREMIER.

SCÈNE I.

ELPINICE, AGLATIDE.

AGLATIDE.

Ma sœur, depuis un mois nous voilà dans Éphèse,
Prêtes à recevoir ces illustres époux
Que Lysander, mon père, a su choisir pour nous ;
Et ce choix bienheureux n'a rien qui ne vous plaise.
Dites-moi toutefois, et parlons librement :

---

[1] *Agésilas* n'est guère connu dans le monde que par le mot de Despréaux :

> J'ai vu l'*Agésilas* :
> Hélas !

Il eut tort sans doute de faire imprimer dans ses ouvrages ce mot, qui n'en valait pas la peine ; mais il n'eut pas tort de le dire.

Le lecteur doit trouver bon qu'on ne fasse aucun commentaire sur une pièce qu'on ne devrait pas même imprimer. Il serait mieux sans doute qu'on ne publiât que les bons ouvrages des bons auteurs ; mais le public veut tout avoir, soit par une vaine curiosité, soit par une malignité secrète qui aime à repaître ses yeux des fautes des grands hommes. (V.)

Vous semble-t-il que votre amant
Cherche avec grande ardeur votre chère présence?
Et trouvez-vous qu'il montre, attendant ce grand jour,
    Cette obligeante impatience
Que donne, à ce qu'on dit, le véritable amour?

ELPINICE.

Cotys est roi, ma sœur; et comme sa couronne
    Parle suffisamment pour lui,
Assuré de mon cœur que son trône lui donne,
De le trop demander il s'épargne l'ennui.
Ce me doit être assez qu'en secret il soupire,
Que je puis deviner ce qu'il craint de trop dire,
Et que moins son amour a d'importunité,
    Plus il a de sincérité.
Mais vous ne dites rien de votre Spitridate!
Prend-il autant de peine à mériter vos feux
    Que l'autre à retenir mes vœux?

AGLATIDE.

C'est environ ainsi que son amour éclate :
Il m'obsède à peu près comme l'autre vous sert.
On diroit que tous deux agissent de concert,
Qu'ils ont juré de n'être importuns l'un ni l'autre :
Ils en font grand scrupule; et la sincérité
Dont mon amant se pique, à l'exemple du vôtre,
Ne met pas son bonheur en l'assiduité.
Ce n'est pas qu'à vrai dire il ne soit excusable.
Je préparai pour lui, dès Sparte, une froideur
    Qui, dès l'abord, étoit capable
    D'éteindre la plus vive ardeur;
Et j'avoue entre nous qu'alors qu'il me néglige,
Qu'il se montre à son tour si froid, si retenu,
    Loin de m'offenser, il m'oblige,

ACTE I, SCÈNE I.

Et me remet un cœur qu'il n'eût pas obtenu.

ELPINICE.

J'admire cette antipathie
Qui vous l'a fait haïr avant que de le voir,
Et croirois que sa vue auroit eu le pouvoir
    D'en dissiper une partie.
Car enfin Spitridate a l'entretien charmant,
L'œil vif, l'esprit aisé, le cœur bon, l'ame belle.
A tant de qualités s'il joignoit un vrai zèle....

AGLATIDE.

Ma sœur, il n'est pas roi, comme l'est votre amant.

ELPINICE.

Mais au parti des Grecs il unit deux provinces;
Et ce Perse vaut bien la plupart de nos princes.

AGLATIDE.

Il n'est pas roi, vous dis-je, et c'est un grand défaut.
Ce n'est point avec vous que je le dissimule,
    J'ai peut-être le cœur trop haut;
Mais aussi bien que vous je sors du sang d'Hercule;
Et lorsqu'on vous destine un roi pour votre époux,
    J'en veux un aussi bien que vous.
J'aurois quelque chagrin à vous traiter de reine,
A vous voir dans un trône assise en souveraine,
S'il me falloit ramper dans un degré plus bas;
    Et je porte une âme assez vaine
Pour vouloir jusque-là vous suivre pas à pas.
Vous êtes mon aînée, et c'est un avantage
Qui me fait vous devoir grande civilité;
Aussi veux-je céder le pas-devant à l'âge,
Mais je ne puis souffrir autre inégalité.

ELPINICE.

Vous êtes donc jalouse, et ce trône vous gêne

Où la main de Cotys a droit de me placer !
Mais si je renonçois au rang de souveraine,
　　Voudriez-vous y renoncer ?

AGLATIDE.

　　Non, pas si tôt ; j'ai quelque vue
　　Qui me peut encore amuser.
Mariez-vous, ma sœur ; quand vous serez pourvue,
On trouvera peut-être un roi pour m'épouser.
J'en aurois un déja, n'étoit ce rang d'aînée
Qui demandoit pour vous ce qu'il vouloit m'offrir,
Ou s'il eût reconnu qu'un père eût pu souffrir
Qu'à l'hymen avant vous on me vît destinée.
Si ce roi jusqu'ici ne s'est point déclaré,
Peut-être qu'après tout il n'a que différé,
Qu'il attend votre hymen pour rompre son silence.
Je pense avoir encor ce qui le sut charmer ;
Et s'il faut vous en faire entière confidence,
Agésilas m'aimoit, et peut encor m'aimer.

ELPINICE.

Que dites-vous, ma sœur ? Agésilas vous aime !

AGLATIDE.

Je vous dis qu'il m'aimoit, et que sa passion
　　Pourroit bien être encor la même ;
Mais cet amusement de mon ambition
　　Peut n'être qu'une illusion.
Ce prince tient son trône et sa haute puissance
De ce même héros dont nous tenons le jour ;
Et si ce n'étoit lors que par reconnoissance
　　Qu'il me témoignoit de l'amour,
　　Puis-je être sans inquiétude
Quand il n'a plus pour lui que de l'ingratitude,
Qu'il n'écoute plus rien qui vienne de sa part ?

Je ne sais si sa flamme est pour moi foible ou forte;
　　Mais, la reconnoissance morte,
　　L'amour doit courir grand hasard.
　　　　　　ELPINICE.
Ah! s'il n'avoit voulu que par reconnoissance
　　Être gendre de Lysander,
Son choix auroit suivi l'ordre de la naissance,
Et Sparte au lieu de vous l'eût vu me demander;
Mais pour mettre chez nous l'éclat de sa couronne
Attendre que l'hymen m'ait engagée ailleurs,
C'est montrer que le cœur s'attache à la personne;
Ayez, ayez pour lui des sentiments meilleurs.
Ce cœur qu'il vous donna, ce choix qui considère
Autant et plus encor la fille que le père,
Feront que le devoir aura bientôt son tour;
Et pour vous faire seoir où vos desirs aspirent,
Vous verrez, et dans peu, comme pour vous conspirent
　　La reconnoissance et l'amour.
　　　　　　AGLATIDE.
Vous voyez cependant qu'à peine il me regarde;
Depuis notre arrivée il ne m'a point parlé;
Et quand ses yeux vers moi se tournent par mégarde....
　　　　　　ELPINICE.
Comme avec lui mon père a quelque démêlé,
　　Cette petite négligence,
　　Qui vous fait douter de sa foi,
　　Vient de leur mésintelligence,
Et dans le fond de l'ame il vit sous votre loi.
　　　　　　AGLATIDE.
A tous hasards, ma sœur, comme j'en suis mal sûre,
Si vous me pouviez faire un don de votre amant,
Je crois que je pourrois l'accepter sans murmure.

Vous venez de parler du mien si dignement....
ELPINICE.
Aimeriez-vous Cotys, ma sœur?
AGLATIDE.
Moi? nullement.
ELPINICE.
Pourquoi donc vouloir qu'il vous aime?
AGLATIDE.
Les hommages qu'Agésilas
Daigna rendre en secret au peu que j'ai d'appas
M'ont si bien imprimé l'amour du diadème,
　Que, pourvu qu'un amant soit roi,
　Il est trop aimable pour moi.
Mais sans trône on perd temps : c'est la première idée
Qu'à l'amour en mon cœur il ait plu de tracer;
　Il l'a fidèlement gardée,
　Et rien ne peut plus l'effacer.
ELPINICE
Chacune a son humeur : la grandeur souveraine,
Quelque main qui vous l'offre, est digne de vos feux :
　Et vous ne ferez point d'heureux
　Qui de vous ne fasse une reine.
Moi, je m'éblouis moins de la splendeur du rang;
Son éclat au respect plus qu'à l'amour m'invite :
Cet heureux avantage ou du sort ou du sang
Ne tombe pas toujours sur le plus de mérite.
Si mon cœur, si mes yeux, en étoient consultés,
　Leur choix iroit à la personne,
Et les hautes vertus, les rares qualités,
　L'emporteroient sur la couronne.
AGLATIDE.
Avouez tout, ma sœur; Spitridate vous plaît.

ACTE I, SCÈNE I.

ELPINICE.

Un peu plus que Cotys; et si votre intérêt
    Vous pouvoit résoudre à l'échange....

AGLATIDE.

Qu'en pouvons-nous ici résoudre vous et moi?
    En l'état où le ciel nous range,
Il faut l'ordre d'un père; il faut l'aveu d'un roi
Que je plaise à Cotys; et vous à Spitridate.

ELPINICE.

Pour l'un je ne sais quoi m'en flatte,
Pour l'autre je n'en réponds pas;
Et je craindrois fort que Mandane,
Cette incomparable Persane,
N'eût pour lui des attraits plus forts que vos appas.

AGLATIDE.

Ma sœur, Spitridate est son frère;
Et si jamais sur lui vous aviez du pouvoir....

ELPINICE.

Le voilà qui nous considère.

AGLATIDE.

Est-ce vous ou moi qu'il vient voir?
Voulez-vous que je vous le laisse?

ELPINICE.

Ma sœur, auparavant engagez l'entretien;
Et s'il s'en offre lieu, jouez d'un peu d'adresse,
    Pour votre intérêt et le mien.

AGLATIDE.

Il est juste en effet, puisqu'il n'a su me plaire,
    Que je vous aide à m'en défaire.

SCÈNE II.

SPITRIDATE, ELPINICE, AGLATIDE.

ELPINICE.
Seigneur, je me retire ; entre les vrais amants
Leur amour seul a droit d'être de confidence,
Et l'on ne peut mêler d'agréable présence
    A de si précieux moments.

SPITRIDATE.
Un vertueux amour n'a rien d'incompatible
    Avec les regards d'une sœur.
    Ne m'enviez point la douceur
De pouvoir à vos yeux convaincre une insensible ;
Soyez juge et témoin de l'indigne succès
    Qui se prépare pour ma flamme ;
    Voyez jusqu'au fond de mon ame
D'une si pure ardeur où va le digne excès ;
Voyez tout mon espoir aux bords du précipice ;
Voyez des maux sans nombre et hors de guérison ;
Et quand vous aurez vu toute cette injustice,
    Faites-m'en un peu de raison.

AGLATIDE.
Si vous me permettez, seigneur, de vous entendre,
De l'air dont votre amour commence à m'accuser,
    Je crains que pour en bien user
    Je ne me doive mal défendre.
Je sais bien que j'ai tort, j'avoue et hautement
    Que ma froideur doit vous déplaire ;
Mais en cette froideur un heureux changement
    Pourroit-il fort vous satisfaire ?

SPITRIDATE.

En doutez-vous, madame, et peut-on concevoir...?

AGLATIDE.

Je vous entends, seigneur, et vois ce qu'il faut voir :
Un aveu plus précis est d'une conséquence
  Qui pourroit vous embarrasser ;
Et même à notre sexe il est de bienséance
  De ne pas trop vous en presser.
A Lysander mon père il vous plut de promettre
D'unir par notre hymen votre sang et le sien ;
La raison, à peu près, seigneur, je la pénètre,
Bien qu'aux raisons d'état je ne connoisse rien.
Vous ne m'aviez point vue ; et, facile ou cruelle,
  Petite ou grande, laide ou belle,
Qu'à votre humeur ou non je pusse m'accorder,
La chose étoit égale à votre ardeur nouvelle,
Pourvu que vous fussiez gendre de Lysander.
Ma sœur vous auroit plu s'il vous l'eût proposée ;
J'eusse agréé Cotys s'il me l'eût proposé :
Vous trouvâtes tous deux la politique aisée ;
Nous crûmes toutes deux notre devoir aisé.
  Comme à traiter cette alliance
Les tendresses des cœurs n'eurent aucune part,
Le vôtre avec le mien a peu d'intelligence,
Et l'amour en tous deux pourra naître un peu tard.
  Quand il faudra que je vous aime,
Que je l'aurai promis à la face des dieux,
  Vous deviendrez cher à mes yeux ;
  Et j'espère de vous le même.
Jusque-là votre amour assez mal se fait voir :
Celui que je vous garde encor plus mal s'explique ;
Vous attendez le temps de votre politique,

Et moi celui de mon devoir.
Voilà, seigneur, quel est mon crime;
Vous m'en vouliez convaincre, il n'en est plus besoin;
J'en ai fait comme vous ma sœur juge et témoin :
Que ma froideur lui semble injuste ou légitime;
La raison que vous peut en faire sa bonté
    Je consens qu'elle vous la fasse;
Et pour vous en laisser tous deux en liberté,
    Je veux bien lui quitter la place.

SCÈNE III.

SPITRIDATE, ELPINICE.

SPITRIDATE.

Elle ne s'y fait pas, madame, un grand effort,
Et feroit grace entière à mon peu de mérite,
Si votre ame avec elle étoit assez d'accord
Pour se vouloir saisir de ce qu'elle vous quitte.
Pour peu que vous daigniez écouter la raison,
    Vous me devez cette justice,
Et prendre autant de part à voir ma guérison,
Qu'en ont eu vos attraits à faire mon supplice.

ELPINICE.

Quoi! seigneur, j'aurois part....

SPITRIDATE.

                C'est trop dissimuler
La cause et la grandeur du mal qui me possède;
Et je me dois, madame, au défaut du remède,
    La vaine douceur d'en parler.
    Oui, vos yeux ont part à ma peine,
    Ils en font plus de la moitié;

ACTE I, SCÈNE III.

Et s'il n'est point d'amour pour en finir la gêne,
Il est pour l'adoucir des regards de pitié.
Quand je quittai la Perse, et brisai l'esclavage
Où, m'envoyant au jour, le ciel m'avoit soumis,
Je crus qu'il me falloit parmi ses ennemis
D'un protecteur puissant assurer l'avantage.
Cotys eut, comme moi, besoin de Lysander ;
Et quand pour l'attacher lui-même à nos familles
  Nous demandâmes ses deux filles,
Ce fut les obtenir que de les demander.
Par déférence au trône il lui promit l'aînée ;
  La jeune me fut destinée :
Comme nous ne cherchions tous deux que son appui,
Nous acceptâmes tout sans regarder que lui.
J'avois su qu'Aglatide étoit des plus aimables,
On m'avoit dit qu'à Sparte elle savoit charmer ;
  Et sur des bruits si favorables
  Je me répondois de l'aimer.
Que l'amour aime peu ces folles confiances !
Et que, pour affermir son empire en tous lieux,
Il laisse choir souvent de cruelles vengeances
Sur qui promet son cœur sans l'aveu de ses yeux !
  Ce sont les conseillers fidèles
Dont il prend les avis pour ajuster ses coups ;
Leur rapport inégal vous fait plus ou moins belles,
Et les plus beaux objets ne le sont pas pour tous.
A ce moment fatal qui nous permit la vue
  Et de vous et de cette sœur,
  Mon ame devint tout émue,
Et le trouble aussitôt s'empara de mon cœur ;
  Je le sentis pour elle tout de glace,
  Je le sentis tout de flamme pour vous ;

Vous y régnâtes en sa place,
Et ses regards aux miens n'offrirent rien de doux.
Il faut pourtant l'aimer, du moins il faut le feindre;
Il faut vous voir aimer ailleurs :
Voyez s'il fut jamais un amant plus à plaindre,
Un cœur plus accablé de mortelles douleurs.
C'est un malheur sans doute égal au trépas même,
Que d'attacher sa vie à ce qu'on n'aime pas ;
Et voir en d'autres mains passer tout ce qu'on aime,
C'est un malheur encor plus grand que le trépas.

ELPINICE.

Je vous en plains, seigneur, et ne puis davantage.
Je ne sais aimer ni haïr;
Mais dès qu'un père parle, il porte en mon courage
Toute l'impression qu'il faut pour obéir.
Voyez avec Cotys si ses vœux les plus tendres
Voudroient rendre à ma sœur l'hommage qu'il me rend.
Tout doit être à mon père assez indifférent,
Pourvu que vous et lui vous demeuriez ses gendres.
Mais, à vous dire tout, je crains qu'Agésilas
N'y refuse l'aveu qui vous est nécessaire :
C'est notre souverain.

SPITRIDATE.

S'il en dédit un père,
Peut-être ai-je une sœur qu'il n'en dédira pas.
Ce grand prince pour elle a tant de complaisance,
Qu'à sa moindre prière il ne refuse rien ;
Et si son cœur vouloit s'entendre avec le mien [1]....

ELPINICE.

Reposez-vous, seigneur, sur mon obéissance,

---

[1] Var. Et si ce cœur vouloit s'entendre avec le mien. (1666.)

Et contentez-vous de savoir
Qu'aussi bien que ma sœur j'écoute mon devoir.
Allez trouver Cotys, et sans aucun scrupule....

SPITRIDATE.

Perdriez-vous pour moi son trône sans ennui?

ELPINICE.

Le voilà qui paroît. Quelque ardeur qui vous brûle,
Mettez d'accord mon père, Agésilas, et lui.

SCÈNE IV.

COTYS, SPITRIDATE.

COTYS.

Vous voyez de quel air Elpinice me traite,
Comme elle disparoît, seigneur, à mon abord.

SPITRIDATE.

Si votre ame, seigneur, en est mal satisfaite,
Mon sort est bien à plaindre autant que votre sort.

COTYS.

Ah! s'il n'étoit honteux de manquer de promesse!

SPITRIDATE.

Si la foi sans rougir pouvoit se dégager!

COTYS.

Qu'une autre de mon cœur seroit bientôt maîtresse!

SPITRIDATE.

Que je serois ravi, comme vous, de changer!

COTYS.

Elpinice pour moi montre une telle glace,
Que je me tiendrois seur[1] de son consentement.

---

[1] *Seur.* Nous avons eu déjà l'occasion de remarquer que Cor-

SPITRIDATE.

Aglatide verroit qu'une autre prît sa place
　　Sans en murmurer un moment.

COTYS.

Que nous sert qu'en secret l'une et l'autre engagée
Peut-être ainsi que nous porte son cœur ailleurs?
Pour voir notre infortune entre elles partagée,
　　Nos destins n'en sont pas meilleurs.

SPITRIDATE.

Elles aiment ailleurs, ces belles dédaigneuses ;
　　Et peut-être, en dépit du sort,
Il seroit un moyen et de les rendre heureuses,
Et de nous rendre heureux par un commun accord.

COTYS.

Souffrez donc qu'avec vous tout mon cœur se déploie.
Ah! si vous le vouliez, que mon sort seroit doux!
Vous seul me pouvez mettre au comble de ma joie.

SPITRIDATE.

Et ma félicité dépend toute de vous.

COTYS.

Vous me pouvez donner l'objet qui me possède.

SPITRIDATE.

Vous me pouvez donner celui de tous mes vœux :
Elpinice me charme.

COTYS.

　　Et si je vous la cède?

SPITRIDATE.

Je céderai de même Aglatide à vos feux.

COTYS.

Aglatide, seigneur? Ce n'est pas là m'entendre,

neille n'a jamais varié dans la manière d'écrire ce mot, qui depuis a perdu la première de ses deux voyelles. (Par.)

ACTE I, SCÈNE IV.

Et vous ne feriez rien pour moi.

SPITRIDATE.

Ne vous devez-vous pas à Lysander pour gendre?

COTYS.

Oui; mais l'amour ici me fait une autre loi.

SPITRIDATE.

L'amour! il n'en faut point écouter qui le blesse,
Et qui nous ôte son appui.
L'échange des deux sœurs n'a rien qui l'intéresse,
Nous n'en serons pas moins à lui;
Mais de porter ailleurs la main qui leur est due,
Seigneur, au dernier point ce sera l'irriter,
Et, sa protection perdüe,
N'avons-nous rien à redouter?

COTYS.

Si je n'en juge mal, sa faveur n'est pas grande,
Seigneur, auprès d'Agésilas;
Il n'obtient presque rien de quoi qu'il lui demande.

SPITRIDATE.

Je vois qu'assez souvent il ne l'écoute pas :
Mais pour un différend frivole,
Dont nous ignorons le secret,
Ce prince avoueroit-il un amour indiscret
D'un tel manquement de parole?
Lui qui lui doit son trône, et cet illustre rang
D'unique général des troupes de la Grèce,
Pourroit-il le haïr avec tant de bassesse,
Qu'il pût autoriser ce mépris de son sang?
Si nous manquons de foi, qu'aura-t-il lieu de croire?
En aurions-nous pour lui plus que pour Lysander?
Pensez-y bien, seigneur, avant qu'y hasarder
Nos sûretés, et votre gloire.

COTYS.

Et si ce différend, que vous craignez si peu,
Lui fait pour notre hymen refuser un aveu?

SPITRIDATE.

Ma sœur n'a qu'à parler, je m'en tiens seur par elle.

COTYS.

Seigneur, l'aimeroit-il?

SPITRIDATE.

Il la trouve assez belle,
Il en parle avec joie, et se plaît à la voir :
Je tâche d'affermir ces douces apparences;
　　Et si vous voulez tout savoir,
Je pense avoir de quoi flatter mes espérances.
Prenez-y part, seigneur, pour l'intérêt commun.
Quand nous aurons tous deux Lysander pour beau-père,
Ce roi s'allie à vous, s'il devient mon beau-frère;
Et nous aurons ainsi deux appuis au lieu d'un.

COTYS.

Et Mandane y consent?

SPITRIDATE.

Mandane est trop bien née
Pour dédire un devoir qui la met sous ma loi.

COTYS.

Et vous avez donné pour elle votre foi?

SPITRIDATE.

Non; mais, à dire vrai, je la tiens pour donnée.

COTYS.

Ah! ne la donnez point, seigneur, si vous m'aimez,
　　Ou si vous aimez Elpinice.
Mandane a tout mon cœur, mes yeux en sont charmés;
Et ce n'est qu'à ce prix que je vous rends justice.

SPITRIDATE.

Elpinice ne rend votre foi qu'à sa sœur,

ACTE I, SCÈNE IV.

Et ce n'est qu'à ce prix qu'elle-même se donne.

COTYS.

Hélas! et si l'amour autrement en ordonne,
Le moyen d'y forcer mon cœur?

SPITRIDATE.

Rendez-vous-en le maitre.

COTYS.

Et l'êtes-vous du vôtre?

SPITRIDATE.

J'y ferai mon effort, si je vous parle en vain;
Et du moins, si ma sœur vous dérobe à toute autre,
Je serai maître de ma main.

COTYS.

Je ne le puis celer, qui que l'on me propose,
Toute autre que Mandane est pour moi même chose.

SPITRIDATE.

Il vous est donc facile, et doit même être doux,
Puisqu'enfin Elpinice aime un autre que vous,
De lui préférer qui vous aime;
Et du moins vous auriez l'honneur,
Par un peu d'effort sur vous-même,
De faire le commun bonheur.

COTYS.

Je ferois trois heureux qui m'empêchent de l'être!
J'ose, j'ose vous faire une plus juste loi :
Ou faites mon bonheur dont vous êtes le maître,
Ou demeurez tous trois malheureux comme moi.

SPITRIDATE.

Eh bien, épousez Elpinice;
Je renonce à tout mon bonheur,
Plutôt que de me voir complice
D'un manquement de foi qui vous perdroit d'honneur.

COTYS.
Rendez-vous à votre Aglatide,
Puisque votre cœur endurci
Veut suivre obstinément un faux devoir pour guide.
Je serai malheureux, vous le serez aussi.

FIN DU PREMIER ACTE.

ACTE SECOND.

SCÈNE I.

SPITRIDATE, MANDANE.

SPITRIDATE.
Que nous avons, ma sœur, brisé de rudes chaînes !
    En Perse il n'est point de sujets ;
    Ce ne sont qu'esclaves abjects,
Qu'écrasent d'un coup d'œil les têtes souveraines :
Le monarque, ou plutôt le tyran général,
    N'y suit pour loi que son caprice,
N'y veut point d'autre règle et point d'autre justice,
Et souvent même impute à crime capital
Le plus rare mérite et le plus grand service ;
Il abat à ses pieds les plus hautes vertus,
S'immole insolemment les plus illustres vies,
Et ne laisse aujourd'hui que les cœurs abattus
    A couvert de ses tyrannies.
Vous autres, s'il vous daigne honorer de son lit,
    Ce sont indignités égales ;
La gloire s'en partage entre tant de rivales,
Qu'elle est moins un honneur qu'un sujet de dépit.
    Toutes n'ont pas le nom de reines,
    Mais toutes portent mêmes chaînes,
    Et toutes, à parler sans fard,
Servent à ses plaisirs sans part à son empire ;

Et même en ses plaisirs elles n'ont autre part
Que celle qu'à son cœur brutalement inspire
　　Ou ce caprice, ou le hasard.
Voilà, ma sœur, à quoi vous avoit destinée,
A quel infâme honneur vous avoit condamnée,
　　Pharnabase son lieutenant :
Il auroit fait de vous un présent à son prince,
Si pour nous affranchir mon soin le prévenant
N'eût à sa tyrannie arraché ma province.
　　La Grèce a de plus saintes lois,
　　Elle a des peuples et des rois
　　Qui gouvernent avec justice :
La raison y préside, et la sage équité ;
Le pouvoir souverain par elles limité,
　　N'y laisse aucun droit de caprice[1].
L'hymen de ses rois même y donne cœur pour cœur ;
　　Et si vous aviez le bonheur
Que l'un d'eux vous offrît son trône avec son ame,
　　Vous seriez, par ce nœud charmant,
　　Et reine véritablement,
　　Et véritablement sa femme.

　　　　　MANDANE.
Je veux bien l'espérer, tout est facile aux dieux ;
　　Et peut-être que de bons yeux
En auroient déja vu quelque flatteuse marque ;
Mais il en faut de bons pour faire un si grand choix.
Si le roi dans la Perse est un peu trop monarque,
En Grèce il est des rois qui ne sont pas trop rois :
Il en est dont le peuple est le suprême arbitre ;
Il en est d'attachés aux ordres d'un sénat ;

---

[1] Var. N'y laisse aucun droit au caprice. (1666.)

Il en est qui ne sont enfin, sous ce grand titre,
 Que premiers sujets de l'état.
Je ne sais si le ciel pour régner m'a fait naître,
Et, quoi qu'en ma faveur j'aie encor vu paroître,
 Je doute si l'on m'aime ou non ;
 Mais je pourrois être assez vaine
 Pour dédaigner le nom de reine
Que m'offriroit un roi qui n'en eût que le nom.

SPITRIDATE.

Vous en savez beaucoup, ma sœur, et vos mérites
Vous ouvrent fort les yeux sur ce que vous valez.

MANDANE.

Je réponds simplement à ce que vous me dites,
Et parle en général comme vous me parlez.

SPITRIDATE.

Cependant et des rois et de leur différence
Je vous trouve en effet plus instruite que moi.

MANDANE.

Puisque vous m'ordonnez qu'ici j'espère un roi,
Il est juste, seigneur, que quelquefois j'y pense.

SPITRIDATE.

N'y pensez-vous point trop?

MANDANE.

 Je sais que c'est à vous
A régler mes desirs sur le choix d'un époux :
 Mon devoir n'en fera point d'autre ;
Mais, quand vous daignerez choisir pour une sœur,
Daignez songer, de grace, à faire son bonheur
 Mieux que vous n'avez fait le vôtre.
D'un choix que vous m'aviez vous-même tant loué,
Votre cœur et vos yeux vous ont désavoué ;
Et si j'ai, comme vous, quelques pentes secrètes,

Seigneur, si c'est ainsi que vous les rencontrez,
    Jugez, par le trouble où vous êtes,
    De l'état où vous me mettrez.

SPITRIDATE.

Je le vois bien, ma sœur, il faut vous laisser faire :
Qui choisit mal pour soi choisit mal pour autrui ;
Et votre cœur, instruit par le malheur d'un frère,
    A déja fait son choix sans lui.

MANDANE.

Peut-être ; mais enfin vous suis-je nécessaire ?
Parlez ; il n'est desirs ni tendres sentiments
Que je ne sacrifie à vos contentements.
Faut-il donner ma main pour celle d'Elpinice ?

SPITRIDATE.

Que sert de m'en offrir un entier sacrifice,
Si je n'ose et ne puis même déterminer
A qui pour mon bonheur vous devez la donner ?
Cotys me la demande, Agésilas l'espère.

MANDANE.

Agésilas, seigneur ! Et le savez-vous bien ?

SPITRIDATE.

Parler de vous sans cesse, aimer votre entretien,
Vous donner tout crédit, ne chercher qu'à vous plaire..

MANDANE.

Ce sont civilités envers une étrangère
Qui font beaucoup d'éclat, et ne produisent rien.
    Il jette par-là des amorces
A ceux qui, comme nous, voudront grossir ses forces ;
Mais, quelque haut crédit qu'il me donne en sa cour,
De toute sa conduite il est si bien le maître,
Qu'au simple nom d'hymen vous verriez disparoître
Tout ce qu'en ses faveurs vous prenez pour amour.

SPITRIDATE.
Vous penchez vers Cotys, et savez qu'Elpinice
Ne veut point être à moi qu'il ne soit à sa sœur!
MANDANE.
Je vous réponds de tout, si vous avez son cœur.
SPITRIDATE.
Et Lysander pourra souffrir cette injustice?
MANDANE.
Lysander est si mal auprès d'Agésilas,
Que ce sera beaucoup s'il en obtient un gendre;
Et peut-être sans moi ne l'obtiendra-t-il pas :
Pour deux, il auroit tout, s'il osoit y prétendre.
Mais, seigneur, le voici; tâchez de pressentir
Ce qu'en votre faveur il pourroit consentir.
SPITRIDATE.
Ma sœur, vous êtes plus adroite;
Souffrez que je ménage un moment de retraite.
J'aurois trop à rougir, pour peu que devant moi
Vous fissiez deviner de ce manque de foi.

SCÈNE II.

LYSANDER, SPITRIDATE, MANDANE, CLÉON.

LYSANDER.
Quoique, en matière d'hyménées,
L'importune langueur des affaires traînées
Attire assez souvent de fâcheux embarras,
J'ai voulu qu'à loisir vous pussiez voir mes filles
Avant que demander l'aveu d'Agésilas
    Sur l'union de nos familles.

Dites-moi donc, seigneur, ce qu'en jugent vos yeux,
S'ils laissent votre cœur d'accord de vos promesses,
Et si vous y sentez plus d'aimables tendresses
Que de justes desirs de pouvoir choisir mieux.
Parlez avec franchise avant que je m'expose
    A des refus presque assurés,
    Que j'estimerai peu de chose
    Quand vous serez plus déclarés :
Et n'appréhendez point l'emportement d'un père;
Je sais trop que l'amour de ses droits est jaloux,
    Qu'il dispose de nous sans nous,
Que les plus beaux objets ne sont pas sûrs de plaire :
L'aveugle sympathie est ce qui fait agir
    La plupart des feux qu'il excite;
Il ne l'attache pas toujours au vrai mérite;
Et, quand il la dénie, on n'a point à rougir.

SPITRIDATE.

Puisque vous le voulez, je ne puis me défendre,
Seigneur, de vous parler avec sincérité.
Ma seule ambition est d'être votre gendre;
Mais apprenez, de grace, une autre vérité :
Ce bonheur que j'attends, cette gloire où j'aspire,
Et qui rendroit mon sort égal au sort des dieux,
N'a pour objet.... Seigneur, je tremble à vous le dire;
    Ma sœur vous l'expliquera mieux.

SCÈNE III.

LYSANDER, MANDANE, CLÉON.

LYSANDER.

Que veut dire, madame, une telle retraite?
Se plaint-il d'Aglatide, et la jeune indiscrète

Répondroit-elle mal aux honneurs qu'il lui fait?
MANDANE.
Elle y répond, seigneur, ainsi qu'il le souhaite;
    Et je l'en vois fort satisfait;
Mais je ne vois pas bien que par les sympathies
    Dont vous venez de nous parler,
    Leurs ames soient fort assorties,
Ni que l'amour encore ait daigné s'en mêler.
Ce n'est pas qu'il n'aspire à se voir votre gendre,
Qu'il n'y mette sa gloire, et borne ses plaisirs;
Mais, puisque par son ordre il me faut vous l'apprendre,
Elpinice est l'objet de ses plus chers desirs.
LYSANDER.
Elpinice! Et sa main n'est plus en ma puissance!
MANDANE.
Je sais qu'il n'est plus temps de vous la demander;
Mais je vous répondrois de son obéissance,
    Si Cotys la vouloit céder.
Que sait-on si l'amour, dont la bizarrerie
Se joue assez souvent du fond de notre cœur,
N'aura point fait au sien même supercherie?
S'il n'y préfère point Aglatide à sa sœur?
Cet échange, seigneur, pourroit-il vous déplaire,
    S'il les rendoit tous quatre heureux?
LYSANDER.
Madame, doutez-vous de la bonté d'un père?
MANDANE.
Voyez donc si Cotys sera plus rigoureux :
Je vous laisse avec lui, de peur que ma présence
N'empêche une sincère et pleine confiance.
   (à Cotys.)
Seigneur, ne cachez plus le véritable amour

Dont l'idée en secret vous flatte.
J'ai dit à Lysander celui de Spitridate;
Dites le vôtre à votre tour.

SCÈNE IV.
LYSANDER, COTYS, CLÉON.

COTYS.
Puisqu'elle vous l'a dit, pourrois-je vous le taire?
Jugez, seigneur, de mes ennuis;
Une autre qu'Elpinice à mes yeux a su plaire;
Et l'aimer est un crime en l'état où je suis.

LYSANDER.
Ne traitez point, seigneur, ce nouveau feu de crime :
Le choix que font les yeux est le plus légitime;
Et comme un beau desir ne peut bien s'allumer,
S'ils n'instruisent le cœur de ce qu'il doit aimer,
C'est ôter à l'amour tout ce qu'il a d'aimable,
Que les tenir captifs sous une aveugle foi;
Et le don le plus favorable
Que ce cœur sans leur ordre ose faire de soi
Ne fut jamais irrévocable.

COTYS.
Seigneur, ce n'est point par mépris,
Ce n'est point qu'Elpinice aux miens n'ait paru belle;
Mais enfin, le dirai-je? oui, seigneur, on m'a pris,
On m'a volé ce cœur que j'apportois pour elle.
D'autres yeux, malgré moi, s'en sont faits les tyrans,
Et ma foi s'est armée en vain pour ma défense;
Ce lâche, qui s'est mis de leur intelligence,
Les a soudain reçus en justes conquérants.

ACTE II, SCÈNE IV.

LYSANDER.

Laissez-leur garder leur conquête.
Peut-être qu'Elpinice avec plaisir s'apprête
A vous laisser ailleurs trouver un sort plus doux ;
Quand un autre pour elle a d'autres yeux que vous,
Qu'elle cède ce cœur à celle qui le vole,
Et qu'en ce même instant qu'on vous le surprenoit,
Un pareil attentat sur sa propre parole
Lui déroboit celui qu'elle vous destinoit.
Sur-tout ne craignez rien du côté d'Aglatide :
Je puis répondre d'elle ; et quand j'aurai parlé,
Vous verrez tout son cœur, où mon vouloir préside,
Vous payer de celui qu'elle vous a volé.

COTYS.

Ah ! seigneur, pour ce vol je ne me plains pas d'elle.

LYSANDER.

Et de qui donc?

COTYS.

L'amour s'y sert d'une autre main.

LYSANDER.

L'amour!

COTYS.

Oui, cet amour qui me rend infidèle....

LYSANDER.

Seigneur, du nom d'amour n'abusez point en vain,
Dites d'Agésilas la haine insatiable ;
C'est elle dont l'aigreur auprès de vous m'accable,
Et qui, de jour en jour s'animant contre moi,
Pour me perdre d'honneur m'enlève votre foi.

COTYS.

Ah ! s'il y va de votre gloire,
Ma parole est donnée, et, dussé-je en mourir,

Je la tiendrai, seigneur, jusqu'au dernier soupir;
Mais, quoi que la surprise ait pu vous faire croire,
　　N'accusez point Agésilas
D'un crime de mon cœur que même il ne sait pas.
Mandane, qui m'ordonne à vos yeux de le dire,
Vous montre assez par-là quel souverain empire
　　L'amour lui donne sur ce cœur.
Ne considérez point si j'aime ou si l'on m'aime;
En matière d'honneur ne voyez que vous-même,
Et disposez de moi comme veut cet honneur.

LYSANDER.

L'amour le fera mieux; ce que j'en viens d'apprendre
M'offre un sujet de joie où j'en voyois d'ennui :
　　Épouser la sœur de mon gendre
　　C'est le devenir comme lui.
Aglatide d'ailleurs n'est pas si délaissée
Que votre exemple n'aide à lui trouver un roi;
Et, pour peu que le ciel réponde à ma pensée,
Ce sera plus de gloire et plus d'appui pour moi.
Aussi ferai-je plus : je veux que de moi-même
Vous teniez cet objet qui vous fait soupirer;
Et Spitridate, à moins que de m'en assurer,
　　N'obtiendra jamais ce qu'il aime.
Je veux dès aujourd'hui savoir d'Agésilas
S'il pourra consentir à ce double hyménée,
　　Dont ma parole étoit donnée.
Sa haine apparemment ne m'en avouera pas :
Si pourtant par bonheur il m'en laisse le maître,
J'en userai, seigneur, comme je le promets;
　　Sinon, vous lui ferez connoître
　　Vous-même quels sont vos souhaits.

COTYS.

Ah! que Mandane et moi n'avons-nous mille vies,
Seigneur, pour vous les immoler!
Car, je ne saurois plus vous le dissimuler,
Nos ames en seront également ravies.
Souffrez-lui donc sa part en ces ravissements,
Et pardonnez, de grace, à mon impatience....

LYSANDER.

Allez : on m'a vu jeune, et par expérience
Je sais ce qui se passe au cœur des vrais amants.

SCÈNE V.

LYSANDER, CLÉON.

CLÉON.

Seigneur, n'êtes-vous point d'une humeur bien facile
D'applaudir à Cotys sur son manque de foi?

LYSANDER.

Je prends pour l'attacher à moi
Ce qui s'offre de plus utile.
D'un emportement indiscret
Je ne voyois rien à prétendre;
Vouloir par force en faire un gendre,
Ce n'est qu'en vouloir faire un ennemi secret.
Je veux me l'acquérir; je veux, s'il m'est possible,
A force d'amitiés si bien le ménager,
Que, quand je voudrai me venger,
J'en tire un secours infaillible.
Ainsi je flatte ses desirs,
J'applaudis, je défère à ses nouveaux soupirs,
Je me fais l'auteur de sa joie,

Je sers sa passion, et sous cette couleur
Je m'ouvre dans son ame une infaillible voie
A m'en faire à mon tour servir avec chaleur.

CLÉON.

Oui ; mais Agésilas, seigneur, aime Mandane,
Du moins toute sa cour ose le deviner ;
Et promettre à Cotys cette illustre Persane,
C'est lui promettre tout pour ne lui rien donner.

LYSANDER.

Qu'à ses vœux mon tyran l'accorde ou la refuse,
　De la manière dont j'en use,
　Il ne peut m'ôter son appui ;
Et, de quelque façon que la chose se passe,
　Ou je fais la première grace,
Ou j'aigris puissamment ce rival contre lui.
J'ai même à souhaiter que son feu se déclare.
Comme de notre Sparte il choquera les lois,
C'est une occasion que lui-même il prépare,
Et qui peut la résoudre à mieux choisir ses rois.
Nous avons trop long-temps asservi sa couronne
　A la vaine splendeur du sang ;
Il est juste à son tour que la vertu la donne,
Et que le seul mérite ait droit à ce haut rang.
Ma ligue est déja forte, et ta harangue est prête
　A faire éclater la tempête,
Sitôt qu'il aura mis ma patience à bout :
Si pourtant je voyois sa haine enfin bornée
Ne mettre aucun obstacle à ce double hyménée,
Je crois que je pourrois encore oublier tout.
En perdant cet ingrat, je détruis mon ouvrage ;
Je vois dans sa grandeur le prix de mon courage,
Le fruit de mes travaux, l'effet de mon crédit.

Un reste d'amitié tient mon ame en balance;
Quand je veux le haïr je me fais violence,
Et me force à regret à ce que je t'ai dit.
Il faut, il faut enfin qu'avec lui je m'explique,
  Que j'en sache qui peut causer
Cette haine si lâche, et qu'il rend si publique,
Et fasse un digne effort à le désabuser.

CLÉON.

Il n'appartient qu'à vous de former ces pensées;
Mais vous ne songez point avec quels sentiments
  Vos deux filles intéressées
  Apprendront de tels changements.

LYSANDER.

Aglatide est d'humeur à rire de sa perte;
Son esprit enjoué ne s'ébranle de rien :
Pour l'autre, elle a, de vrai, l'ame un peu moins ouverte,
Mais elle n'eut jamais de vouloir que le mien.
Ainsi je me tiens sûr de leur obéissance.

CLÉON.

Quand cette obéissance a fait un digne choix,
Le cœur, tombé par-là sous une autre puissance,
N'obéit pas toujours une seconde fois.

LYSANDER.

Les voici : laisse-nous, afin qu'avec franchise
  Leurs ames s'en ouvrent à moi.

SCÈNE VI.

LYSANDER, ELPINICE, AGLATIDE.

LYSANDER.

  J'apprends avec quelque surprise,
Mes filles, qu'on vous manque à toutes deux de foi;

Cotys aime en secret une autre qu'Elpinice,
Spitridate n'en fait pas moins.
ELPINICE.
Si l'on nous fait quelque injustice,
Seigneur, notre devoir s'en remet à vos soins;
Je ne sais qu'obéir.
AGLATIDE.
J'en sais donc davantage;
Je sais que Spitridate adore d'autres yeux;
Je sais que c'est ma sœur à qui va cet hommage,
Et quelque chose encor qu'elle vous diroit mieux.
ELPINICE.
Ma sœur, qu'aurois-je à dire?
AGLATIDE.
A quoi bon ce mystère?
Dites ce qu'à ce nom le cœur vous dit tout bas,
Ou je dirai tout haut qu'il ne vous déplaît pas.
ELPINICE.
Moi, je pourrois l'aimer, et sans l'ordre d'un père!
AGLATIDE.
Vous ne savez que c'est d'aimer ou de haïr,
Mais vous seriez pour lui fort aise d'obéir.
ELPINICE.
Qu'il faut souffrir de vous, ma sœur!
AGLATIDE.
Le grand supplice
De voir qu'en dépit d'elle on lui rend du service!
LYSANDER.
Rendez-lui la pareille. Aime-t-elle Cotys?
Et s'il falloit changer entre vous de partis....
AGLATIDE.
Je n'ai pas besoin d'interprète,

ACTE II, SCENE VI.

Et vous en dirai plus, seigneur, qu'elle n'en sait.
Cotys pourroit me plaire, et plairoit en effet,
Si pour toucher son cœur j'étois assez bien faite;
Mais je suis fort trompée, ou cet illustre cœur
    N'est pas plus à moi qu'à ma sœur.

LYSANDER.

Peut-être ce malheur d'assez près te menace.

AGLATIDE.

J'en connois plus de vingt qui mourroient en ma place,
Ou qui sauroient du moins hautement quereller
    L'injustice de la fortune;
Mais pour moi, qui n'ai pas une ame si commune,
    Je sais l'art de m'en consoler.
    Il est d'autres rois dans l'Asie
Qui seront trop heureux de prendre votre appui;
Et déja je ne sais par quelle fantaisie
J'en crois voir à mes pieds de plus puissants que lui.

LYSANDER.

Donc à moins que d'un roi tu ne veux plus te rendre?

AGLATIDE.

Je crois pour Spitridate avoir déja fait voir
    Que ma sœur n'a rien à m'apprendre
    Sur le chapitre du devoir.
Elle sait obéir, et je le sais comme elle:
C'est l'ordre; et je lui garde un cœur assez fidèle
    Pour en subir toutes les lois:
    Mais pour régler ma destinée,
Si vous vous abaissiez jusqu'à prendre ma voix,
    Vous arrêteriez votre choix
    Sur une tête couronnée,
    Et ne m'offririez que des rois.

LYSANDER.
C'est mettre un peu haut ta conquête.
AGLATIDE.
La couronne, seigneur, orne bien une tête.
Je me la figurois sur celle de ma sœur,
　Lorsque Cotys devoit l'y mettre ;
Et, quand j'en contemplois la gloire et la douceur,
　Que je ne pouvois me promettre,
Un peu de jalousie et de confusion
Mutinoit mes desirs et me soulevoit l'ame ;
　Et comme en cette occasion
Mon devoir pour agir n'attendoit point ma flamme....
ELPINICE.
La gloire d'obéir à votre grand regret
　Vous faisoit pester en secret :
C'est l'ordre ; et du devoir la scrupuleuse idée....
AGLATIDE.
Que dites-vous, ma sœur? qu'osez-vous hasarder,
Vous qui tantôt....
ELPINICE.
　　　Ma sœur, laissez-moi vous aider,
　Ainsi que vous m'avez aidée.
AGLATIDE.
Pour bien m'aider à dire ici mes sentiments,
　Vous vous prenez trop mal aux vôtres ;
Et, si je suis jamais réduite aux truchements,
　Il m'en faudra bien chercher d'autres.
Seigneur, quoi qu'il en soit, voilà quelle je suis.
J'acceptois Spitridate avec quelques ennuis ;
De ce petit chagrin le ciel m'a dégagée
　Sans que mon ame soit changée.
Mon devoir règne encor sur mon ambition ;

Quoi que vous m'ordonniez, j'obéirai sans peine :
Mais, de mon inclination,
Je mourrai fille, ou vivrai reine.

ELPINICE.

Achevez donc, ma sœur; dites qu'Agésilas....

AGLATIDE.

Ah! seigneur, ne l'écoutez pas :
Ce qu'elle vous veut dire est une bagatelle;
Et même, s'il le faut, je la dirai mieux qu'elle.

LYSANDER.

Dis donc. Agésilas....?

AGLATIDE.

M'aimoit jadis un peu,
Du moins lui-même à Sparte il m'en fit confidence;
Et, s'il me disoit vrai, sa noble impatience
    De vous en demander l'aveu
    N'attendoit qu'après l'hyménée
    De cette aimable et chère aînée.
Mais s'il attendoit là que mon tour arrivé
    Autorisât à ma conquête
La flamme qu'en réserve il tenoit toute prête,
Son amour est encore ici plus réservé;
Et, soit que dans Éphèse un autre objet me passe,
Soit que par complaisance il cède à son rival,
    Il me fait à présent la grace
    De ne m'en dire bien ni mal.

LYSANDER.

D'un pareil changement ne cherche point la cause;
Sa haine pour ton père à cet amour s'oppose.
Mais n'importe, il est bon que j'en sois averti :
J'agirai d'autre sorte avec cette lumière;

23.

Et, suivant qu'aujourd'hui nous l'aurons plus entière,
Nous verrons à prendre parti [1].

SCÈNE VII.

ELPINICE, AGLATIDE.

ELPINICE.

Ma sœur, je vous admire, et ne saurois comprendre
　　Cet inépuisable enjouement,
Qui d'un chagrin trop juste a de quoi vous défendre,
Quand vous êtes si près de vous voir sans amant.

AGLATIDE.

Il est aisé pourtant d'en deviner les causes.
Je sais comme il faut vivre, et m'en trouve fort bien :
　　La joie est bonne à mille choses,
　　Mais le chagrin n'est bon à rien.
Ne perds-je [2] pas assez, sans doubler l'infortune,
Et perdre encor le bien d'avoir l'esprit égal?
　　Perte sur perte est importune,
Et je m'aime un peu trop pour me traiter si mal.
Soupirer quand le sort nous rend une injustice,

---

[1] Ces deux vers manquent dans l'édition de 1682, mais on les trouve dans les éditions et 1666 et de 1692. (LEF....) — L'acte II se terminait d'abord ici, et la scène suivante ne se trouve pas dans la première édition (1666). (PAR.)

[2] *Ne perds-je* n'est plus français, et peut-être ne l'était pas même du temps de Corneille. Il faudrait y substituer *ne perdé-je*, mais le vers n'aurait plus sa mesure. Il la retrouverait en changeant le tour, et en disant :

　　Je perds assez déjà sans doubler l'infortune,
　　Et perdre encor, etc. (P.)

C'est lui prêter une aide à nous faire un supplice
Pour moi, qui ne lui puis souffrir tant de pouvoir,
Le bien que je me veux met sa haine à pis faire.
    Mais allons rejoindre mon père;
J'ai quelque chose encore à lui faire savoir.

FIN DU SECOND ACTE.

ACTE TROISIÈME.

SCÈNE I.

AGÉSILAS, LYSANDER, XÉNOCLÈS.

LYSANDER.
Je ne suis point surpris qu'à ces deux hyménées
Vous refusiez, seigneur, votre consentement ;
J'aurois eu tort d'attendre un meilleur traitement
Pour le sang odieux dont mes filles sont nées.
Il est le sang d'Hercule en elles comme en vous,
Et méritoit par-là quelque destin plus doux :
Mais s'il vous peut donner un titre légitime
    Pour être leur maître et leur roi,
C'est pour l'une et pour l'autre une espèce de crime
    Que de l'avoir reçu de moi.
J'avois cru toutefois que l'exil volontaire
Où l'amour paternel près d'elles m'eût réduit,
Moi qui de mes travaux ne vois plus autre fruit
    Que le malheur de vous déplaire,
    Comme il délivreroit vos yeux
    D'une insupportable présence,
A mes jours presque usés obtiendroit la licence
    D'aller finir sous d'autres cieux.
C'étoit là mon dessein ; mais cette même envie
Qui me fait près de vous un si malheureux sort
Ne sauroit endurer ni l'éclat de ma vie,

ACTE III, SCÈNE I.

Ni l'obscurité de ma mort.
AGÉSILAS.
Ce n'est pas d'aujourd'hui que l'envie et la haine
    Ont persécuté les héros.
Hercule en sert d'exemple, et l'histoire en est pleine :
Nous ne pouvons souffrir qu'ils meurent en repos.
Cependant cet exil, ces retraites paisibles,
Cet unique souhait d'y terminer leurs jours,
Sont des mots bien choisis à remplir leurs discours ;
Ils ont toujours leur grace, ils sont toujours plausibles :
    Mais ils ne sont pas vrais toujours ;
Et souvent des périls, ou cachés ou visibles,
Forcent notre prudence à nous mieux assurer
    Qu'ils ne veulent se figurer.
Je ne m'étonne point qu'avec tant de lumières
    Vous ayez prévu mes refus ;
Mais je m'étonne fort que, les ayant prévus,
Vous n'en ayez pu voir les raisons bien entières.
Vous êtes un grand homme, et, de plus, mécontent :
J'avouerai plus encor, vous avez lieu de l'être.
Ainsi de ce repos où votre ennui prétend
Je dois prévoir en roi quel désordre peut naître,
Et regarde en quels lieux il vous plaît de porter
Des chagrins qu'en leur temps on peut voir éclater.
Ceux que prend pour exil ou choisit pour asile
    Ce dessein d'une mort tranquille,
Des Perses et des Grecs séparent les états.
L'assiette en est heureuse, et l'accès difficile ;
Leurs maîtres ont du cœur, leurs peuples ont des bras ;
Ils viennent de nous joindre avec une puissance
A beaucoup espérer, à craindre beaucoup d'eux ;
Et c'est mettre en leurs mains une étrange balance,

Que de mettre à leur tête un guerrier si fameux.
C'est vous qui les donnez l'un et l'autre à la Grèce :
L'un fut ami de Perse, et l'autre son sujet [1].
Le service est bien grand, mais aussi je confesse
Qu'on peut ne pas bien voir tout le fond du projet.
Votre intérêt s'y mêle en les prenant pour gendres ;
Et si par des liens et si forts et si tendres
Vous pouvez aujourd'hui les attacher à vous,
　　Vous vous les donnez plus qu'à nous.
Si malgré le secours, si malgré les services
Qu'un ami doit à l'autre, un sujet à son roi,
Vous les avez tous deux arrachés à leur foi,
Sans aucun droit sur eux, sans aucuns bons offices,
　　Avec quelle facilité
N'immoleront-ils point une amitié nouvelle
　　A votre courage irrité,
Quand vous ferez agir toute l'autorité
De l'amour conjugale et de la paternelle,
Et que l'occasion aura d'heureux moments
　　Qui flattent vos ressentiments ?
　　Vous ne nous laissez aucun gage ;
Votre sang tout entier passe avec vous chez eux.
Voyez donc ce projet comme je l'envisage,
Et dites si pour nous il n'a rien de douteux.
Vous avez jusqu'ici fait paroître un vrai zèle,
Un cœur si généreux, une ame si fidèle,
Que par toute la Grèce on vous loue à l'envi :
Mais le temps quelquefois inspire une autre envie.
Comme vous Thémistocle avoit fort bien servi,
Et dans la cour de Perse il a fini sa vie.

---

[1] Var. L'un fut ami du Perse, et l'autre son sujet. (1666.)

LYSANDER.

Si c'est avec raison que je suis mécontent,
Si vous-même avouez que j'ai lieu de me plaindre,
Et si jusqu'à ce point on me croit important
Que mes ressentiments puissent vous être à craindre,
 Oserois-je vous demander
 Ce que vous a fait Lysander
Pour leur donner ici chaque jour de quoi naître,
Seigneur? et s'il est vrai qu'un homme tel que moi,
Quand il est mécontent, peut desservir son roi,
 Pourquoi me forcez-vous à l'être?
Quelque avis que je donne, il n'est point écouté;
Quelque emploi que j'embrasse, il m'est soudain ôté :
Me choisir pour appui, c'est courir à sa perte.
Vous changez en tous lieux les ordres que j'ai mis;
Et, comme s'il falloit agir à guerre ouverte,
 Vous détruisez tous mes amis,
Ces amis dont pour vous je gagnai les suffrages
Quand il fallut aux Grecs élire un général,
Eux qui vous ont soumis les plus nobles courages,
Et fait ce haut pouvoir qui leur est si fatal :
Leur seul amour pour moi les livre à leur ruine;
Il leur coûte l'honneur, l'autorité, le bien;
Cependant plus j'y songe, et plus je m'examine,
Moins je trouve, seigneur, à me reprocher rien.

AGÉSILAS.

Dites tout : vous avez la mémoire trop bonne
Pour avoir oublié que vous me fîtes roi,
 Lorsqu'on balança ma couronne
 Entre Léotychide et moi.
Peut-être n'osez-vous me vanter un service
 Qui ne me rendit que justice,

Puisque nos lois vouloient ce qu'il sut maintenir;
Mais moi qui l'ai reçu, je veux m'en souvenir.
Vous m'avez donc fait roi, vous m'avez de la Grèce
Contre celui de Perse établi général;
Et quand je sens dans l'ame une ardeur qui me presse
  De ne m'en revancher pas mal,
A peine sommes-nous arrivés dans Éphèse,
Où de nos alliés j'ai mis le rendez-vous,
Que, sans considérer si j'en serai jaloux,
  Ou s'il se peut que je m'en taise,
  Vous vous saisissez par vos mains
  De plus que votre récompense;
Et, tirant tout à vous la suprême puissance [1],
  Vous me laissez des titres vains.
On s'empresse à vous voir, on s'efforce à vous plaire;
On croit lire en vos yeux ce qu'il faut qu'on espère;
On pense avoir tout fait quand on vous a parlé.
Mon palais près du vôtre est un lieu désolé;
Et le généralat comme le diadème
M'érige sous votre ordre en fantôme éclatant,
En colosse d'état qui de vous seul attend
  L'ame qu'il n'a pas de lui-même,
  Et que vous seul faites aller
Où pour vos intérêts il le faut étaler.
Général en idée, et monarque en peinture,
De ces illustres noms pourrois-je faire cas
S'il les falloit porter moins comme Agésilas
  Que comme votre créature,

---

[1] Il faut convenir que, si l'exécution de cette scène est défectueuse, l'intention en est très belle, et digne encore de Corneille. (P.)

ACTE III, SCÈNE I.

Et montrer avec pompe au reste des humains
En ma propre grandeur l'ouvrage de vos mains?
 Si vous m'avez fait roi, Lysander, je veux l'être.
Soyez-moi bon sujet, je vous serai bon maître;
Mais ne prétendez plus partager avec moi
  Ni la puissance ni l'emploi.
Si vous croyez qu'un sceptre accable qui le porte,
A moins qu'il prenne une aide à soutenir son poids,
  Laissez discerner à mon choix
Quelle main à m'aider pourroit être assez forte.
Vous aurez bonne part à des emplois si doux
  Quand vous pourrez m'en laisser faire;
Mais soyez sûr aussi d'un succès tout contraire,
Tant que vous ne voudrez les tenir que de vous.
 Je passe à vos amis qu'il m'a fallu détruire.
Si dans votre vrai rang je voulois vous réduire,
Et d'un pouvoir surpris saper les fondements,
Ils étoient tout à vous, et par reconnoissance
    D'en avoir reçu leur puissance,
Ils ne considéroient que vos commandements.
Vous seul les aviez faits souverains dans leurs villes;
Et j'y verrois encor mes ordres inutiles,
A moins que d'avoir mis leur tyrannie à bas,
Et changé comme vous la face des états.
   Chez tous nos Grecs asiatiques
Votre pouvoir naissant trouva des républiques,
Que sous votre cabale il vous plut asservir :
La vieille liberté, si chère à leurs ancêtres,
Y fut par-tout forcée à recevoir dix maîtres;
Et dès qu'on murmuroit de se la voir ravir,
On voyoit par votre ordre immoler les plus braves
    A l'empire de vos esclaves.

J'ai tiré de ce joug les peuples opprimés :
En leur premier état j'ai remis toutes choses ;
Et la gloire d'agir par de plus justes causes
A produit des effets plus doux et plus aimés.
J'ai fait, à votre exemple, ici des créatures,
Mais sans verser de sang, sans causer de murmures ;
Et comme vos tyrans prenoient de vous la loi,
Comme ils étoient à vous, les peuples sont à moi.
Voilà quelles raisons ôtent à vos services
    Ce qu'ils vous semblent mériter,
    Et colorent ces injustices
Dont vous avez raison de vous mécontenter.
Si d'abord elles ont quelque chose d'étrange,
Repassez-les deux fois au fond de votre cœur ;
Changez, si vous pouvez, de conduite et d'humeur ;
    Mais n'espérez pas que je change [1].

LYSANDER.

S'il ne m'est pas permis d'espérer rien de tel,

---

[1] S'il y a beaucoup de fautes de diction dans ces vers, si le style est faible, du moins les pensées sont fortes, sages, vraies, sans enflure, et sans amplification de rhétorique.

Qu'il me soit permis de dire ici que, dans mon enfance, le P. Tournemine, jésuite, partisan outré de Corneille, et ennemi de Racine qu'il regardait comme un janséniste, me faisait remarquer ce morceau, qu'il préférait à toutes les pièces de Racine. C'est ainsi que la prévention corrompt le goût, comme elle altère le jugement dans toutes les actions de la vie. (V.)

Dans la Vie de son oncle, Fontenelle s'exprime ainsi à l'égard d'*Agésilas :* « Il faut croire qu'il est de Corneille, puisque son nom « y est ; et il y a une scène d'Agésilas et de Lysander qui ne pour- « rait pas facilement être d'un autre. » Cette louange est fort exagérée. Le ton de cette scène est noble, et les pensées ont assez de dignité ; mais la versification est faible. (LA H.)

Du moins, graces aux dieux, je ne vois dans vos plaintes
Que des raisons d'état et de jalouses craintes
Qui me font malheureux, et non pas criminel.
Non, seigneur, que je veuille être assez téméraire
Pour oser d'injustice accuser mes malheurs :
L'action la plus belle a diverses couleurs;
Et lorsqu'un roi prononce, un sujet doit se taire.
Je voudrois seulement vous faire souvenir
Que j'ai près de trente ans commandé nos armées,
Sans avoir amassé que ces nobles fumées
    Qui gardent les noms de finir.
Sparte, pour qui j'allois de victoire en victoire,
M'a toujours vu pour fruit n'en vouloir que la gloire,
Et faire en son épargne entrer tous les trésors
Des peuples subjugués par mes heureux efforts.
Vous-même le savez, que, quoi qu'on m'ait vu faire,
Mes filles n'ont pour dot que le nom de leur père;
Tant il est vrai, seigneur, qu'en un si long emploi
J'ai tout fait pour l'état, et n'ai rien fait pour moi.
Dans ce manque de biens Cotys et Spitridate,
L'un roi, l'autre en pouvoir égal peut-être aux rois,
M'ont assez estimé pour y borner leur choix;
Et, quand de les pourvoir un doux espoir me flatte,
    Vous semblez m'envier un bien
Qui fait ma récompense, et ne vous coûte rien.

AGÉSILAS.

Il nous seroit honteux que des mains étrangères
Vous payassent pour nous de ce qui vous est dû.
Tôt ou tard le mérite a ses justes salaires,
Et son prix croît souvent, plus il est attendu.
D'ailleurs n'auroit-on pas quelque lieu de vous dire,
Si je vous permettois d'accepter ces partis,

Qu'amenant avec nous Spitridate et Cotys,
Vous auriez fait pour vous plus que pour notre empire,
Que vos seuls intérêts vous auroient fait agir?
Et pourriez-vous enfin l'entendre sans rougir?
 Vos filles sont d'un sang que Sparte aime et révère
Assez pour les payer des services d'un père.
Je veux bien en répondre, et moi-même au besoin
J'en ferai mon affaire, et prendrai tout le soin.

LYSANDER.

Je n'attendois, seigneur, qu'un mot si favorable
Pour finir envers vous mes importunités ;
Et je ne craindrai plus qu'aucun malheur m'accable,
 Puisque vous avez ces bontés.
Aglatide sur-tout aura l'ame ravie
 De perdre un époux à ce prix ;
Et moi, pour me venger de vos plus durs mépris,
Je veux tout de nouveau vous consacrer ma vie.

SCÈNE II.

AGÉSILAS, XÉNOCLÈS.

AGÉSILAS.

D'un peu d'amour que j'eus Aglatide a parlé ;
Son père qui l'a su dans son ame s'en flatte ;
Et sur ce vain espoir il part tout consolé
Du refus que j'en fais aux vœux de Spitridate.
Tu l'as vu, Xénoclès, tout d'un coup s'adoucir.

XÉNOCLÈS.

Oui : mais enfin, seigneur, il est temps de le dire,
Tout soumis qu'il paroît, apprenez qu'il conspire,
Et par où sa vengeance espère y réussir.

ACTE III, SCÈNE II.

Ce confident choisi, Cléon d'Halicarnasse,
 Dont l'éloquence a tant d'éclat,
Lui vend une harangue à renverser l'état,
Et le mettre bientôt lui-même en votre place.
En voici la copie, et je la viens d'avoir
D'un des siens sur qui l'or me donne tout pouvoir,
De l'esclave Damis, qui sert de secrétaire
 A cet orateur mercenaire,
 Et, plus mercenaire que lui,
Pour être mieux payé vous la livre aujourd'hui.
On y soutient, seigneur, que notre république
Va bientôt voir ses rois devenir ses tyrans,
A moins que d'en choisir de trois ans en trois ans,
 Et non plus suivant l'ordre antique
 Qui règle ce choix par le sang ;
Mais qu'indifféremment elle doit à ce rang
Élever le mérite et les rares services.
 J'ignore quels sont les complices :
Mais il pourra d'Éphèse écrire à ses amis ;
Et soudain le paquet entre vos mains remis
 Vous instruira de toutes choses.
 Cependant j'ai fait mon devoir.
Vous voyez le dessein, vous en savez les causes,
Votre perte en dépend ; c'est à vous d'y pourvoir.

    AGÉSILAS.

A te dire le vrai, l'affaire m'embarrasse ;
J'ai peine à démêler ce qu'il faut que je fasse,
Tant la confusion de mes raisonnements
 Étonne mes ressentiments.
Lysander m'a servi ; j'aurois une ame ingrate
Si je méconnoissois ce que je tiens de lui ;
Il a servi l'état, et, si son crime éclate,

Il y trouvera de l'appui.
Je sens que ma reconnoissance
Ne cherche qu'un moyen de le mettre à couvert :
Mais enfin il y va de toute ma puissance ;
Si je ne le perds, il me perd.
Ce que veut l'intérêt, la prudence ne l'ose ;
Tu peux juger par-là du désordre où je suis.
Je vois qu'il faut le perdre ; et plus je m'y dispose,
Plus je doute si je le puis.
Sparte est un état populaire
Qui ne donne à ses rois qu'un pouvoir limité ;
On peut y tout dire et tout faire
Sous ce grand nom de liberté.
Si je suis souverain en tête d'une armée,
Je n'ai que ma voix au sénat ;
Il faut y rendre compte ; et tant de renommée
Y peut avoir déja quelque ligue formée
Pour autoriser l'attentat.
Ce prétexte flatteur de la cause publique,
Dont il le couvrira, si je le mets au jour,
Tournera bien des yeux vers cette politique
Qui met chacun en droit de régner à son tour.
Cet espoir y pourra toucher plus d'un courage ;
Et, quand sur Lysander j'aurai fait choir l'orage,
Mille autres, comme lui jaloux ou mécontents,
Se promettront plus d'heur à mieux choisir leur temps.
Ainsi de toutes parts le péril m'environne.
Si je veux le punir, j'expose ma couronne ;
Et si je lui fais grace, ou veux dissimuler,
Je dois craindre....

XÉNOCLÈS.
Cotys, seigneur, veut vous parler.

AGÉSILAS.
Voyons quelle est sa flamme, avant que de résoudre
S'il nous faudra lancer ou retenir la foudre.

SCÈNE III.
AGÉSILAS, COTYS, XÉNOCLÈS.

AGÉSILAS.
Si vous n'êtes, seigneur, plus mon ami qu'amant,
Vous me voudrez du mal avec quelque justice;
Mais vous m'êtes trop cher, pour souffrir aisément
Que vous vous attachiez au père d'Elpinice :
  Non qu'entre un si grand homme et moi
Ce qu'on voit de froideur prépare aucune haine;
Mais c'est assez pour voir cet hymen avec peine,
  Qu'un sujet déplaise à son roi.
D'ailleurs, je n'ai pas cru votre ame fort éprise :
Sans l'avoir jamais vue, elle vous fut promise;
Et la foi qui ne tient qu'à la raison d'état
Souvent n'est qu'un devoir qui gêne, tyrannise,
Et fait sur tout le cœur un secret attentat.

COTYS.
  Seigneur, la personne est aimable :
Je promis de l'aimer avant que de la voir,
Et sentis à sa vue un accord agréable
  Entre mon cœur et mon devoir.
La froideur toutefois que vous montrez au père
M'en donne un peu pour elle, et me la rend moins chère :
  Non que j'ose après vos refus
  Vous assurer encor que je ne l'aime plus :
Comme avec ma parole il nous falloit la vôtre,

Vous dégagez ma foi, mon devoir, mon honneur ;
Mais si vous en voulez dégager tout mon cœur,
 Il faut l'engager à quelque autre.
AGESILAS.
Choisissez, choisissez, et s'il est quelque objet
 A Sparte, ou dans toute la Grèce,
Qui puisse de ce cœur mériter la tendresse,
 Tenez-vous sûr d'un prompt effet.
En est-il qui vous touche? en est-il qui vous plaise?
COTYS.
Il en est, oui, seigneur, il en est dans Éphèse ;
Et, pour faire en ce cœur naître un nouvel amour,
Il ne faut point aller plus loin que votre cour ;
L'éclat et les vertus de l'illustre Mandane....
AGÉSILAS.
Que dites-vous, seigneur? et quel est ce desir?
Quand par toute la Grèce on vous donne à choisir,
 Vous choisissez une Persane !
Pensez-y bien, de grace, et ne nous forcez pas,
 Nous qui vous aimons, à connoître
Que, pressé d'un amour qui ne vient pas de naître,
Vous ne venez à moi que pour suivre ses pas.
COTYS.
Mon amour en ces lieux ne cherchoit qu'Elpinice ;
Mes yeux ont rencontré Mandane par hasard ;
Et quand ce même amour de vos froideurs complice
S'est voulu pour vous plaire attacher autre part,
Les siens ont attiré toute la déférence
Que j'ai cru devoir rendre à votre aversion ;
Et je l'ai regardée, après votre alliance,
 Bien moins Persane de naissance
 Que Grecque par adoption.

AGÉSILAS.

Ce sont subtilités que l'amour vous suggère,
Dont nous voyons pour nous les succès incertains.
Ne pourriez-vous, seigneur, d'une amitié si chère
Mettre le grand dépôt en de plus sûres mains?
Pausanias et moi nous avons des parentes;
Et jamais un vrai roi ne fait un digne choix,
    S'il ne s'allie au sang des rois.

COTYS.

Quand on aime, on se fait des règles différentes.
Spitridate a du nom et de la qualité;
Sans trône, il a d'un roi le pouvoir en partage :
Votre Grèce en reçoit un pareil avantage;
Et le sang n'y met pas tant d'inégalité,
    Que l'amour où sa sœur m'engage
    Ravale fort ma dignité.
Se peut-il qu'en l'aimant ma gloire se hasarde
    Après l'exemple d'un grand roi,
Qui, tout grand roi qu'il est, l'estime et la regarde
    Avec les mêmes yeux que moi?
Si ce bruit n'est point faux, mon mal est sans remède;
Car enfin c'est un roi dont il me faut l'appui.
    Adieu, seigneur : je la lui cède,
    Mais je ne la cède qu'à lui.

SCÈNE IV.

AGÉSILAS, XÉNOCLÈS.

AGÉSILAS.

D'où sait-il, Xénoclès, d'où sait-il que je l'aime?
Je ne l'ai dit qu'à toi; m'aurois-tu découvert?

XÉNOCLÈS.

Si j'ose vous parler, seigneur, à cœur ouvert,
    Il ne le sait que de vous-même.
L'éclat de ces faveurs dont vous enveloppez
De votre faux secret le chatouilleux mystère,
Dit si haut, malgré vous, ce que vous pensez taire,
Que vous êtes ici le seul que vous trompez :
De si brillants dehors font un grand jour dans l'ame;
Et, quelque illusion qui puisse vous flatter,
    Plus ils déguisent votre flamme,
Plus au travers du voile ils la font éclater.

AGÉSILAS.

Quoi! la civilité, l'accueil, la déférence,
Ce que pour le beau sexe on a de complaisance,
Ce qu'on lui rend d'honneur, tout passe pour amour?

XÉNOCLÈS.

Il est bien malaisé qu'aux yeux de votre cour
    Il passe pour indifférence;
Et c'est l'en avouer assez ouvertement
Que refuser Mandane aux vœux d'un autre amant.
Mais qu'importe, après tout? Si du plus grand courage
Le vrai mérite a droit d'attendre un plein hommage,
    Seroit-il honteux de l'aimer?

AGÉSILAS.

Non, et même avec gloire on s'en laisse charmer;
Mais un roi, que son trône à d'autres soins engage,
    Doit n'aimer qu'autant qu'il lui plaît,
Et que de sa grandeur y consent l'intérêt.
    Vois donc si ma peine est légère :
Sparte ne permet point aux fils d'une étrangère
    De porter son sceptre en leur main;
Cependant à mes yeux Mandane a su trop plaire;

Je veux cacher ma flamme, et je le veux en vain.
Empêcher son hymen, c'est lui faire injustice;
  L'épouser, c'est blesser nos lois;
Et même il n'est pas sûr que j'emporte son choix :
La donner à Cotys, c'est me faire un supplice;
M'opposer à ses vœux, c'est le joindre au parti
Que déja contre moi Lysander a pu faire;
Et s'il a le bonheur de ne lui pas déplaire,
J'en recevrai peut-être un honteux démenti.
Que ma confusion, que mon trouble est extrême!
  Je me défends d'aimer, et j'aime;
Et je sens tout mon cœur balancé nuit et jour
  Entre l'orgueil du diadème
  Et les doux espoirs de l'amour.
En qualité de roi, j'ai pour ma gloire à craindre;
En qualité d'amant, je vois mon sort à plaindre :
Mon trône avec mes vœux ne souffre aucun accord;
Et ce que je me dois me reproche sans cesse
  Que je ne suis pas assez fort
  Pour triompher de ma foiblesse.

XÉNOCLÈS.

Toutefois il est temps ou de vous déclarer,
Ou de céder l'objet qui vous fait soupirer.

AGÉSILAS.

Le plus sûr, Xénoclès, n'est pas le plus facile.
Cherche-moi Spitridate, et l'amène en ce lieu;
Et nous verrons après s'il n'est point de milieu
  Entre le charmant et l'utile.

FIN DU TROISIÈME ACTE.

ACTE QUATRIÈME.

SCÈNE I.

SPITRIDATE, ELPINICE.

SPITRIDATE.

Agésilas me mande; il est temps d'éclater.
Que me permettez-vous, madame, de lui dire?
Me désavouerez-vous, si j'ose me vanter
    Que c'est pour vous que je soupire,
Que je crois mes soupirs assez bien écoutés
Pour vous fermer le cœur et l'oreille à tous autres,
Et que dans vos regards je vois quelques bontés
    Qui semblent m'assurer des vôtres?

ELPINICE.

Que serviroit, seigneur, de vous y hasarder?
Suis-je moins que ma sœur fille de Lysander?
Et la raison d'état qui rompt votre hyménée
Regarde-t-elle plus la jeune que l'aînée?
S'il n'eût point à Cotys refusé votre sœur,
J'eusse osé présumer qu'il eût aimé la mienne;
Et m'aurois dit moi-même, avec quelque douceur :
« Il se l'est réservée, et veut bien qu'on m'obtienne. »
Mais il aime Mandane; et ce prince, jaloux
De ce que peut ici le grand nom de mon père,
N'a pour lui qu'une haine obstinée et sévère
Qui ne lui peut souffrir de gendres tels que vous.

ACTE IV, SCÈNE I.

SPITRIDATE.

Puisqu'il aime ma sœur, cet amour est un gage
 Qui me répond de son suffrage :
Ses desirs prendront loi de mes propres desirs;
 Et son feu pour les satisfaire
 N'a pas moins besoin de me plaire
Que j'en ai de lui voir approuver mes soupirs.
Madame, on est bien fort quand on parle soi-même,
 Et qu'on peut dire au souverain :
« J'aime et je suis aimé; vous aimez comme j'aime;
« Achevez mon bonheur, j'ai le vôtre en ma main. »

ELPINICE.

Vous ne songez qu'à vous, et, dans votre ame éprise,
Vos vœux se tiennent sûrs d'un prompt et plein effet.
Mais que fera Cotys, à qui je suis promise?
Me rendra-t-il ma foi s'il n'est point satisfait?

SPITRIDATE.

La perte de ma sœur lui servira de guide
A tourner ses desirs du côté d'Aglatide.
D'ailleurs que pourra-t-il, si contre Agésilas
Ce grand homme, ni moi, nous ne le servons pas?

ELPINICE.

 Il a parole de mon père
Que vous n'obtiendrez rien à moins qu'il soit content;
Et mon père n'est pas un esprit inconstant
Qui donne une parole incertaine et légère.
Je vous le dis encor, seigneur, pensez-y bien :
Cotys aura Mandane, ou vous n'obtiendrez rien.

SPITRIDATE.

Dites, dites un mot, et ma flamme enhardie....

ELPINICE.

 Que voulez-vous que je vous die?

Je suis sujette et fille, et j'ai promis ma foi ;
Je dépends d'un amant, et d'un père, et d'un roi.

SPITRIDATE.

N'importe, ce grand mot produiroit des miracles.
Un amant avoué renverse tous obstacles ;
Tout lui devient possible, il fléchit les parents,
Triomphe des rivaux, et brave les tyrans.
Dites donc, m'aimez-vous ?

ELPINICE.

Que ma sœur est heureuse !

SPITRIDATE.

Quand mon amour pour vous la laisse sans amant,
 Son destin est-il si charmant
 Que vous en soyez envieuse ?

ELPINICE.

Elle est indifférente, et ne s'attache à rien.

SPITRIDATE.

Et vous ?

ELPINICE.

Que n'ai-je un cœur qui soit comme le sien !

SPITRIDATE.

Le vôtre est-il moins insensible ?

ELPINICE.

S'il ne tenoit qu'à lui que tout vous fût possible,
Le devoir et l'amour....

SPITRIDATE.

Ah ! madame, achevez :
Le devoir et l'amour, que vous feroient-ils faire ?

ELPINICE.

Voyez le roi, voyez Cotys, voyez mon père ;
 Fléchissez, triomphez, bravez,
 Seigneur ; mais laissez-moi me taire.

SPITRIDATE, à Mandane qui paroît.

Venez, ma sœur, venez aider mes tristes feux
A combattre un injuste et rigoureux silence.

ELPINICE.

Hélas! il est si bien de leur intelligence,
　　Qu'il vous dit plus que je ne veux.
J'en dois rougir. Adieu. Voyez avec madame
Le moyen le plus propre à servir votre flamme.
Des trois dont je dépends elle peut tout sur deux :
L'un hautement l'adore, et l'autre au fond de l'ame ;
Et son destin lui-même, ainsi que notre sort,
　　Dépend de les mettre d'accord.

SCÈNE II.

SPITRIDATE, MANDANE.

SPITRIDATE.

Il est temps de résoudre avec quel artifice
　　Vous pourrez en venir à bout,
Vous, ma sœur, qui tantôt me répondiez de tout,
　　Si j'avois le cœur d'Elpinice.
Il est à moi ce cœur, son silence le dit,
Son adieu le fait voir, sa fuite le proteste ;
　　Et si je n'obtiens pas le reste,
Vous manquez de parole, ou du moins de crédit.

MANDANE.

Si le don de ma main vous peut donner la sienne,
Je vous sacrifierai tout ce que j'ai promis ;
Mais vous, répondez-vous que ce don vous l'obtienne,
Et qu'il mette d'accord de si fiers ennemis ?
Le roi qui vous refuse à Lysander pour gendre

Y consentira-t-il si vous m'offrez à lui?
Et, s'il peut à ce prix le permettre aujourd'hui,
    Lysander voudra-t-il se rendre?
Lui qui ne vous remet votre première foi
Qu'en faveur de l'amour que Cotys fait paroître,
    Ne vous fait-il pas cette loi
Que sans le rendre heureux vous ne le sauriez être?

SPITRIDATE.

Cotys de cet espoir ose en vain se flatter;
L'amour d'Agésilas à son amour s'oppose.

MANDANE.

Et si vous ne pensez à le mieux écouter,
Lysander d'Elpinice en sa faveur dispose.

SPITRIDATE.

Ne me cachez rien, vous l'aimez.

MANDANE.

Comme vous aimez Elpinice.

SPITRIDATE.

Mais vous m'avez promis un entier sacrifice.

MANDANE.

Oui, s'il peut être utile aux vœux que vous formez.

SPITRIDATE.

Que ne peut point un roi?

MANDANE.

Quels droits n'a point un père?

SPITRIDATE.

Inexorable sœur!

MANDANE.

Impitoyable frère,
Qui voulez que j'éteigne un feu digne de moi,
Et ne sauriez vous faire une pareille loi!

SPITRIDATE.

Hélas! considérez.....

MANDANE.

Considérez vous-même....

SPITRIDATE.

Que j'aime, et que je suis aimé.

MANDANE.

Que je suis aimée, et que j'aime.

SPITRIDATE.

N'égalez point au mien un feu mal allumé.
Le sexe vous apprend à régner sur vos ames.

MANDANE.

Dites qu'il nous apprend à renfermer nos flammes ;
Dites que votre ardeur, à force d'éclater,
S'exhale, se dissipe, ou du moins s'exténue,
Quand la nôtre grossit sous cette retenue
Dont le joug odieux ne sert qu'à l'irriter.
Je vous parle, seigneur, avec une ame ouverte ;
Et si je vous voyois capable de raison,
Si quand l'amour domine elle étoit de saison....

SPITRIDATE.

Ah! si quelque lumière enfin vous est offerte,
Expliquez-vous, de grace, et pour le commun bien
  Vous ni moi ne négligeons rien.

MANDANE.

Notre amour à tous deux ne rencontre qu'obstacles
  Presque impossibles à forcer ;
Et si pour nous le ciel n'est prodigue en miracles,
Nous espérons en vain nous en débarrasser.
Tirons-nous une fois de cette servitude
  Qui nous fait un destin si rude.
Bravons Agésilas, Cotys, et Lysander.

Qu'ils s'accordent sans nous, s'ils peuvent s'accorder.
Dirai-je tout? cessons d'aimer et de prétendre,
    Et nous cesserons d'en dépendre.

SPITRIDATE.

N'aimer plus! Ah! ma sœur!

MANDANE.

                J'en soupire à mon tour;
Mais un grand cœur doit être au-dessus de l'amour.
Quel qu'en soit le pouvoir, quelle qu'en soit l'atteinte,
    Deux ou trois soupirs étouffés,
Un moment de murmure, une heure de contrainte,
Un orgueil noble et ferme, et vous en triomphez.
  N'avons-nous secoué le joug de notre prince
Que pour choisir des fers dans une autre province?
Ne cherchons-nous ici que d'illustres tyrans
    Dont les chaînes plus glorieuses
Soumettent nos destins aux obscurs différends
    De leurs haines mystérieuses?
Ne cherchons-nous ici que les occasions
De fournir de matière à leurs divisions,
Et de nous imposer un plus rude esclavage
Par la nécessité d'obtenir leur suffrage?
Puisque nous y cherchons tous deux la liberté,
Tâchons de la goûter, seigneur, en sûreté.
Réduisons nos souhaits à la cause publique,
    N'aimons plus que par politique;
Et, dans la conjoncture où le ciel nous a mis,
Faisons des protecteurs, sans faire d'ennemis.
A quel propos aimer, quand ce n'est que déplaire
    A qui nous peut nuire ou servir?
S'il nous en faut l'appui, pourquoi nous le ravir?
Pourquoi nous attirer sa haine et sa colère?

SPITRIDATE.

Oui, ma sœur, et j'en suis d'accord;
Agésilas, ici maître de notre sort,
Peut nous abandonner à la Perse irritée,
Et nous laisser rentrer, malgré tout notre effort,
Sous la captivité que nous avons quittée.
Cotys ni Lysander ne nous soutiendront pas,
S'il faut que sa colère à nous perdre s'applique.
Aimez, aimez-le donc, du moins par politique,
 Ce redoutable Agésilas.

MANDANE.

     Voulez-vous que je le prévienne,
 Et qu'en dépit de la pudeur
D'un amour commandé l'obéissante ardeur
Fasse éclater ma flamme auparavant la sienne?
On dit que je lui plais, qu'il soupire en secret,
Qu'il retient, qu'il combat ses désirs à regret;
Et cette vanité qui nous est naturelle
Veut croire ainsi que vous qu'on en juge assez bien :
Mais enfin c'est un feu sans aucune étincelle :
J'en crois ce qu'on en dit, et n'en sais encor rien.
S'il m'aime, un tel silence est la marque certaine
 Qu'il craint Sparte et ses dures lois;
Qu'il voit qu'en m'épousant, s'il peut m'y faire reine,
 Il ne peut lui donner de rois;
Que sa gloire....

SPITRIDATE.

    Ma sœur, l'amour vaincra sans doute;
Ce héros est à vous, quelques lois qu'il redoute;
Et, si par la prière il ne les peut fléchir,
Ses victoires auront de quoi l'en affranchir.
Ces lois, ces mêmes lois s'imposeront silence

A l'aspect de tant de vertus ;
Ou Sparte l'avouera d'un peu de violence,
Après tant d'ennemis à ses pieds abattus.

MANDANE.

C'est vous flatter beaucoup en faveur d'Elpinice,
Que ce prince après tout ne vous peut accorder
　　Sans une éclatante injustice,
A moins que vous ayez l'aveu de Lysander.
D'ailleurs, en exiger un hymen qui le gêne,
Et lui faire des lois au milieu de sa cour,
N'est-ce point hautement lui demander sa haine,
Quand vous lui promettez l'objet de son amour ?

SPITRIDATE.

Si vous saviez, ma sœur, aimer autant que j'aime....

MANDANE.

Si vous saviez, mon frère, aimer comme je fais,
Vous sauriez ce que c'est que s'immoler soi-même,
Et faire violence à de si doux souhaits.
Je vous en parle en vain. Allez, frère barbare,
Voir à quoi Lysander se résoudra pour vous ;
Et si d'Agésilas la flamme se déclare,
　　J'en mourrai, mais je m'y résous.

SCÈNE III.

SPITRIDATE, MANDANE, AGLATIDE.

AGLATIDE.

Vous me quittez, seigneur ; mais vous croyez-vous quitte,
Et que ce soit assez que de me rendre à moi ?

SPITRIDATE.

Après tant de froideurs pour mon peu de mérite,

ACTE IV, SCÈNE III.

Est-ce vous mal servir que reprendre ma foi?

AGLATIDE.

Non ; mais le pouvez-vous à moins que je la rende?
Et si je vous la rends, savez-vous à quel prix?

SPITRIDATE.

Je ne crois pas pour vous cette perte si grande,
Que vous en souhaitiez d'autre que vos mépris.

AGLATIDE.

Moi, des mépris pour vous!

SPITRIDATE.

C'est ainsi que j'appelle
Un feu si bien promis, et si mal allumé.

AGLATIDE.

Si je ne vous aimois, je vous aurois aimé;
Mon devoir m'en étoit un garant trop fidèle.

SPITRIDATE.

Il ne vous répondoit que d'agir un peu tard,
Et laissoit beaucoup au hasard.
Votre ordre cependant vers une autre me chasse,
Et vous avez quitté la place à votre sœur.

AGLATIDE.

Si je vous ai donné de quoi remplir la place,
Ne me devez-vous point de quoi remplir mon cœur?

SPITRIDATE.

J'en suis au désespoir; mais je n'ai point de frère
Que je puisse à mon tour vous prier d'accepter.

AGLATIDE.

Si vous n'en avez point par qui me satisfaire,
Vous avez une sœur qui vous peut acquitter :
Elle a trop d'un amant; et si sa flamme heureuse
Me renvoyoit celui dont elle ne veut plus,
Je ne suis point d'humeur fâcheuse,

Et m'accommoderois bientôt de ses refus.
SPITRIDATE.
De tout mon cœur je l'en conjure :
Envoyez-lui Cotys, ou même Agésilas,
Ma sœur, et prenez soin d'apaiser ce murmure
Qui cherche à m'imputer des sentiments ingrats.
Je vous laisse entre vous faire ce grand partage,
Et vais chez Lysander voir quel sera le mien.
Madame, vous voyez, je ne puis davantage ;
Et qui fait ce qu'il peut n'est plus garant de rien.

SCÈNE IV.

AGLATIDE, MANDANE.

AGLATIDE.
Vous pourrez-vous résoudre à payer pour ce frère,
Madame, et de deux rois daignant en choisir un,
Me donner en sa place, ou le plus importun,
Ou le moins digne de vous plaire ?
MANDANE.
Hélas !
AGLATIDE.
Je n'entends pas des mieux
Comme il faut qu'un hélas s'explique ;
Et lorsqu'on se retranche au langage des yeux,
Je suis muette à la réplique.
MANDANE.
Pourquoi mieux expliquer quel est mon déplaisir ?
Il ne se fait que trop entendre.
AGLATIDE.
Si j'avois comme vous de deux rois à choisir,

ACTE IV, SCÈNE IV.

Mes déplaisirs auroient peu de chose à prétendre.
    Parlez donc, et de bonne foi ;
Acquittez par ce choix Spitridate envers moi.
Ils sont tous deux à vous.

MANDANE.

            Je n'y suis pas moi-même.

AGLATIDE.

Qui des deux est l'aimé ?

MANDANE.

            Qu'importe lequel j'aime,
Si le plus digne amour, de quoi qu'il soit d'accord,
    Ne peut décider de mon sort ?

AGLATIDE.

Ainsi je dois perdre espérance
D'obtenir de vous aucun d'eux ?

MANDANE.

Donnez-moi votre indifférence,
Et je vous les donne tous deux.

AGLATIDE.

C'en seroit un peu trop : leur mérite est si rare,
    Qu'il en faut être plus avare.

MANDANE.

Il est grand, mais bien moins que la félicité
    De votre insensibilité.

AGLATIDE.

Ne me prenez point tant pour une ame insensible :
Je l'ai tendre, et qui souffre aisément de beaux feux ;
Mais je sais ne vouloir que ce qui m'est possible,
    Quand je ne puis ce que je veux.

MANDANE.

Laissez donc faire au ciel, au temps, à la fortune :
    Ne voulez que ce qu'ils voudront ;

Et sans prendre d'attache, ou d'idée importune,
Attendez en repos les cœurs qui se rendront.
AGLATIDE.
Il m'en pourroit coûter mes plus belles années
Avant qu'ainsi deux rois en devinssent le prix;
Et j'aime mieux borner mes bonnes destinées
  Au plus digne de vos mépris.
MANDANE.
Donnez-moi donc, madame, un cœur comme le vôtre,
Et je vous les redonne une seconde fois;
  Ou, si c'est trop de l'un et l'autre,
Laissez-m'en le rebut, et prenez-en le choix.
AGLATIDE.
Si vous leur ordonniez à tous deux de m'en croire,
Et que l'obéissance eût pour eux quelque appas,
Peut-être que mon choix satisferoit ma gloire,
Et qu'enfin mon rebut ne vous déplairoit pas.
MANDANE.
Qui peut vous assurer de cette obéissance?
Les rois même en amour savent mal obéir;
Et les plus enflammés s'efforcent de haïr,
Sitôt qu'on prend sur eux un peu trop de puissance.
AGLATIDE.
Je vois bien ce que c'est, vous voulez tout garder.
Il est honteux de rendre une de vos conquêtes;
Et quoi qu'au plus heureux le cœur veuille accorder,
L'œil règne avec plaisir sur deux si grandes têtes.
Mais craignez que je n'use aussi de tous mes droits.
Peut-être en ai-je encor de garder quelque empire
  Sur l'un et l'autre de ces rois,
Bien qu'à l'envi pour vous l'un et l'autre soupire;
Et si j'en laisse faire à mon esprit jaloux,

Quoique la jalousie assez peu m'inquiète,
Je ne sais s'ils pourront l'un ni l'autre pour vous
 Tout ce que votre cœur souhaite.
 (à Cotys.)
Seigneur, vous le savez, ma sœur a votre foi,
 Et ne vous la rend que pour moi.
 Usez-en comme bon vous semble ;
 Mais sachez que je me promets
 De ne vous la rendre jamais,
 A moins d'un roi qui vous ressemble.

SCÈNE V.

COTYS, MANDANE.

MANDANE.

L'étrange contre-temps que prend sa belle humeur !
 Et la froide galanterie
D'affecter par bravade à tourner son malheur
 En importune raillerie !
Son cœur l'en désavoue ; et murmurant tout bas....

COTYS.

Que cette belle humeur soit véritable ou feinte,
Tout ce qu'elle en prétend ne m'alarmeroit pas,
 Si le pouvoir d'Agésilas
Ne me portoit dans l'ame une plus juste crainte.
Pourrez-vous l'aimer ?

  MANDANE.
 Non.

  COTYS.
    Pourrez-vous l'épouser ?

MANDANE.

Vous-même, dites-moi, puis-je m'en excuser ?
Et quel bras, quel secours appeler à mon aide,
Lorsqu'un frère me donne, et qu'un amant me cède ?

COTYS.

N'imputez point à crime une civilité
Qu'ici de général vouloit l'autorité.

MANDANE.

Souffrez-moi donc, seigneur, la même déférence
Qu'ici de nos destins demande l'assurance.

COTYS.

Vous céder par dépit, et, d'un ton menaçant,
Faire voir qu'on pénètre au cœur du plus puissant,
Qu'on sait de ses refus la plus secrète cause,
Ce n'est pas tant céder l'objet de son amour,
Que presser un rival de paroître en plein jour,
Et montrer qu'à ses vœux hautement on s'oppose.

MANDANE.

Que sert de s'opposer aux vœux d'un tel rival,
  Qui n'a qu'à nous protéger mal
  Pour nous livrer à notre perte ?
Seroit-il d'un grand cœur de chercher à périr,
  Quand il voit une porte ouverte
A régner avec gloire aux dépens d'un soupir ?

COTYS.

Ah ! le change vous plaît.

MANDANE.

    Non, seigneur, je vous aime ;
Mais je dois à mon frère, à ma gloire, à vous-même.
 D'un rival si puissant si nous perdons l'appui,
Pourrons-nous du Persan nous défendre sans lui ?
L'espoir d'un renouement de la vieille alliance

Flatte en vain votre amour et vos nouveaux desseins.
Si vous ne remettez sa proie entre ses mains,
Oserez-vous y prendre aucune confiance?
 Quant à mon frère et moi, si les dieux irrités
Nous font jamais rentrer dessous sa tyrannie,
Comme il nous traitera d'esclaves révoltés,
Le supplice l'attend, et moi l'ignominie.
C'est ce que je saurai prévenir par ma mort :
Mais jusque-là, seigneur, permettez-moi de vivre,
Et que par un illustre et rigoureux effort,
Acceptant les malheurs où mon destin me livre,
Un sacrifice entier de mes vœux les plus doux
Fasse la sûreté de mon frère et de vous.

COTYS.

 Cette sûreté malheureuse
A qui vous immolez votre amour et le mien
 Peut-elle être si précieuse
Qu'il faille l'acheter de mon unique bien?
Et faut-il que l'amour garde tant de mesure
Avec des intérêts qui lui font tant d'injure?
Laissez, laissez périr ce déplorable roi,
A qui ces intérêts dérobent votre foi.
Que sert que vous l'aimiez? et que fait votre flamme
Qu'augmenter son ardeur pour croître ses malheurs,
 Si malgré le don de votre ame
 Votre raison vous livre ailleurs?
Armez-vous de dédains; rendez, s'il est possible,
Votre perte pour lui moins grande ou moins sensible;
Et, par pitié d'un cœur trop ardemment épris,
Éteignez-en la flamme à force de mépris.

MANDANE.

L'éteindre! Ah! se peut-il que vous m'ayez aimée?

COTYS.

Jamais si digne flamme en un cœur allumée....

MANDANE.

Non, non; vous m'en feriez des serments superflus.
Vouloir ne plus aimer, c'est déja n'aimer plus;
Et qui peut n'aimer plus ne fut jamais capable
   D'une passion véritable.

COTYS.

L'amour au désespoir peut-il encor charmer?

MANDANE.

L'amour au désespoir fait gloire encor d'aimer;
Il en fait de souffrir, et souffre avec constance,
Voyant l'objet aimé partager la souffrance;
Il regarde ses maux comme un doux souvenir
De l'union des cœurs qui ne sauroit finir;
Et comme n'aimer plus quand l'espoir abandonne,
C'est aimer ses plaisirs et non pas la personne,
Il fuit cette bassesse, et s'affermit si bien,
Que toute sa douleur ne se reproche rien.

COTYS.

Quel indigne tourment, quel injuste supplice
Succède au doux espoir qui m'osoit tout offrir!

MANDANE.

Et moi, seigneur, et moi, n'ai-je rien à souffrir?
Ou m'y condamne-t-on avec plus de justice?
Si vous perdez l'objet de votre passion,
Épousez-vous celui de votre aversion?
Attache-t-on vos jours à d'aussi rudes chaînes?
Et souffrez-vous enfin la moitié de mes peines?
Cependant mon amour aura tout son éclat,
En dépit du supplice où je suis condamnée;
Et si notre tyran par maxime d'état

ACTE IV, SCÈNE V.

Ne s'interdit mon hyménée,
Je veux qu'il ait la joie, en recevant ma main,
D'entendre que du cœur vous êtes souverain,
Et que les déplaisirs dont ma flamme est suivie
　　Ne cesseront qu'avec ma vie.
Allez, seigneur, défendre aux vôtres de durer;
　　Ennuyez-vous de soupirer,
Craignez de trop souffrir, et trouvez en vous-même
L'art de ne plus aimer dès qu'on perd ce qu'on aime.
Je souffrirai pour vous, et ce nouveau malheur,
　　De tous mes maux le plus funeste,
D'un trait assez perçant armera ma douleur
Pour trancher de mes jours le déplorable reste.

COTYS.

Que dites-vous, madame? et par quel sentiment....

CLÉON.

Spitridate, seigneur, et Lysander vous prient
De vouloir avec eux conférer un moment.

MANDANE.

Allez, seigneur, allez, puisqu'ils vous en convient.
Aimez, cédez, souffrez, ou voyez si les dieux
Voudront vous inspirer quelque chose de mieux.

FIN DU QUATRIÈME ACTE.

ACTE CINQUIÈME.

SCÈNE I.

AGÉSILAS, XÉNOCLÈS.

XÉNOCLÈS.
Je remets en vos mains et l'une et l'autre lettre,
Que l'esclave Damis aux miennes vient de mettre.
Vous y verrez, seigneur, quels sont les attentats....
(Il lui donne deux lettres, dont il lit l'inscription.)
AGÉSILAS.
Au sénateur Cratès, a l'éphore Arsidas.
Spitridate et Cotys sont de l'intelligence?
XÉNOCLÈS.
Non; il s'est caché d'eux en cette conférence;
Il a plaint leur malheur, et de tout son pouvoir;
Mais sa prudence enfin tous deux vous les renvoie,
   Sans leur donner aucun espoir
D'obtenir que de vous ce qui feroit leur joie.
AGÉSILAS.
Par cette déférence il croit les mieux aigrir;
Et rejetant sur moi ce qu'ils ont à souffrir....
XÉNOCLÈS.
   Vous avez mandé Spitridate,
Il entre ici.
AGÉSILAS.
   Gardons qu'à ses yeux rien n'éclate.

SCÈNE II.

AGÉSILAS, SPITRIDATE, XÉNOCLÈS.

AGÉSILAS.
Aglatide, seigneur, a-t-elle encor vos vœux?
SPITRIDATE.
Non, seigneur : mais enfin ils ne vont pas loin d'elle ;
Et sa sœur a fait naître une flamme nouvelle
 En la place des premiers feux.
   AGÉSILAS.
Elpinice?
   SPITRIDATE.
 Elle-même.
   AGÉSILAS.
   Ainsi toujours pour gendre
Vous vous donnez à Lysander?
   SPITRIDATE.
Seigneur, contre l'amour peut-on bien se défendre?
A peine attaque-t-il qu'on brûle de se rendre.
Le plus ferme courage est ravi de céder ;
Et j'ai trouvé ma foi plus facile à reprendre
 Que mon cœur à redemander.
   AGÉSILAS.
Si vous considériez....
   SPITRIDATE.
   Seigneur, que considère
Un cœur d'un vrai mérite heureusement charmé?
L'amour n'est plus amour sitôt qu'il délibère,
Et vous le sauriez trop si vous aviez aimé.

AGÉSILAS.

Seigneur, j'aimois à Sparte, et j'aime dans Éphèse.
    L'un et l'autre objet est charmant;
Mais bien que l'un m'ait plu, bien que l'autre me plaise,
Ma raison m'en a su défendre également.

SPITRIDATE.

La mienne suivroit mieux un plus commun exemple.
Si vous aimez, seigneur, ne vous refusez rien,
    Ou souffrez que je vous contemple
    Comme un cœur au-dessus du mien.
Des climats différents la nature est diverse;
La Grèce a des vertus qu'on ne voit point en Perse.
Permettez qu'un Persan n'ose vous imiter,
Que sur votre partage il craigne d'attenter,
    Qu'il se contente à moins de gloire,
Et trouve en sa foiblesse un destin assez doux
Pour ne point envier cette haute victoire,
Que vous seul avez droit de remporter sur vous.

AGÉSILAS.

Mais de mon ennemi rechercher l'alliance!

SPITRIDATE.

De votre ennemi!

AGÉSILAS.

    Non, Lysander ne l'est pas :
Mais s'il faut vous le dire, il y court à grands pas.

SPITRIDATE.

C'en est assez; je dois me faire violence,
Et renonce à plus croire, ou mes yeux, ou mon cœur.
Ne m'ordonnez-vous rien sur l'hymen de ma sœur?
Cotys l'aime.

AGÉSILAS.

    Il est roi, je ne suis pas son maître;

Et Mandane ni vous n'êtes pas mes sujets.
L'aime-t-elle?

SPITRIDATE.

Il se peut. Lui ferai-je connoître
Que vous auriez d'autres projets?

AGÉSILAS.

C'est me connoître mal; je ne contrains personne.

SPITRIDATE.

Peut-être qu'elle n'aime encor que sa couronne;
Et je ne sais pas bien où pencheroit son choix,
Si le ciel lui donnoit à choisir de deux rois.
Vous l'avez jusqu'ici de tant d'honneurs comblée,
De tant de faveurs accablée,
Qu'à vos ordres ses vœux sans peine assujettis....

AGÉSILAS.

L'ingrate!

SPITRIDATE.

Je réponds de sa reconnoissance,
Et qu'elle ne consent à l'espoir de Cotys
Que pour le maintenir dans votre dépendance.
Pourroit-elle, seigneur, davantage pour vous?

AGÉSILAS.

Non : mais qui la pressoit de choisir un époux?

SPITRIDATE.

L'occasion d'un roi, seigneur, est bien pressante.
Les plus dignes objets ne l'ont pas chaque jour;
Elle échappe à la moindre attente
Dont on veut éprouver l'amour.
A moins que de la prendre au moment qu'elle arrive,
On s'expose aux périls de l'accepter trop tard;
Et l'asile est si beau pour une fugitive,
Qu'elle ne peut sans crime en rien mettre au hasard.

AGÉSILAS.
Elle eût peu hasardé peut-être pour attendre.
SPITRIDATE.
Voyoit-elle en ces lieux un plus illustre espoir?
AGÉSILAS.
Comme l'amour n'entend que ce qu'il veut entendre,
 Il ne voit que ce qu'il veut voir.
Si je l'ai jusqu'ici de tant d'honneurs comblée,
 De tant de faveurs accablée,
Ces faveurs, ces honneurs ne lui disoient-ils rien?
Elle les entendoit trop bien en dépit d'elle :
 Mais l'ingrate! mais la cruelle!....
Seigneur, à votre tour vous m'entendez trop bien.
Qu'elle aille chez Cotys partager sa couronne;
Je n'y mets point d'obstacle, et n'en veux rien savoir.
Soit que l'ambition, soit que l'amour la donne,
 Vous avez tous deux tout pouvoir.
Si pourtant vous m'aimiez....
SPITRIDATE.
    Soyez seur de mon zèle.
Ma parole à Cotys est encore à donner.
Mais si cet hyménée a de quoi vous gêner,
 Mandane que deviendra-t-elle?
AGÉSILAS.
Allez encore un coup, allez en d'autres lieux
Épargner par pitié cette gêne à mes yeux;
Sauvez-moi du chagrin de montrer que je l'aime.
SPITRIDATE.
Elle vient recevoir vos ordres elle-même.

SCÈNE III.

AGÉSILAS, SPITRIDATE, MANDANE, XÉNOCLÈS.

AGÉSILAS.

O vue! ô sur mon cœur regards trop absolus!
Que vous allez troubler mes vœux irrésolus!
Ne partez pas, madame. O ciel! j'en vais trop dire.

MANDANE.

Je conçois mal, seigneur, de quoi vous me parlez.
Moi partir?

AGÉSILAS.

Oui, partez, encor que j'en soupire.
Que ce mot ne peut-il suffire!

MANDANE.

Je conçois encor moins pourquoi vous m'exilez.

AGÉSILAS.

J'aime trop à vous voir, et je vous ai trop vue;
C'est, madame, ce qui me tue.
Partez, partez, de grace.

MANDANE.

Où me bannissez-vous?

AGÉSILAS.

Nommez-vous un exil le trône d'un époux?

MANDANE.

Quel trône, et quel époux?

AGÉSILAS.

Cotys....

MANDANE.

Je crois qu'il m'aime;

Mais si je vous regarde ici comme mon roi
Et comme un protecteur que j'ai choisi moi-même,
Puis-je sans votre aveu l'assurer de ma foi?
Après tant de bontés et de marques d'estime,
A vous moins déférer je croirois faire un crime;
Et mon ame....

AGÉSILAS.

Ah! c'est trop déférer, et trop peu.
Quoi! pour cet hyménée exiger mon aveu!

MANDANE.

Jusque-là mon bonheur n'aura qu'incertitude;
Et, bien qu'une couronne éblouisse aisément....

SPITRIDATE.

Ma sœur, il faut parler un peu plus clairement.
Le roi s'est plaint à moi de votre ingratitude.

MANDANE.

Et je me plains à lui des inégalités
Qu'il me force de voir lui-même en ses bontés.
 Tout ce que pour un autre a voulu ma prière,
Vous me l'avez, seigneur, et sur l'heure accordé;
Et pour mes intérêts ce qu'on a demandé
Prête à de prompts refus une digne matière!

AGÉSILAS.

 Si vous vouliez avoir des yeux
Pour voir de ces refus la véritable cause....

SPITRIDATE.

N'est-ce pas assez dire, et faut-il autre chose?
Voyez mieux sa pensée, ou répondez-y mieux.
Ces refus obligeants veulent qu'on les entende;
Ils sont de ses faveurs le comble, et la plus grande.
Tout roi qu'est votre amant, perdez-le sans ennui,
Lorsqu'on vous en destine un plus puissant que lui.

ACTE V, SCÈNE IV.

M'en désavouerez-vous, seigneur ?
AGÉSILAS.
Non, Spitridate.
C'est inutilement que ma raison me flatte :
Comme vous j'ai mon foible, et j'avoue à mon tour
Qu'un si triste secours défend mal de l'amour.
Je vois par mon épreuve avec quelle injustice
   Je vous refusois Elpinice :
Je cesse de vous faire une si dure loi.
Allez ; elle est à vous, si Mandane est à moi.
Ce que pour Lysander je semble avoir de haine
Fera place aux douceurs de cette double chaîne
   Dont vous serez le nœud commun ;
Et cet heureux hymen, accompagné du vôtre,
Nous rendant entre nous garant de l'un vers l'autre,
   Réduira nos trois cœurs en un.
Madame, parlez donc.

SPITRIDATE.
   Seigneur, l'obéissance
   S'exprime assez par le silence.
Trouvez bon que je puisse apprendre à Lysander
La grace qu'à ma flamme il vous plaît d'accorder.

SCÈNE IV.

AGÉSILAS, MANDANE, XÉNOCLÈS.

AGÉSILAS.
En puis-je pour la mienne espérer une égale,
Madame ? ou ne sera-ce en effet qu'obéir ?

MANDANE.
Seigneur, je croirois vous trahir

Et n'avoir pas pour vous une ame assez royale,
Si je vous cachois rien des justes sentiments
Que m'inspire le ciel pour deux rois mes amants.
 J'ai vu que vous m'aimiez ; et sans autre interprète
J'en ai cru vos faveurs qui m'ont si peu coûté ;
J'en ai cru vos bontés, et l'assiduité
Qu'apporte à me chercher votre ardeur inquiète.
 Ma gloire y vouloit consentir,
Mais ma reconnoissance a pris soin de la vôtre.
Vos feux la hasardoient, et pour les amortir
J'ai réduit mes desirs à pencher vers un autre.
 Pour m'épouser, vous le pouvez,
Je ne saurois former de vœux plus élevés ;
Mais, avant que juger ma conquête assez haute,
De l'œil dont il faut voir ce que vous vous devez,
Voyez ce qu'elle donne, ou plutôt ce qu'elle ôte.
 Votre Sparte si haut porte sa royauté,
Que tout sang étranger la souille et la profane ;
Jalouse de ce trône où vous êtes monté,
 Y faire seoir une Persane,
C'est pour elle une étrange et dure nouveauté ;
Et tout votre pouvoir ne peut m'y donner place
Que vous n'y renonciez pour toute votre race.
Vos éphores peut-être oseront encor plus ;
Et si votre sénat avec eux se soulève,
Si, de me voir leur reine indignés et confus,
Ils m'arrachent d'un trône où votre choix m'élève....
Pensez bien à la suite avant que d'achever,
Et si ce sont périls que vous deviez braver.
Vous les voyez si bien, que j'ai mauvaise grace
 De vous en faire souvenir ;
Mais mon zèle a voulu cette indiscrète audace,

Et moi je n'ai pas cru devoir la retenir.
Que la suite, après tout, vous flatte ou vous traverse
Ma gloire est sans pareille aux yeux de l'univers,
S'il voit qu'une Persane au vainqueur de la Perse
Donne à son tour des lois, et l'arrête en ses fers.
Comme votre intérêt m'est plus considérable,
Je tâche de vous rendre à des destins meilleurs.
Mon amour peut vous perdre, et je m'attache ailleurs
    Pour être pour vous moins aimable.
Voilà ce que devoit un cœur reconnoissant.
    Quant au reste, parlez en maître,
    Vous êtes ici tout-puissant.

AGÉSILAS.

Quand peut-on être ingrat, si c'est là reconnoître?
Et que puis-je sur vous si le cœur n'y consent?

MANDANE.

Seigneur, il est donné; la main n'est pas donnée;
Et l'inclination ne fait pas l'hyménée :
Au défaut de ce cœur, je vous offre une foi
Sincère, inviolable, et digne enfin de moi.
Voyez si ce partage aura pour vous des charmes.
Contre l'amour d'un roi c'est assez raisonner.
J'aime, et vais toutefois attendre sans alarmes
    Ce qu'il lui plaira m'ordonner.
Je fais un sacrifice assez noble, assez ample,
    S'il en veut un en ce grand jour;
Et, s'il peut se résoudre à vaincre son amour,
J'en donne à son grand cœur un assez haut exemple
Qu'il écoute sa gloire ou suive son desir,
    Qu'il se fasse grace ou justice,
Je me tiens prête à tout, et lui laisse à choisir
    De l'exemple ou du sacrifice.

SCÈNE V.

AGÉSILAS, XÉNOCLÈS.

AGÉSILAS.

Qu'une Persane m'ose offrir un si grand choix!
Parmi nous qui traitons la Perse de barbare,
   Et méprisons jusqu'à ses rois,
Est-il plus haut mérite? est-il vertu plus rare?
Cependant mon destin à ce point est amer,
Que plus elle mérite, et moins je dois l'aimer;
Et que plus ses vertus sont dignes de l'hommage
Que rend toute mon ame à cet illustre objet,
Plus je la dois fermer à tout autre projet
Qu'à celui d'égaler sa grandeur de courage.

XÉNOCLÈS.

Du moins vous rendre heureux, ce n'est plus hasarder.
Puisqu'un si digne amour fait grace à Lysander,
   Il n'a plus lieu de se contraindre :
Vous devenez par-là maître de tout l'état;
Et, ce grand homme à vous, vous n'avez plus à craindre
   Ni d'éphores ni de sénat.

AGÉSILAS.

Je n'en suis pas encor d'accord avec moi-même.
J'aime; mais, après tout, je hais autant que j'aime;
Et ces deux passions qui règnent tour-à-tour
Ont au fond de mon cœur si peu d'intelligence,
Qu'à peine immole-t-il la vengeance à l'amour,
Qu'il voudroit immoler l'amour à la vengeance.
Entre ce digne objet et ce digne ennemi,
   Mon ame incertaine et flottante,

Quoi que l'un me promette, et quoi que l'autre attente,
Ne se peut ni dompter, ni croire qu'à demi :
Et plus des deux côtés je la sens balancée,
Plus je vois clairement que si je veux régner,
Moi qui de Lysander vois toute la pensée,
Il le faut tout-à-fait ou perdre ou regagner;
Qu'il est temps de choisir.

XÉNOCLÈS.

Qu'il seroit magnanime
De vaincre et la vengeance et l'amour à-la-fois!

AGÉSILAS.

Il faudroit, Xénoclès, une ame plus sublime.

XÉNOCLÈS.

Il ne faut que vouloir : tout est possible aux rois.

AGÉSILAS.

Ah! si je pouvois tout, dans l'ardeur qui me presse
Pour ces deux passions qui partagent mes vœux,
    Peut-être aurois-je la foiblesse
    D'obéir à toutes les deux.

SCÈNE VI.

AGÉSILAS, LYSANDER, XÉNOCLÈS.

LYSANDER.

Seigneur, il vous a plu disposer d'Elpinice;
Nous devons, elle et moi, beaucoup à vos bontés;
Et je serai ravi qu'elle vous obéisse,
Pourvu que de Cotys les vœux soient acceptés.
J'en ai donné parole, il y va de ma gloire.
Spitridate, sans lui, ne sauroit être heureux;
Et donner mon aveu, s'ils ne le sont tous deux,

C'est faire à mon honneur une tache trop noire.
  Vous pouvez nous parler en roi,
  Ma fille vous doit plus qu'à moi :
Commandez, elle est prête, et je saurai me taire.
  N'exigez rien de plus d'un père.
Il a tenu toujours vos ordres à bonheur;
  Mais rendez-lui cette justice
De souffrir qu'il emporte au tombeau cet honneur,
Qui fait l'unique prix de trente ans de service.

AGÉSILAS.

Oui, vous l'y porterez, et du moins de ma part
Ce précieux honneur ne court aucun hasard.
On a votre parole, et j'ai donné la mienne;
Et, pour faire aujourd'hui que l'une et l'autre tienne,
Il faut vaincre un amour qui m'étoit aussi doux
  Que votre gloire l'est pour vous,
Un amour dont l'espoir ne voyoit plus d'obstacle.
Mais enfin il est beau de triompher de soi,
  Et de s'accorder ce miracle,
Quand on peut hautement donner à tous la loi[1],
Et que le juste soin de combler notre gloire
Demande notre cœur pour dernière victoire.
Un roi né pour l'éclat des grandes actions

---

[1] Voilà les vers qu'applaudissait sur-tout le P. Tournemine, détracteur de Racine et de Boileau, et dans lesquels il prétendait qu'on retrouvait le grand Corneille. Il faut l'avouer, le génie de Corneille parait quelquefois l'avoir abandonné; et *Théodore, Pertharite, Œdipe, Agésilas, Tite et Bérénice,* sont les ouvrages où l'on n'en retrouve que de bien faibles traces : mais Voltaire en a rabaissé beaucoup d'autres auxquels on pourrait appliquer ce que Longin disait du sommeil d'Homère : « Ses rêves même ont « quelque chose de divin; ce sont les rêves de Jupiter. » (P.)

ACTE V, SCÈNE VII.

Dompte jusqu'à ses passions,
Et ne se croit point roi, s'il ne fait sur lui-même
Le plus illustre essai de son pouvoir suprême.

(à Xénoclès.)

Allez dire à Cotys que Mandane est à lui ;
Que si mes feux aux siens ne l'ont pas accordée,
Pour venger son amour de ce moment d'ennui,
Je veux la lui céder comme il me l'a cédée.
Oyez de plus.

(Il parle à l'oreille à Xénoclès qui s'en va.)

SCÈNE VII.

AGÉSILAS, LYSANDER.

AGÉSILAS.

Eh bien, vos mécontentements
Me seront-ils encore à craindre ?
Et vous souviendrez-vous des mauvais traitements
Qui vous avoient donné tant de lieu de vous plaindre ?

LYSANDER.

Je vous ai dit, seigneur, que j'étois tout à vous ;
Et j'y suis d'autant plus, que, malgré l'apparence,
Je trouve des bontés qui passent l'espérance,
Où je n'avois cru voir que des soupçons jaloux.

AGÉSILAS.

Et que va devenir cette docte harangue
Qui du fameux Cléon doit ennoblir la langue ?

LYSANDER.

Seigneur....

AGÉSILAS.

Nous sommes seuls, j'ai chassé Xénoclès :

Parlons confidemment. Que venez-vous d'écrire
A l'éphore Arsidas, au sénateur Cratès?
Je vous défère assez pour n'en vouloir rien lire.
 Avec moi n'appréhendez rien,
Tout est encor fermé. Voyez.
LYSANDER.
      Je suis coupable,
Parcequ'on me trahit, que l'on vous sert trop bien,
Et que, par un effort de prudence admirable,
Vous avez su prévoir de quoi seroit capable,
Après tant de mépris, un cœur comme le mien.
Ce dessein toutefois ne passera pour crime
 Que parcequ'il est sans effet ;
 Et ce qu'on va nommer forfait
N'a rien qu'un plein succès n'eût rendu légitime.
Tout devient glorieux pour qui peut l'obtenir,
 Et qui le manque est à punir.
AGÉSILAS.
Non, non ; j'aurois plus fait peut-être en votre place.
 Il est naturel aux grands cœurs
De sentir vivement de pareilles rigueurs ;
Et vous m'offenseriez de douter de ma grace.
Comme roi, je la donne, et comme ami discret,
 Je vous assure du secret.
Je remets en vos mains tout ce qui vous peut nuire.
Vous m'avez trop servi pour m'en trouver ingrat ;
Et d'un trop grand soutien je priverois l'état
Pour des ressentiments où j'ai su vous réduire.
Ma puissance établie et mes droits conservés
Ne me laissent point d'yeux pour voir votre entreprise.
Dites-moi seulement avec même franchise,
Vous dois-je encor bien plus que vous ne me devez?

ACTE V, SCÈNE VII.

LYSANDER.

Avez-vous pu, seigneur, me devoir quelque chose?
Qui sert le mieux son roi ne fait que son devoir.
En vous de tout l'état j'ai défendu la cause
Quand je l'ai fait tomber dessous votre pouvoir.
Le zèle est tout de feu quand ce grand devoir presse;
Et, comme à le moins suivre on s'en acquitte mal.
Le mien vous servit moins qu'il ne servit la Grèce,
Quand j'en sus ménager les cœurs avec adresse
  Pour vous en faire général.
Je vous dois cependant et la vie et ma gloire;
  Et lorsqu'un dessein malheureux
Peut me coûter le jour et souiller ma mémoire,
La magnanimité de ce cœur généreux....

AGÉSILAS.

Reprochez-moi plutôt toutes mes injustices,
Que de plus ravaler de si rares services.
Elles ont fait le crime, et j'en tire ce bien,
Que j'ai pu m'acquitter, et ne vous dois plus rien.
  A présent que la gratitude
Ne peut passer pour dette en qui s'est acquitté,
Vos services, payés d'un traitement si rude,
Vont recevoir de moi ce qu'ils ont mérité.
S'ils ont su conserver un trône en ma famille,
J'y veux par mon hymen faire seoir votre fille.
C'est ainsi qu'avec vous je puis le partager.

LYSANDER.

Seigneur, à ces bontés que je n'osois attendre,
Que puis-je...?

AGÉSILAS.

  Jugez-en comme il en faut juger,
  Et sur-tout commencez d'apprendre

Que les rois sont jaloux du souverain pouvoir,
Qu'ils aiment qu'on leur doive, et ne peuvent devoir;
Que rien à leurs sujets n'acquiert l'indépendance;
Qu'ils règlent à leur choix l'emploi des plus grands cœurs;
Qu'ils ont pour qui les sert des graces, des faveurs,
Et qu'on n'a jamais droit sur leur reconnoissance.
Prenons dorénavant, vous et moi, pour objet,
Les devoirs qu'il faudra l'un à l'autre nous rendre;
   N'oubliez pas ceux d'un sujet [1],
Et j'aurai soin de ceux d'un gendre.

SCÈNE VIII.

AGÉSILAS, LYSANDER, AGLATIDE
conduite par XÉNOCLÈS.

AGLATIDE.

Sur un ordre, seigneur, reçu de votre part,
   Je viens, étonnée et surprise
De voir que tout d'un coup un roi m'en favorise,
Qui me daignoit à peine honorer d'un regard.

AGÉSILAS.

Sortez d'étonnement. Les temps changent, madame,
Et l'on n'a pas toujours mêmes yeux ni même ame.
Pourriez-vous de ma main accepter un époux?

AGLATIDE.

Si mon père y consent, mon devoir me l'ordonne;
Ce me sera trop d'heur de le tenir de vous.
Mais avant que savoir quelle en est la personne,
Pourrois-je vous parler avec la liberté

---

[1] Var. N'oubliez plus ceux d'un sujet. (1666.)

Que me souffroit à Sparte un feu trop écouté,
Alors qu'il vous plaisoit ou m'aimer, ou me dire
Qu'en votre cœur mes yeux s'étoient fait un empire?
Non que j'y pense encor; j'apprends de vous, seigneur,
Qu'on change, avec le temps, d'ame, d'yeux, et de cœur.
AGÉSILAS.
Rappelez ces beaux jours pour me parler sans feindre;
Mais, si vous le pouvez, madame, épargnez-moi.
AGLATIDE.
Ce seroit sans raison que j'oserois m'en plaindre :
L'amour doit être libre, et vous êtes mon roi.
Mais, puisque jusqu'à vous vous m'avez fait prétendre,
N'obligez point, seigneur, cet espoir à descendre,
        Et ne me faites point de lois
Qui profanent l'honneur de votre premier choix.
        J'y trouvois pour moi tant de gloire,
J'en chéris à tel point la flatteuse mémoire,
Que je regarderois comme un indigne époux
Quiconque m'offriroit un moindre rang que vous.
        Si cet orgueil a quelque crime,
Il n'en faut accuser que votre trop d'estime;
Ce sont des sentiments que je ne puis trahir.
Après cela, parlez; c'est à moi d'obéir.
AGÉSILAS.
Je parlerai, madame, avec même franchise.
J'aime à voir cet orgueil que mon choix autorise
A dédaigner les vœux de tout autre qu'un roi :
J'aime cette hauteur en un jeune courage;
Et vous n'aurez point lieu de vous plaindre de moi,
Si votre heureux destin dépend de mon suffrage.

SCÈNE IX.

AGÉSILAS, LYSANDER, COTYS, SPITRIDATE, MANDANE, ELPINICE, AGLATIDE, XÉNOCLÈS.

COTYS.

Seigneur, à vos bontés nous venons consacrer,
    Et Mandane et moi, notre vie.

SPITRIDATE.

De pareilles faveurs, seigneur, nous font rentrer
    Pour vous faire voir même envie.

AGÉSILAS.

    Je vous ai fait justice à tous,
Et je crois que ce jour vous doit être assez doux
Qui de tous vos souhaits à votre gré décide;
Mais, pour le rendre encor plus doux et plus charmant,
Sachez que Sparte voit sa reine en Aglatide,
A qui le ciel en moi rend son premier amant.

AGLATIDE.

C'est me faire, seigneur, des surprises nouvelles.

AGÉSILAS.

Rendons nos cœurs, madame, à des flammes si belles;
Et tous ensemble allons préparer ce beau jour
Qui, par un triple hymen, couronnera l'amour [1].

---

[1] La tragédie d'*Agésilas* est un des plus faibles ouvrages de Corneille. Le public commençait à se dégoûter. On trouve dans une lettre manuscrite d'un homme de ce temps-là, qu'il s'éleva un murmure très désagréable dans le parterre à ces vers d'Aglatide :

    Hélas! — Je n'entends pas des mieux
    Comme il faut qu'un hélas s'explique;
Et, lorsqu'on se retranche au langage des yeux,
    Je suis muette à la réplique.

Ce même parterre avait passé, dans la pièce d'*Othon*, des vers

ACTE V, SCÈNE IX.

beaucoup plus répréhensibles, en faveur des beautés des premières scènes ; mais il n'y avait point de pareilles beautés dans *Agésilas*. On fit sentir à Corneille qu'il vieillissait. Il donnait un ouvrage de théâtre presque tous les ans depuis 1625, si vous en exceptez l'intervalle entre *Pertharite* et *Œdipe* : il travaillait trop vite ; il était épuisé. Plaignons le triste état de sa fortune qui ne répondait pas à son mérite, et qui le forçait à travailler.

On prétend que la mesure des vers qu'il employa dans *Agésilas* nuisit beaucoup au succès de cette tragédie ; je crois, au contraire, que cette nouveauté aurait réussi, et qu'on aurait prodigué les louanges à ce génie si fécond et si varié, s'il n'avait pas entièrement négligé dans *Agésilas*, comme dans les pièces précédentes, l'intérêt et le style.

Les vers irréguliers pourraient faire un très bel effet dans une tragédie. Ils exigent, à la vérité, un rhythme différent de celui des vers alexandrins et des vers de dix syllabes ; ils demandent un art singulier. Vous pouvez voir quelques exemples de la perfection de ce genre dans Quinault :

> Le perfide Renaud me fuit ;
> Tout perfide qu'il est, mon lâche cœur le suit.
> Il me laisse mourante ; il veut que je périsse.
> Je revois à regret la clarté qui me luit ;
> L'horreur de l'éternelle nuit
> Cède à l'horreur de mon supplice, etc., etc.

Toute cette scène, bien déclamée, remuera les cœurs autant que si elle était bien chantée ; et la musique même de cette admirable scène n'est qu'une déclamation notée.

Il est donc prouvé que cette mesure de vers pourrait porter dans la tragédie une beauté nouvelle, dont le public a besoin pour varier l'uniformité du théâtre. (V.)

Cette mesure irrégulière n'a pas fait fortune jusqu'à présent dans la tragédie, et nous paraît plus propre à énerver le style qu'à le fortifier. Voltaire en a fait un essai dans *Tancrède*, pièce intéressante, mais faiblement écrite ; ce qui nous confirme dans notre opinion. Au reste, *Agésilas*, et pour le fond et pour la forme, ne méritait guère que ce que Boileau en a dit : *Hélas !* (P.)

TABLE DES PIÈCES

CONTENUES

DANS LE TOME HUITIÈME.

La Toison d'Or.	Page 1
Sophonisbe.	113
Othon.	213
Agésilas.	317

FIN DE LA TABLE.

www.ingramcontent.com/pod-product-compliance
Lightning Source LLC
Chambersburg PA
CBHW051832230426
43671CB00008B/932